DIDÁTICA CRÍTICA no Brasil

EDITORA AFILIADA

DIDÁTICA CRÍTICA NO BRASIL
Andréa Maturano Longarezi | Selma Garrido Pimenta | Roberto Valdés Puentes (Orgs.)

Direção Editorial: Miriam Cortez
Coordenação editorial: Danilo A. Q. Morales
Assistente editorial: Gabriela Orlando Zeppone
Preparação de originais: Ana Paula Luccisano
Revisão: Agnaldo Alves
　　　　Tuca Dantas
　　　　Tatiana Tanaka
Diagramação: Linea Editora
Capa: de Sign Arte Visual

Dados Internacionais de Catalogação na Publicação (CIP)
(Câmara Brasileira do Livro, SP, Brasil)

Didática crítica no Brasil / Andréa Maturano Longarezi, Selma Garrido Pimenta, Roberto Valdés Puentes (orgs.). – 1. ed. – São Paulo : Cortez, 2023.

Vários autores.
Bibliografia
ISBN 978-65-5555-434-2

1. Aprendizagem 2. Didática - Estudo e ensino 3. Educação - Brasil 4. Prática de ensino I. Longarezi, Andréa Maturano. II. Pimenta, Selma Garrido. III. Puentes, Roberto Valdés.

23-173943　　　　　　　　　　　　　　　　　　CDD-371.3

Índices para catálogo sistemático:
1. Didática : Educação 371.3

Cibele Maria Dias - Bibliotecária - CRB-8/9427

Nenhuma parte desta obra pode ser reproduzida ou duplicada sem autorização expressa dos organizadores e do editor.

© 2023 by Organizadores

Direitos para esta edição
CORTEZ EDITORA
R. Monte Alegre, 1074 – Perdizes
05014-001 – São Paulo-SP
Tel.: +55 11 3864 0111
editorial@cortezeditora.com.br
www.cortezeditora.com.br

Impresso no Brasil – setembro de 2024

Andréa Maturano **Longarezi**
Selma Garrido **Pimenta**
Roberto Valdés **Puentes**
(Orgs.)

Alda Junqueira Marin • Andréa Maturano Longarezi
Cristina d'Ávila • Dermeval Saviani
José Carlos Libâneo • Lenilda Rêgo Albuquerque de Faria
Maria Isabel da Cunha • Maria Isabel de Almeida
Maria Rita Neto Sales Oliveira • Marilza Vanessa Rosa Suanno
Roberto Valdés Puentes • Selma Garrido Pimenta
Umberto de Andrade Pinto • Vera Maria Candau

DIDÁTICA CRÍTICA no Brasil

1ª edição
1ª reimpressão

Coleção Biblioteca Psicopedagógica e Didática

Direção
Roberto Valdés Puentes
Andréa Maturano Longarezi
Orlando Fernández Aquino

Conselho Editorial
Prof. Dr. Alberto Labarrere Sarduy – Universidad Santo Tomás – Chile
Profa. Dra. Andréa Maturano Longarezi – Universidade Federal de Uberlândia – Brasil
Prof. Dr. Antonio Bolivar Gotia – Universidad de Granada – Espanha
Profa. Dra. Diva Souza Silva – Universidade Federal de Uberlândia – Brasil
Profa. Dra. Elaine Sampaio Araújo – Universidade de São Paulo – Brasil
Profa. Dra. Fabiana Fiorezi de Marco – Universidade Federal de Uberlândia – Brasil
Prof. Dr. Francisco Curbelo Bermúdez – AJES – Brasil
Prof. Dr. Humberto A. de Oliveira Guido – Universidade Federal de Uberlândia – Brasil
Profa. Dra. Ilma Passos Alencastro Veiga – Universidade de Brasília – Brasil
Prof. Dr. Isauro Núñez Beltrán – Universidade Federal de Rio Grande do Norte – Brasil
Prof. Dr. Luis Eduardo Alvarado Prada – Universidade Federal da Integração Latino-Americana – Brasil
Prof. Dr. Luis Quintanar Rojas – Universidad Autónoma de Puebla – México
Profa. Dra. Maria Aparecida Mello – Universidade Federal de São Carlos – Brasil
Profa. Dra. Maria Célia Borges – Universidade Federal do Triângulo Mineiro – Brasil
Prof. Dr. Orlando Fernández Aquino – Universidade de Uberaba – Brasil
Prof. Dr. Reinaldo Cueto Marin – Universidad Pedagógica de Sancti Spíritus – Cuba
Prof. Dr. Roberto Valdés Puentes – Universidade Federal de Uberlândia – Brasil
Prof. Dr. Ruben de Oliveira Nascimento – Universidade Federal de Uberlândia – Brasil
Profa. Dra. Silvia Ester Orrú – Universidade de Brasília – Brasil
Profa. Dra. Suely Amaral Mello – Universidade Paulista Júlio de Mesquita Filho – Brasil
Profa. Dra. Yulia Solovieva – Universidad Autónoma de Puebla – México

Série
Profissionalização Docente e Didática

Direção
Orlando Fernández Aquino
Fabiana Fiorezi de Marco

Volume 20

SUMÁRIO

APRESENTAÇÃO.. 7
    Andréa Maturano Longarezi
    Selma Garrido Pimenta
    Roberto Valdés Puentes

PREFÁCIO 13
    Alda Junqueira Marin
    Maria Isabel da Cunha
    Maria Isabel de Almeida
    Umberto de Andrade Pinto

CAPÍTULO 1   As ondas críticas da Didática em movimento: resistências ao tecnicismo/neotecnicismo neoliberal (excertos do original publicado em 2019)................. 17
    Selma Garrido Pimenta

CAPÍTULO 2   Da didática crítico-social à didática para o desenvolvimento humano 50
    José Carlos Libâneo

CAPÍTULO 3   Didática Desenvolvimental: os fundamentos de uma perspectiva crítica brasileira......................... 98
    Andréa Maturano Longarezi
    Roberto Valdés Puentes

CAPÍTULO 4   Didática histórico-crítica: a ascensão do abstrato
              ao concreto no trabalho educativo 145
              Lenilda Rêgo Albuquerque de Faria
              Dermeval Saviani

CAPÍTULO 5   Didática Crítica fundamentada na dialética
              materialista. Processo de ensino: totalidade
              concreta 184
              Maria Rita Neto Sales Oliveira

CAPÍTULO 6   Didática Crítica Intercultural e Decolonial:
              uma perspectiva em construção 208
              Vera Maria Candau

CAPÍTULO 7   Didática sensível: sentir-pensar-agir no processo
              de ensino e aprendizagem 233
              Cristina d'Ávila

CAPÍTULO 8   Didática Complexa e Transdisciplinar 252
              Marilza Vanessa Rosa Suanno

CAPÍTULO 9   Didática Multidimensional Crítico-Emancipatória:
              princípios epistemológicos a uma *práxis*
              docente transformadora 279
              Selma Garrido Pimenta

SOBRE OS(AS) AUTORES(AS) 324

Apresentação

O projeto do livro *Didática crítica no Brasil* nasce em 2022 da demanda de materiais de estudo e apoio para as disciplinas de Didática Geral dos cursos de licenciatura, bem como dos cursos de pós-graduação *stricto* e *lato sensu*. Sua inspiração foi a análise produzida por Selma Garrido Pimenta na abertura do XIX Encontro Nacional de Didática e Práticas de Ensino (Endipe), realizado na Universidade Federal da Bahia. A conferência "As ondas críticas da didática em movimento: resistência ao tecnicismo/neotecnicismo neoliberal", publicada em 2019, no capítulo de abertura do livro *Didática: abordagens teóricas contemporâneas*, organizado por Marco Silva, Cláudio Orlando e Giovana Zen, reúne uma análise do que a autora chamou de ondas críticas da didática, ancoradas essencialmente em referenciais marxistas e gramscianos.

Na primeira onda, localizada entre os anos 1970 e 1980, encontra-se o movimento da didática em questão. Nesse período, emerge uma importante discussão que coloca a didática na agenda de pesquisadores da área. No embate com a didática instrumental prevalecente à época, Vera Maria Candau, junto a um grupo importante de professores e pesquisadores da área, estabelece um debate crítico no campo da didática que resulta na proposição do que se designou de didática fundamental, também conhecida como didática tridimensional, porque emerge em suas dimensões técnica, humana e político-social

(CANDAU, 1982). A segunda onda tem seu marco temporal nos anos de 1980 a 2000, e é identificada por um período em que se discute a didática de seu (quase) sumiço à sua ressignificação.

Contudo, é em uma terceira onda, compreendida a partir dos anos 2001, que Pimenta (2019) localiza o que chamou de didática crítica, pós-crítica, pós-moderna e movimento que prossegue. No contexto desse período, identifica cinco perspectivas críticas da didática no Brasil: (1) Didática Crítica Intercultural (CANDAU, 2000); (2) Didática Crítica Dialética Marxista Reafirmada (PIMENTA, 2008; OLIVEIRA, 2009); (3) Didática Sensível (D'ÁVILA, 2018); (4) Didática Multidimensional (FRANCO; PIMENTA, 2016); e (5) Didática Desenvolvimental (Libâneo, 2008; LIBÂNEO; FREITAS, 2013; 2019; LONGAREZI, 2020; PUENTES, 2017; LONGAREZI; PUENTES, 2013; PUENTES; LONGAREZI, 2015; 2019; 2021).

Diante dessa importante e inédita sistematização das abordagens situadas em um período de pouco mais de duas décadas, e considerando a ausência de material que apresente as fundamentações e as orientações metodológicas que caracterizam cada uma delas, reunidas em uma única obra, propôs-se a produção do presente livro. Em face desse objetivo, a organização da obra permitiu aos/às autores/as das abordagens referidas na terceira onda apresentá-las em profundidade, o que levou a uma ampliação de sua temporalidade para 30 anos e a inclusão de três tendências: Didática Histórico-Crítica (SAVIANI, 1994; 2021), Didática Crítico-Social (LIBÂNEO, 1985; 2004) e Didática Complexa e Transdisciplinar (SUANNO, 2015).

Assim concebido, o livro reúne nove capítulos, além de uma apresentação elaborada pelos organizadores e um prefácio redigido por Alda Junqueira Marin, Maria Isabel da Cunha, Maria Isabel de Almeida e Umberto de Andrade Pinto. O primeiro capítulo, "As ondas críticas da Didática em movimento: resistências ao tecnicismo/neotecnicismo neoliberal (excertos do original publicado em 2019)", tem por propósito aproximar o leitor da gênese do movimento da didática crítica então apresentada por Selma Garrido Pimenta, em 2019.

Os oito capítulos subsequentes tratam das respectivas abordagens didáticas situadas no contexto da terceira onda: "Da didática crítico-social à didática para o desenvolvimento humano", por José Carlos Libâneo; "Didática Desenvolvimental: os fundamentos de uma perspectiva crítica brasileira", por Andréa Maturano Longarezi e Roberto Valdés Puentes; "Didática histórico-crítica: a ascensão do abstrato ao concreto no trabalho educativo", por Lenilda Rêgo Albuquerque de Faria e Dermeval Saviani; "Didática Crítica fundamentada na dialética materialista. Processo de ensino: totalidade concreta", por Maria Rita Neto Sales Oliveira; "Didática Crítica Intercultural e Decolonial: uma perspectiva em construção", por Vera Candau; "Didática sensível: sentir-pensar-agir no processo de ensino e aprendizagem", por Cristina d'Ávila; "Didática Complexa e Transdisciplinar", por Marilza Vanessa Rosa Suanno; e "Didática Multidimensional Crítico-Emancipatória — princípios epistemológicos a uma *práxis* docente transformadora", por Selma Garrido Pimenta.

As proposições didáticas reunidas nesta obra, ampliando a terceira onda crítica da didática em nosso país, expressam o enorme esforço realizado por vários coletivos de pesquisadores e professores que têm empreendido uma luta histórica de valorização do campo e mostram aqui a sólida, consistente e crítica posição da didática no Brasil, que precisa ocupar as agendas das políticas públicas no país e alcançar os processos de organização da atividade pedagógica na escola, princípio e finalidade da didática como ciência da educação, campo da Pedagogia.

Desejamos que tenham uma ótima leitura e que as práticas pedagógicas estejam providas do que a ciência da área tem produzido.

Andréa Maturano Longarezi
Selma Garrido Pimenta
Roberto Valdés Puentes

Referências

CANDAU, V. M. (org.). *A didática em questão*. Petrópolis: Vozes, 1982.

CANDAU, V. M. Mesa 20 anos de Endipe. A didática hoje: uma agenda de trabalho. *In*: CANDAU, V. M. (org.). *Didática, currículo e saberes escolares*. Rio de Janeiro: DP&A, 2000. p. 149-160.

D'ÁVILA, C. M. *Didática do sensível:* uma inspiração raciovitalista. 2018. 141 f. Concurso (Título de Professora Titular de Didática) — Universidade Federal da Bahia, Salvador, 2018.

FRANCO, M. A.; PIMENTA, S. G. Didática multidimensional: por uma sistematização conceitual. *Educação e Sociedade*, Campinas, v. 37, n. 135, p. 539-553, abr./jun. 2016.

LIBÂNEO, J. C. *Democratização da escola pública:* a pedagogia crítico-social dos conteúdos. 17. ed. São Paulo: Cortez, 1985. 149 p.

LIBÂNEO, J. C. A didática e a aprendizagem do pensar e do aprender: a teoria histórico-cultural da atividade e a contribuição de Vasili Davydov. *Revista Brasileira de Educação*, Rio de Janeiro, v. 27, n. 27, p. 5-24, 2004.

LIBÂNEO, J. C. Didática e epistemologia: para além do embate entre a didática e as didáticas específicas. *In*: VEIGA, I. P. A.; D'ÁVILA, C. (org.). *Profissão docente*: novos sentidos, novas perspectivas. Campinas: Papirus, 2008.

LIBÂNEO, J. C.; FREITAS, R. A. M. da M. Vasily Vasilyevich Davydov: a escola e a formação do pensamento teórico-científico. *In*: LONGAREZI, A. M.; PUENTES, R. V. (org.). *Ensino desenvolvimental*: vida, pensamento e obra dos principais representantes russos. Uberlândia: Edufu, 2013. Livro I.

LIBÂNEO, J. C.; FREITAS, R. A. M. da M. Abstração, generalização e formação de conceitos no processo de ensino e aprendizagem. *In*: PUENTES, R. V.; LONGAREZI, A. M. (org.). *Ensino desenvolvimental:* sistema Elkonin-Davidov-Repkin. Campinas: Mercado de Letras; Uberlândia: Edufu, 2019.

LONGAREZI, A. M. Gênese e constituição da Obutchénie Desenvolvimental: expressão da produção singular-particular-universal enquanto campo de tensão contraditória. *Revista Educação*, Santa Maria: UFSM, v. 45, p. 1-32, 2020.

LONGAREZI, A. M.; PUENTES, R. V. (org.). *Ensino desenvolvimental*: vida, pensamento e obra dos principais representantes russos. Uberlândia: Edufu, 2013. Livro I.

OLIVEIRA, M. R. N. S. A pesquisa em didática no Brasil — da tecnologia do ensino à teoria pedagógica. *In*: PIMENTA, S. G. (org.). *Didática e formação de professores*: percursos e perspectivas no Brasil e em Portugal. 3. ed. São Paulo: Cortez, 2009. p. 131-157.

PIMENTA, S. G. Formação de professores: identidade e saberes da docência. *In*: PIMENTA, S. G. (org.). *Saberes pedagógicos e atividade docente*. 6. ed. São Paulo: Cortez, 2008.

PIMENTA, S. G. As ondas críticas da didática em movimento: resistência ao tecnicismo/neotecnicismo neoliberal. *In*: SILVA, M.; ORLANDO, C.; ZEN, G. (org.). *Didática*: abordagens teóricas contemporâneas. Salvador: EDUFBA, 2019. 336 p.

PUENTES, R. V. Didática desenvolvimental da atividade: o sistema Elkonin-Davidov (1958-2015). *Obutchénie*: Revista de Didática e Psicologia Pedagógica, Uberlândia, v. 1, p. 20-58, 2017. DOI: https://doi.org/10.14393/OBv1n1a2017-2.

PUENTES, R. V.; LONGAREZI, A. M. (org.). *Ensino desenvolvimental*: vida, pensamento e obra dos principais representantes russos. Uberlândia: Edufu, 2015. Livro II.

PUENTES, R. V.; LONGAREZI, A. M. (org.). *Ensino desenvolvimental*: vida, pensamento e obra dos principais representantes russos. Uberlândia: Edufu, 2019. Livro III.

PUENTES, R. V.; LONGAREZI, A. M. *Enfoque histórico-cultural e teoria da aprendizagem desenvolvimental*: contribuições na perspectiva do Gepedi. Goiânia: Phillos, 2021. Livro I.

SAVIANI, D. Desafios atuais da Pedagogia Histórico-Crítica. *In*: SILVA JR., C. A. (org.). *Dermeval Saviani e a educação brasileira*. São Paulo: Cortez, 1994.

SAVIANI, D. Pedagogia Histórico-Crítica, 40 anos: balanço e perspectivas. *In*: GALVÃO, A. C. *et al*. (org.). *Pedagogia Histórico-Crítica*: 40 anos de luta por escola e democracia. Campinas: Autores Associados, 2021. v. 1, p. 113-133.

SUANNO, M. V. R. *Didática e trabalho docente sob a ótica do pensamento complexo e da transdisciplinaridade*. 2015. 493 f. Tese (Doutorado em Educação) — Programa de Pós-Graduação Stricto Sensu em Educação, Universidade Católica de Brasília, Brasília, 2015.

Prefácio

A publicação de um livro que apresenta as diferentes abordagens da Didática Crítica difundidas no Brasil nas últimas décadas deve ser comemorada — acima de tudo — como um evento de resistência dos estudos e das pesquisas da área. Resistência direcionada à lógica empresarial que assola cada vez mais o interior das salas de aula por meio das políticas educacionais neoliberais, que retiram o protagonismo docente frente à realidade social, cultural e econômica de seus alunos, submetendo-os (professores/as e estudantes) a consumirem um currículo prescrito, seja no que se refere ao seu conteúdo, seja na forma com que deve ser desenvolvido. Entretanto, se essa lógica empresarial é hegemônica nos dias atuais, em contrapartida, tem sido contestada por professoras/es e pesquisadoras/es que defendem a educação como prática de liberdade da condição humana. É esse entendimento da educação emancipatória que embasa os estudos da Didática Crítica.

A formulação conceitual da Didática Crítica em nosso país tem origem no início da década de 1980, no contexto de transição democrática da ditadura militar para a Nova República. Uma série de eventos marca esse período histórico na área educacional, e aqui vamos dar destaque a três deles: a disseminação de teorias críticas em educação, a mobilização política de educadores e a criação da Associação Nacional de Pós-Graduação e Pesquisa em Educação (ANPEd).

A repercussão das teorias críticas em educação, contestando os princípios liberais da Pedagogia tradicional (herança jesuítica) e da

Pedagogia tecnicista (implantada pelo governo militar), abre espaço para elaborações pedagógicas progressistas que logo vão reverberar na área da Didática, problematizando sua redução ao uso de técnicas de ensino, lugar que lhe ficou reservado pelo tecnicismo em educação. O Seminário "A Didática em Questão", promovido pela PUC-RJ em 1982, é o marco histórico dessa problematização em torno da didática difundida até então. Esse primeiro Seminário prossegue com várias outras edições anuais, assim como os Encontros Nacionais de Prática de Ensino, que ocorriam paralelamente, até se integrarem em 1987 no Encontro Nacional de Didática e Práticas de Ensino (Endipe). A intensa mobilização dos educadores nesse período de transição democrática da sociedade brasileira, combinada com a também intensa produção acadêmica da Didática Crítica, vai encontrar nos Endipes um lugar privilegiado de circulação dos seus estudos.

O terceiro evento a ser destacado no referido período como espaço de circulação dos estudos em torno da Didática Crítica é o GT (Grupo de Trabalho) de Didática da ANPEd, associação fundada em 1978 e até hoje promotora de reuniões regionais e nacionais que concentram as produções acadêmicas da área educacional. Desse modo, é preciso destacar o protagonismo tanto dos Endipes, que continuam ocorrendo bienalmente, quanto do GT de Didática da ANPEd na divulgação e na promoção dos debates em torno da produção científica da área.

Importante destacar, após essas considerações e esses levantamentos históricos iniciais, que ao longo de sua trajetória a Didática tem buscado compreender, problematizar, bem como responder aos enfrentamentos derivados das circunstâncias históricas que atravessam a escola e seus processos de ensino-aprendizagem. Esse movimento tem impulsionado tanto as buscas teóricas quanto o reposicionamento das práticas didático-pedagógicas, movimento que neste livro se expressa como evidência do vigor dos estudos e das pesquisas no campo. Novas abordagens progressistas da didática, com matizes teórico-epistemológicos bastante particulares, têm buscado dialogar com a escola real, com as circunstâncias em que professoras e professores presentes nas escolas trabalham com estudantes de perfis muito distintos quanto às suas condições sociais, familiares e culturais.

Para além desses fatores que acompanham a história da escola, inúmeros outros decorrentes do estágio de desenvolvimento social se apresentam. Citamos três exemplos. Um primeiro refere-se às já citadas políticas neoliberais que mercantilizam a educação, minimizam o lugar e a importância do trabalho com os conhecimentos, esvaziam a formação de professoras e professores, sucateiam as escolas e traem as expectativas da juventude quanto ao seu futuro e ao futuro do país. A esse contexto tão provocador soma-se a presença das novas tecnologias da informação, que adentraram as escolas e atravessam as vidas de docentes e estudantes, colocando de pernas para o ar as compreensões teóricas acerca de como ensinar e aprender, revirando as práticas docentes tradicionalmente constituídas. E, *pari passu* a esse cenário, vivemos o fenômeno da pandemia da covid-19, que impôs o isolamento social e, praticamente, implodiu a escola e a vida de docentes e estudantes no que toca à essência de suas relações. De modo rápido e sem o apoio de formulações teóricas e políticas capazes de subsidiar respostas ao novo cenário, professoras e professores foram criando na prática os meios para manter os processos de ensino na melhor configuração ao seu alcance, expressando seu mais valoroso compromisso ético-político. Mas sabemos dos limites do trabalho docente nessas circunstâncias.

Esses e outros inúmeros fatores acentuam as contradições e colocam novas questões à Didática, que em seu fluxo tem de se renovar incessantemente. Docentes em formação e aqueles que estão em atividade necessitam de aportes didáticos que os ajudem a produzir respostas que confrontem as ações de exclusão e fortaleçam aquelas prenhes de possibilidades emancipatórias.

É certo que a Didática, tanto como os demais ramos do conhecimento, é atingida pelos movimentos da macroestrutura social e pelas reconfigurações que essa condição impõe aos ambientes escolarizados. Nesses contextos, as teorias que reverberam no campo da educação vão questionando concepções que alicerçam a prática escolar. Mesmo reconhecendo que sobre ela incidem saberes relacionados com os campos científicos da área das ciências humanas, foi progressiva a análise da Didática a partir de seus fundamentos filosóficos, sociológicos e psicológicos. Essa condição favoreceu a compreensão das distintas tendências do saber didático, em decorrência de uma perspectiva epistemológica que interfere no seu campo de ação.

A obra que aqui apresentamos representa uma interessante contribuição, no sentido de explicitar e ampliar os pressupostos da Didática a partir das perspectivas múltiplas que incidem nesse campo, e a capacidade de incorporar, na prática escolarizada, a dimensão que representa uma opção consciente das políticas institucionais e dos próprios professores, sem descaracterizar o próprio do campo da Didática.

Sendo a docência uma profissão humana atingida pelas questões sociais de um tempo e espaço, a Didática se orienta tanto pela base da ciência da educação — a Pedagogia — como pela condição subjetiva dos sujeitos que a protagonizam. Essa é a razão para compreendermos a sua complexidade e assumir a superação de uma Didática tecnicista que se afirma em procedimentos instrumentais, sem o convite para uma reflexão dos pressupostos inerentes à sua prática.

Assim concluímos, com a expectativa de termos demonstrado com essas breves considerações a importância da publicação desta obra. Reiteramos que o seu lançamento deve ser celebrado, como dissemos no início, como um evento de resistência dos estudos e das pesquisas da área, trazendo significativas contribuições e demonstrando como os estudos têm se desenvolvido e apresentado no decorrer das últimas décadas.

Por fim, registramos o agradecimento coletivo pelo convite para prefaciar esta importante publicação, esperando que leitoras e leitores, bem como pesquisadoras e pesquisadores, usufruam-na ao máximo.

Alda Junqueira Marin
Maria Isabel da Cunha
Maria Isabel de Almeida
Umberto de Andrade Pinto

CAPÍTULO 1

As ondas críticas da Didática em movimento:

resistências ao tecnicismo/neotecnicismo neoliberal (excertos do original publicado em 2019)[1]

Selma Garrido Pimenta

> *Seja como as ondas do mar que, mesmo quebrando contra os obstáculos, encontram força... para recomeçar.*
>
> (S. Bambarén, 1996, n. p.)

---

1. No XIX Encontro Nacional de Didática e Práticas de Ensino (Endipe), realizado na Universidade Federal da Bahia, em 2018, apresentei o texto que foi então publicado em: PIMENTA, Selma G. As ondas críticas da didática em movimento: resistência ao tecnicismo/neotecnicismo neoliberal. *In:* SILVA, M. *et al. Didática*: abordagens teóricas contemporâneas. Salvador: EDUFBA, 2019. p. 19, v. 64. O texto nos inspirou a organizarmos a presente obra e optamos por trazer trechos com ajustes e cortes do original, autorizados pela Editora, com o objetivo de aproximar o leitor da gênese do movimento da didática crítica configurado nas duas primeiras décadas do século XXI e nesta que se inicia, para que sigamos: "[...] *como as ondas do mar que, mesmo quebrando contra os obstáculos, encontram força... para recomeçar.*", conforme palavras do escritor peruano S. Bambarén (1996, n. p.).

Introdução — Prática sem teoria?

Nesta segunda década do século XXI, assistimos ao avanço mercadológico das políticas alinhadas ao neoliberalismo, que pregam uma transformação nos cursos de licenciaturas e proclamam um "praticismo" na formação profissional docente. Estão, assim, a ressuscitar o pragmatismo tecnicista que dominou a educação nos anos 1970. Investem contra os cursos de licenciatura de universidades compromissadas com uma formação de qualidade social-profissional, e proclamam que basta a formação prática, sem teoria e sem ideologia. Essas políticas são definidas pelos conglomerados financistas, empresários da educação, que se inserem nos aparelhos de Estado, com destaque para os conselhos nacional e estaduais de educação, órgãos que elaboram as diretrizes curriculares nacionais e estaduais para a formação de professores. Esses conglomerados detêm cerca de 70% dos cursos de licenciatura no país, sendo 88% destes em Educação a Distância (EaD).

Qual concepção de professor, de profissional docente e de trabalho docente defendem?

Para os conglomerados financistas, o professor é um simples técnico prático, com identidade frágil, executor de *scripts* e currículos produzidos por agentes externos empresários/financistas do ensino, que elaboram o material, as atividades, as técnicas e as estratégias a serem executados pelos professores em qualquer que seja a realidade das escolas. Esses materiais são vendidos às secretarias municipais/estaduais de educação, em pacotes acompanhados de cursos e treinamentos para a formação contínua das equipes escolares. As avaliações externas dirão aos professores que poderão receber abonos, e não aumento de salários, e conforme os resultados que seus alunos obtiverem. A docência, por sua vez, é reduzida a habilidades práticas, com ausência dos saberes da teoria pedagógica ou reduzidos à prática; uma formação prática — sem "teoria"; com estatuto profissional precário: contratos por tempo determinado, sem direitos trabalhistas. As Diretrizes Curriculares Nacionais (DCN), expressas na Resolução n. 02/2015, evidenciam, em parte, essa concepção ao manter na estrutura dos cursos de licenciaturas as Práticas como Componente Curricular (PCC), sem se valer das pesquisas que evidenciaram o uso indiscriminado desse componente por parte das Instituições de Ensino Superior (IES), que introduziram em seus currículos disciplinas e atividades que em nada guardam identidade com a formação docente. (PIMENTA *et al.*, 2017b). Nesse sentido, o Conselho Nacional de Educação (CNE), na Resolução de 2015, deixou brecha para a sanha praticista dos conglomerados. Outro exemplo dessa investida privatista/praticista pode ser conferido no Parecer que instrui a Deliberação n. 154/2017, do Conselho Estadual de Educação do Estado de São Paulo, dominado por representantes e defensores dos setores privatistas.

No dizer de Shiroma, Moraes e Evangelista (2010), as chances de extrair lucro da desqualificação dos trabalhadores, advinda de uma formação sucateada, abrem a oportunidade de negócio para os empresários da educação. A situação de instabilidade, precarização, terceirização e vulnerabilidade a que os educadores estão expostos aumenta o mercado de venda de consultorias, de certificação e promessas de empregabilidade. A escola que, na origem grega, designava o "lugar do ócio", é transformada em um grande "negócio".

A didática instrumental tecnicista dos anos de 1970, como sabemos, que respaldou a compreensão da prática sem teoria, parece estar sendo invocada pelos empresários da educação. Ilustra esse retrocesso a definição por parte da Fundação Lemann, da Editora Nova Escola, associados ao Google, que estão elaborando planos de ensino únicos para todas as disciplinas do ensino fundamental a serem acessados pelos professores de qualquer lugar do país por celular, *tablet* e outras plataformas.

Essa perspectiva não considera e se contrapõe aos avanços conquistados na área da didática. O enfoque conservador/tecnicista foi considerado por Veiga (1996) característica da didática no período de 1945-1960. Inspirada nas correntes pragmáticas, o foco centrou-se nos processos de ensino descontextualizados das dimensões políticas, sociais e econômicas. Do ponto de vista do cenário político, o Brasil se constituía a partir dos princípios da democracia liberal, que caracterizou o Estado populista, de base desenvolvimentista. O período pós-1964, caracterizado por Veiga (1996, p. 34) como de "descaminhos da didática", foi notadamente pautado pela tendência tecnicista, a qual coadunou com o sistema político instaurado de ditadura militar. Os pressupostos teórico-metodológicos consistiram na neutralidade científica, acentuando-se na educação as concepções de eficiência, a racionalidade técnica e a produtividade.

O estabelecimento de parâmetros pseudocientíficos para o desempenho escolar se mostrou útil para classificar, dentre os alunos das classes mais pobres que passaram a ter acesso ao direito de escolarização, aqueles mais competentes para prosseguir no processo e, assim, justificar a exclusão dos sistemas de ensino público que, com menos alunos, docentes e infraestrutura seriam menos dispendiosos aos cofres públicos.

No contexto dessas políticas, importam menos a democratização e o acesso ao conhecimento e a apropriação dos instrumentos necessários para um desenvolvimento intelectual e humano da totalidade das crianças e dos jovens, e mais efetivar a expansão quantitativa da escolaridade de baixa qualidade para os cerca de 60% da população empobrecida, que havia tido seu direito constitucional de acesso à escolaridade pública garantido em decorrência dos movimentos dos educadores e de outros segmentos sociais a partir dos anos 1970. E, quando esses resultados são questionados pela sociedade, responsabilizam-se os professores, esquecendo que eles são também produto de uma formação desqualificada historicamente, via de regra, através de um ensino superior, quantitativamente ampliado nos anos 1970, em universidades-empresas.

A didática em movimento

A partir da metade dessa década (1970), a produção acadêmica na área de educação foi significativamente impulsionada com a criação dos cursos de pós-graduação na área. Alguns programas tiveram expressiva contribuição na análise crítica da educação brasileira. Privilegiando um referencial marxista e gramsciano na análise dos problemas educacionais e da escolaridade no país, configuravam um espaço de resistência à então ditadura militar. Incorporando as contribuições das várias disciplinas que se ocupavam da educação, como a Sociologia, a Antropologia, a Filosofia, a Economia, além da própria Pedagogia, produzindo as primeiras dissertações e teses, esses programas foram determinantes para a análise crítica da escola e da educação, bem como para o reconhecimento da importância — relativa e não exclusiva — da educação escolar nos processos de democratização da sociedade. Valorização essa que caminhava na perspectiva de superação das análises reprodutivistas, sem negar o caráter ideológico da educação, mas compreendendo-a como um espaço de contradições.

Vários movimentos emergiram ou se fortaleceram no contexto das lutas pela redemocratização do país, como aqueles alinhados à Teologia da Libertação, aos sindicatos, à criação de partidos de esquerda, como o Partido dos Trabalhadores (PT), e de diversos movimentos sociais, como o Movimento dos Trabalhadores Rurais Sem Terra (MST), dos profissionais da imprensa em torno da Associação Brasileira de Imprensa (ABI) e do direito em torno da Ordem dos Advogados do Brasil (OAB), além de tantos outros. Na educação, além das associações, como a Associação Nacional de Pós-Graduação e Pesquisa em Educação (ANPEd), a Associação Nacional de Educação (Ande), o Centro de Estudos Educação e Sociedade (Cedes), que reuniam militantes intelectuais docentes das academias e das escolas dos sistemas públicos em geral, foi expressiva a contribuição de autores como Paulo

Freire e Saviani. A vitalidade do pensamento crítico, com base no materialismo histórico-dialético para a compreensão dos problemas e desafios da didática, está posta.

Primeira onda crítica — Da didática instrumental à didática fundamental

Na passagem dos anos 1970 para 1980, período importante em que a sociedade brasileira se opunha à ditadura militar que se instalara em 1964, teve início um movimento por educadores, atuantes no campo das práticas de ensino e didática, que se reuniram em 1979 no 1° Encontro Nacional de Prática de Ensino, e em 1982, no 1° Seminário "A Didática em Questão", organizado por Candau: a didática técnico-instrumental foi posta em questão.

Em contraposição à perspectiva tecnicista, Candau (1983) traz contribuições marcantes para esse campo epistemológico, quando indica a ruptura com a didática limitada à dimensão instrumental. Aponta o que denomina uma Didática Fundamental, substancialmente vinculada a relações e contradições presentes entre a educação e a prática social mais ampla. A proposição assumida por essa autora, referente à Didática Fundamental, buscou romper com a característica de neutralidade que, até então, marcara a trajetória histórica da didática. Veiga (1996) enfatiza a necessidade de reconhecer a Didática Fundamental alinhada a pressupostos teóricos críticos. Candau (1983) confirmou a importância da dimensão técnica, reposicionando-a quanto à dimensão política da prática pedagógica, da qual se ocupa a didática. Assim, no espectro de uma concepção crítica, as interfaces da prática pedagógica com essas duas dimensões, política e técnica, devem ser consideradas. Candau (2005, p. 15) esclarece que a dimensão técnica "[...] se refere ao processo de ensino-aprendizagem como ação intencional, sistemática, que procura organizar as condições que melhor propiciem a aprendizagem". Portanto, "[...] quando essa dimensão é dissociada das demais, tem-se o tecnicismo" (CANDAU, 2005, p. 15), caracterizado exclusivamente por uma visão unilateral do processo de ensino-aprendizagem, centrado na técnica pela técnica.

No entanto, a potencialidade da crítica instaurada pelo movimento da Didática Fundamental paradoxalmente instaurou no âmbito dos cursos um esvaziamento da disciplina didática. O questionamento de seu estatuto epistemológico acabou por provocar o entendimento de que a didática, como disciplina dos cursos de formação de professores, os quais têm seu objeto definido — os processos de ensino-aprendizagem —, pudesse ser substituída por outras disciplinas, como o currículo, a história da educação, a política educacional, a filosofia da educação, a sociologia da educação, a psicopedagogia, a avaliação, a formação docente (LIBÂNEO, 2014). O esvaziamento dos conteúdos da didática decorre, em grande medida, de seu desprestígio acadêmico no âmbito do campo da educação, com professores formadores que, de certa forma, ainda insistem em minimizar a dimensão crítica de seus conteúdos. Assim, acabam por potencializar a dimensão prescritiva e técnica na formação docente (PIMENTA *et al.*, 2017b).

Esse esvaziamento da didática foi também exponencialmente ampliado, por um lado, pela fragilização sofrida pela Pedagogia como ciência que estuda a práxis social da educação, provocada pelo movimento da Associação Nacional pela Formação dos Profissionais da Educação (Anfope), que prevaleceu na definição das Diretrizes Curriculares Nacionais para os cursos de Pedagogia, CNE/2006, reduzindo-a a uma licenciatura, e, por outro, pela autonomização de cada uma das disciplinas de fundamentos, apartadas umas das outras e distantes da práxis formativa de professores. Libâneo (2014, p. 65) assim se manifesta:

> Tal esvaziamento [referindo-se à Didática] ocorreu em paralelo à descaracterização do campo investigativo e profissional da Pedagogia, um fato bastante peculiar da história da educação brasileira, em que a especificidade "pedagógica" do educativo foi substituída pela sociológica ou política, produzindo danos inestimáveis à atividade escolar.

Nesse sentido, é oportuna a paródia atribuída a Kant, de que a pedagogia sem a didática é vazia, e a didática sem a pedagogia é cega.

Com essas interrogações e desconfianças quanto à natureza do objeto da didática e suas contribuições para a prática pedagógica frente às necessidades postas pelas realidades escolares, em especial das escolas públicas, estava, assim, aberto o caminho para se colocar a educação e a escola em questão. Inclusive a didática e a formação de professores, tematizadas por intelectuais pesquisadores da área: Veiga (1988); Oliveira (1992); Libâneo (1990); Martins (1998); Pimenta (1996b); Wachovski (1991); Marin (2015) e tantos outros. As análises produzidas evidenciavam a persistência do tecnicismo; a ausência ou fragilidade de pesquisas na área; a persistência do fracasso escolar; a ausência de teorias educacionais que fertilizassem o que se praticava nas escolas; a ausência nos cursos de licenciatura de projeto formativo conjunto entre as disciplinas científicas e as pedagógicas; o formalismo destas; o distanciamento daquelas da realidade escolar; além do desprestígio do exercício profissional da docência no âmbito da sociedade e das políticas governamentais, prejudicando seriamente a formação de professores. Os autores referidos evidenciaram com suas pesquisas as bases epistemológicas do movimento de ressignificação da didática, que ora classificamos como a segunda onda crítica da didática, a seguir desenvolvida.

Segunda onda crítica – Do (quase) sumiço da disciplina didática à sua ressignificação na formação de professores

> A didática é parte fundamental e complexa da pedagogia. As relações entre ambas configuram um universo de sentido comum sobre o mundo, a cultura, a formação e a instrução, os valores e a sociedade (VALENCIA, 2013, p. 9, tradução nossa).

Nas duas décadas finais do século XX, a compreensão do materialismo histórico-dialético como postura, método e práxis, assim como as contribuições para a educação da teoria crítica frankfurtiana, adentrou a produção teórica na área da didática, com destaque aos autores brasileiros referidos. Suas contribuições expressam as principais categorias que fertilizaram suas pesquisas: totalidade; contradição; mediação; práxis (unidade, teoria e prática); dialética, que fertilizaram os principais conceitos diretamente relacionados ao saber didático: trabalho docente (trabalho); relação professor — estudante — conhecimento; ensino e aprendizagem em contextos; diálogo; interdisciplinaridade; projeto político-pedagógico; historicidade; atividade docente situada = práxis docente; reflexão crítica; comunidade de ensino-aprendizagem e formação docente.

Nesse contexto, podemos situar o movimento de ressignificação da Didática.

> Reafirmando o compromisso da Didática com os resultados do ensino, para uma educação inclusiva e emancipatória e entendendo-a como campo de conhecimento essencial para a atividade docente, parece-nos ser possível, no atual contexto (sociedade globalizada, novos paradigmas, novas formas de organização e funcionamento dos sistemas de ensino e de escolas [...] e o próprio campo de estudos e pesquisas emergentes na área), propor a seguinte problemática: como essas questões atravessam o fazer docente? Que novos saberes e fazeres são necessários aos professores? Que respostas a Didática pode apresentar? (PIMENTA, 2014, p. 37).

Com o protagonismo docente e a reafirmação da unidade teoria e prática, com base em pesquisas nas escolas e com os professores, a formação de professores passa a ocupar o centro dos estudos e das políticas educacionais. Afirma-se a necessidade de que nos cursos de formação seja retomado o sentido precípuo da didática, que se perdeu ao longo dos debates ideológicos das últimas décadas do século anterior: "um professor necessita dominar instrumentos de trabalho, ou seja: as teorias, os conceitos, os métodos, mas também os modos de fazer, os procedimentos, as técnicas de ensino" (LIBÂNEO, 2014, p. 69).

As principais temáticas postas em discussão com fundamento no materialismo histórico-dialético e nas teorias críticas podem ser assim resumidas: a valorização da escola e de seus profissionais nos processos de democratização da sociedade brasileira; a contribuição do saber escolar na formação da cidadania; sua apropriação como processo de maior igualdade social e inserção crítica no mundo (e daí: que saberes? Que escola?); a organização da escola, os currículos, os espaços e os tempos de ensinar e aprender; o projeto político e pedagógico; a democratização interna da escola; o trabalho coletivo; as condições de trabalho e de estudo (de reflexão), de planejamento, de jornada remunerada; dos salários; a importância dos professores nesse processo (daí: sua formação inicial e contínua); das responsabilidades da universidade, dos sindicatos, dos governos nesse processo; da escola como espaço de formação contínua; dos alunos: quem são? De onde vêm? O que querem da escola? E os professores: quem são? Como se veem na profissão? Da profissão: profissão? E as transformações sociais, políticas, econômicas, do mundo do trabalho e da sociedade da informação: como fica a escola e os professores? E fundamentadas nas teorias pós-críticas, todas as questões que envolvem as minorias: as desigualdades e as diferenças culturais, de gênero, raça, cor e tantas outras.

Entendia-se que era necessário que os professores tivessem sólida formação teórica para que pudessem ler, problematizar, analisar, interpretar e propor alternativas aos problemas que o ensino, como prática social, apresentava nas escolas (PIMENTA, 1996a). Essa compreensão suscitou novas propostas curriculares, tanto nas legislações estaduais quanto nas práticas nas escolas, possibilitadas por amplos Programas de Formação Contínua, promovidos por Secretarias de Educação com assessoria de universidades.

Para melhor compreender as propostas da didática crítica, fez-se necessário ressignificar a compreensão das relações entre educação como práxis social, a pedagogia como ciência dialética que estuda a práxis educativa e a didática crítica na formação da práxis docente e nos processos dialéticos da ensinagem.

Para tratar da didática em sua dimensão disciplinar, retomamos algumas considerações expressas em textos anteriores sobre as relações entre educação, pedagogia e didática, nos quais são situadas também suas dimensões epistemológicas e de práticas pedagógicas (PIMENTA, 1996b; 2014). E entendendo como expressa Silva Junior (2015, p. 4):

> Em sua dimensão disciplinar a Didática integra-se ao campo da Pedagogia, considerada como a ciência da *práxis* educativa. Em termos simples, a educação é o objeto da Pedagogia e seu núcleo principal, o ensino, é o objeto da Didática. Cabe à Pedagogia identificar e analisar os múltiplos saberes (não apenas do campo do conhecimento) que alguém deverá dominar se pretender se tornar um educador profissional. Cabe à Didática identificar e analisar os múltiplos fatores (não apenas relativos aos conteúdos de ensino) que irão se manifestar nas situações de ensino e aprendizagem.

Como área da pedagogia, a didática tem no ensino, *práxis* social complexa, seu objeto de investigação, que se realiza em situações historicamente situadas: nas aulas e em demais situações de ensino das diferentes áreas do conhecimento, nas escolas, nos sistemas de ensino, nas culturas, nas sociedades.

As investigações na área da didática decorrentes desse movimento de ressignificação, adentrando o século XXI e até os dias de hoje, pautadas pelo referencial crítico, tomam o ensino como uma prática social viva, considerando teoria e prática inseparáveis no plano da subjetividade do sujeito (professor), pois sempre há um diálogo do conhecimento pessoal com a ação. Esse conhecimento não é formado apenas na experiência concreta do sujeito em particular, podendo ser nutrido pela "cultura objetiva" — as teorias da educação, no caso —, possibilitando ao professor criar "esquemas" que mobilizam em suas situações concretas, configurando seu acervo de experiência "teórico-prático" em constante processo de reelaboração. Os autores Sacristán

(1999); Martins (1998); Oliveira (1992); Pimenta (2002) destacam a importância da teoria (cultura objetivada) na formação docente, uma vez que, além de seu aprendizado ter poder formativo, dota os sujeitos de pontos de vista variados para uma ação pedagógica contextualizada. Marin (2015, p. 18), pautando-se no materialismo histórico-dialético como perspectiva crítica e criativa diante de aspectos didáticos do ensino, destaca "a intrínseca relação entre os sujeitos e deles em relação ao objeto (conhecimento) com que se trabalha, considerando a indissociável relação, mas não direta ou linear, entre teoria e práxis".

Os saberes teóricos propositivos se articulam aos saberes da prática ao mesmo tempo, ressignificando-os e sendo por eles ressignificados. Assim, o papel da teoria é oferecer aos professores perspectivas de análise para compreenderem os contextos históricos, sociais, culturais, organizacionais e de si mesmos como profissionais, nos quais ocorre sua atividade docente, para neles intervir, transformando-os. Daí decorre ser fundamental o permanente exercício da crítica das condições materiais nas quais o ensino ocorre e de como nessas condições é produzida a "negação da aprendizagem" (PIMENTA, 1999).

Na base dessa elaboração estão os fundamentos teóricos, epistemológicos, ontológicos e éticos do materialismo histórico-dialético e das teorias críticas da educação, com vista a se criar coletivamente os caminhos para a emancipação humana social. Nesse sentido, o pensamento de Dermeval Saviani contribuiu ao movimento de ressignificação da área, ao expressar que:

> O conceito de Pedagogia se reporta a uma teoria que se estrutura a partir e em função da prática educativa. A pedagogia, como teoria da educação, busca equacionar, de alguma maneira, o problema da relação educador-educando, de modo geral, ou, no caso específico da escola, a relação professor-aluno, orientando o processo de ensino e aprendizagem (SAVIANI, 2010, p. 102).

Nesse momento histórico, as práticas pedagógicas e sua necessária contextualização passaram a se constituir objeto de análise crítica, do ponto de vista de sua dimensão política, o que desafiou professores e pesquisadores a considerarem, de forma mais contundente, as interfaces e as contradições entre escola e sociedade. De acordo com Martins (1998, p. 47): "Valorizam-se os estudos do cotidiano escolar como fonte de conhecimento para o alcance da íntima relação entre a 'didática pensada' e a 'didática vivida' — o novo desafio de então".

Frente à necessidade de reelaboração de conhecimentos e saberes, foram instaurados amplos e profícuos debates a partir de questões fundantes sobre: o que ensinamos? Para quem ensinamos? Como ensinamos? Com quais finalidades e em quais condições concretas ensinamos?

A pesquisadora argentina Camilloni (1996) expressa com base na teoria crítica a necessidade de se considerar os modos de transmissão próprios da escola na construção da sociedade capitalista e do tipo de sociedade que dela resulte. Por essa razão, afirma que "[...] é imprescindível tratar de responder a essas perguntas, que estão impregnadas de valores e comprometidas com a ética" (CAMILLONI, 1996, p. 32).

Indagando se a didática crítica continua com vigor epistemológico para a compreensão do processo de ensino-aprendizagem e da formação de professores, Faria (2018, p. 10), a partir da pesquisa que realizou em sua tese de doutorado, sintetiza o que denominamos de segunda onda crítica de ressignificação da didática:

> [...] ganha centralidade nas reflexões dos educadores sobre o conteúdo da didática o entendimento da prática social enquanto pressuposto e finalidade da educação; a necessidade de um tratamento não fragmentado entre teoria e prática pedagógica, mas da compreensão de seu caráter dialético, relacional e contraditório de negação e afirmação; o conteúdo didático se coloca para além dos métodos e técnicas de ensino; o ensino é entendido como síntese de múltiplas determinações e, como uma atividade direcional, procura-se articular a didática vivida com a didática pensada; sua especificidade é garantida pela compreensão e investigação contínua do processo ensino-aprendizagem, de modo que se construam formas de intervenção crítica da prática pedagógica. Materializa-se o entendimento de que o trabalho didático não se reduz ao "como fazer",

mas está intimamente vinculado e ganha sentido pedagógico quando se articula ao "para que fazer" e ao "por que fazer" e "com quem fazer".

Nesse movimento, cabe indagar sobre seu campo disciplinar: o que a didática pode oferecer, em seus fundamentos teóricos e metodológicos, aos professores em formação? Como articular uma didática que tenha no sujeito aprendente o seu olhar e o seu foco?

O movimento de ressignificação na didática em seu campo disciplinar na formação de professores

Diante das provocações suscitadas pelas demandas postas para o campo da didática, no que se refere à educação escolar e à formação de professores, as produções acadêmicas passaram a ter como eixo as relações entre a didática, a prática pedagógica e sua finalidade social mais ampla, como possibilidades de transformação da realidade social. Essa perspectiva epistemológica teve como intento depurar a função sociopolítica da educação, da escola e, principalmente, dos processos de ensino-aprendizagem, alinhados aos pressupostos teóricos da pedagogia crítica, pautada em uma perspectiva dialética.

Em decorrência das análises e das pesquisas que se seguiram a esse movimento de crítica ao campo teórico e prático da didática, seu campo disciplinar foi e continua sendo reconfigurado. As novas perspectivas e experiências de ensinar didática se tornaram públicas nos principais eventos da área — os Endipes e o GT Didática das ANPEd —, assim como em obras seminais que contam hoje com inúmeras reedições, dentre as quais Veiga (1988); Martins (1998); Libâneo (1991); Oliveira (1992); Pimenta (1996a; 1997); Azzi e Caldeira (1997); Candau (1997); André (1997); Cunha (2004).

A didática, como disciplina nos cursos de formação de professores, passou a ser uma possibilidade de contribuir para que o ensino, núcleo central do trabalho docente, resulte nas aprendizagens necessárias à formação dos sujeitos em relação, equipados para se inserirem criticamente na sociedade, com vista a transformar as condições que geram a desumanização. E o faz trazendo as contribuições teóricas que lhe são próprias para a análise, a compreensão, a interpretação do ensino situado em contextos, num processo de pesquisa da realidade, com o intuito de apontar possibilidades de superação.

Ao movimento de ressignificação da didática, e com vista a superar suas fragilidades históricas, fez-se necessária a compreensão da epistemologia da didática, na busca da reflexão radical e rigorosa em torno de sua natureza e de suas relações com a educação escolar e o ensino, no sentido de circunscrever seu campo de conhecimento e sua relevância na formação de professores. Os conceitos que lhe são próprios como "aula" e "ensino e aprendizagem" são também ressignificados.

Silva e Veiga (2013, p. 32) reconfiguram a aula em seu significado como relações entre indivíduos que ensinam, aprendem, pesquisam e avaliam; práticas vinculadas a outros contextos socioculturais, com a concretização dos objetivos e intencionalidade dos projetos pedagógicos de cada curso. Sua organização pressupõe um processo didático de reflexão teórica sobre e na prática. O diálogo no sentido freiriano é a palavra-chave na relação educador — educandos — mediados pelo conhecimento/mundo. Na aula, a relação entre teoria e prática é mobilizada na construção do conhecimento a partir dos saberes prévios dos estudantes.

O ensino tem por finalidade formar os estudantes para que consigam se situar no mundo, ler o mundo, analisar e compreender o mundo e seus problemas, com vista a propor formas de superação e emancipação humana e social. Por isso, é concebido como fenômeno complexo, porque é práxis social realizada por e entre seres humanos que se modifica e modifica os sujeitos na ação e na relação entre si (professor e estudantes), situados em contextos institucionais, culturais, espaciais, temporais, sociais.

Na tentativa de superar a separação entre as atividades próprias dos sujeitos professor-alunos nesse processo; de superar a dicotomia e a preponderância da pesquisa sobre o ensino, herdeira das concepções da ciência moderna fortemente arraigada na academia, que vê o professor como executor/transmissor dos conhecimentos por elas elaborados e os alunos como receptores destes (FREIRE, 1979); e de superar as concepções tecnicistas instrumentais da didática na formação e no exercício da docência, Pimenta e Anastasiou (2002) cunharam o conceito de *ensinagem*. Para as autoras, o ato de ensinar não se resume ao momento de aula expositiva, não se encerra aí e sem levar em conta os contextos nos quais se realiza. Ao contrário, o ensinar e o aprender são indissociáveis, constituem unidade dialética. O ensino existe para provocar as aprendizagens, ao colocar os estudantes frente a frente aos conhecimentos por meio da mediação docente; para que (re)construam, (re)signifiquem, (re)elaborem os conhecimentos produzidos historicamente, mediatizados pelo mundo, e produzam novos conhecimentos, conforme traz Freire (1979). A esse processo compartilhado de trabalhar os conhecimentos as autoras denominam *ensinagem*. As mediações são condicionadas e atravessadas por múltiplas determinações, dentre as quais se destacam os impactos das políticas privatistas nas práticas docentes.

As pesquisas em didática não podem isolar o fenômeno educativo de suas circunstâncias e temporalidade. E tomando o ensino como prática social viva, trazendo contribuições de outras ciências, possibilitar respostas socialmente significativas para transformar as condições de precariedade dos resultados de aprendizagem observados na atual escola brasileira.

Terceira onda crítica – Didática crítica, pós-crítica, pós-moderna: e o movimento prossegue...

Apesar da expressiva ressignificação da teoria didática e de seu campo disciplinar, propiciado pelo significativo desenvolvimento das pesquisas na área, a indagação a seguir nos é posta: "Em que medida os resultados das pesquisas têm propiciado a construção de novos saberes e novas práticas que superem as situações das desigualdades sociais, culturais e humanas produzidas pelo ensino e pela escola?".

A essa indagação de Franco, Fusari e Pimenta (2014), frequentemente posta aos pesquisadores, sugiro responder com outra indagação colocada no final desse texto: a quem interessa manter essas desigualdades?

Nas décadas iniciais do século XXI, preocupados com a persistência das desigualdades escolares, os didatas trazem em suas pesquisas aportes advindos das teorias pós-críticas ou pós-modernas ao movimento de ressignificação que configurou a didática crítica até então, fundamentada no Materialismo Histórico-Dialético (MHD) e nas teorias críticas frankfurtianas. Os embates, os rebatimentos e os confrontos então surgidos na área entre os autores da didática e os de outras áreas, como os do currículo e das didáticas específicas, permitiram uma nova ressignificação da didática crítica nos anos recentes.

Em texto publicado por Faria (2018), com o sugestivo título "A centralidade da didática na formação de professores: a crítica à didática crítica não é crítica", a autora analisa as entrevistas que realizou com autores da didática para sua pesquisa teórica de doutoramento (FARIA, 2011). Um recorte destas e as análises da autora nos permitem compreender as tensões e as possibilidades da área no atual cenário brasileiro. Reproduzo, a seguir, extratos de seu texto. No início, a autora expressa seu posicionamento teórico-epistemológico, esclarecendo seus pressupostos:

> [...] a pedagogia como ciência da e para a práxis educativa e a didática como prática social, inspiradas e ancoradas nos pressupostos ontológicos e gnosiológicos do materialismo histórico-dialético (FARIA, 2018, p. 1).

E define a questão que a move suas análises:

> [...] como os estudiosos que constituíram o movimento da didática crítica, e que tinham suas bases epistemológicas assentadas na dialética marxiana, estão tratando as questões colocadas pela pós-modernidade,

uma vez que as proposições desse modo de pensar questionam as principais teses do materialismo histórico-dialético, com implicações epistemológicas e praxiológicas diretas para o campo da pedagogia e da didática? Perguntamos também se a didática crítica continua com vigor epistemológico para a compreensão do processo ensino-aprendizagem e da formação de professores (FARIA, 2018, p. 1).

E nos apresenta excertos das entrevistas que realizou das quais reproduzo trechos de suas análises, às quais acrescento aquelas que realizei para a escrita deste texto a partir de diferentes autores. Esse movimento me possibilita traçar um mapa provisório das recentes tendências críticas que emergiram (ou foram reconfiguradas) na área nas duas décadas deste século. São elas: Didática Crítica Intercultural (CANDAU, 2000; 2008); Didática Crítica Dialética Reafirmada (PIMENTA, 2008; OLIVEIRA, 2009); Didática Desenvolvimental (LONGAREZI; PUENTES, 2011; LIBÂNEO, 2008); Didática Sensível (D'ÁVILA, 2011; 2018); Didática Multidimensional (FRANCO; PIMENTA, 2015; 2016).

Didática crítica intercultural — Candau (2000; 2008)

Candau (2000 *apud* FARIA, 2018, p. 10) "[...] entende que é preciso captar as contribuições da crítica pós-moderna para repensar o campo da pedagogia e da didática". Nesse sentido, salienta:

> [...] partimos do pressuposto de que a crítica pós-moderna oferece elementos importantes para se repensar a pedagogia e a didática [...] incorporar novas questões que emergem da perspectiva pós-moderna como as relativas à subjetividade, à diferença, à construção de identidades, à diversidade cultural, à relação saber-poder, às questões étnicas, de gênero e sexualidade etc. (CANDAU, 2000, p. 153 *apud* FARIA, 2018, p. 10).

Analisando esse depoimento, Faria (2018, p. 10) afirma que:

Candau (2010), por sua vez, partilha de semelhante entendimento sobre a didática crítica na década de 1980. Com efeito, aponta limites da perspectiva marxista de didática, por entender que esta centraliza seus estudos e preocupações na discussão de classes sociais e não vê nada mais além disso, assemelhando-se a um "daltonismo cultural".

Faria (2018, p. 10) ainda entende (referindo-se a Candau):

[...] que a contribuição da didática crítica, hoje, será mais efetiva pelos caminhos de uma didática crítico-intercultural, no diálogo com algumas ideias pós-modernas. Isso, porém, para a pensadora, não significa que a didática vivencie uma metamorfose de uma didática crítica para uma didática pós-moderna.

E prossegue (FARIA, 2018, p. 10):

Para Candau, [...] a didática precisa fazer uma autocrítica e se perguntar sobre a relevância do discurso didático para as questões e os desafios vivenciados pela escola brasileira, uma vez que o processo ensino-aprendizagem não pode ignorar as questões do preconceito, da discriminação, de gênero, de raça, de etnia, diversidade, igualdade, diferença, violência, cultura.

A autora conclui que uma nova "[...] ressignificação passa na visão de Candau (2010) pela aproximação com os estudos sobre a igualdade e a diferença no horizonte da interculturalidade e com as teorias pós-modernas" (FARIA, 2018, p. 10).

Didática crítica dialética do Materialismo Histórico-Dialético (MHD) reafirmada – Oliveira (2009); Pimenta (2008)

Maria Rita Oliveira foi uma das entrevistadas por Faria (2018). Para analisar seu depoimento, traz um dos escritos dessa autora:

No que se refere ao suposto avanço das teorias pós-modernas na educação e na didática, Oliveira (2009) põe em destaque a necessidade de assumirmos a postura de buscar conhecer e apreender as bases materiais e históricas das mudanças nas ideias pedagógicas, uma vez que estas (as mudanças) não se dão no campo das ideias, mas se situam no interior das alterações das relações de trabalho. Nesse sentido, coloca a necessidade de, na análise, se primar por uma adequada compreensão da categoria da *totalidade* na dialética marxiana, uma vez que esta é uma *totalidade concreta*, portanto, histórica, mediada e relativa. O critério de verdade da perspectiva dialética é a *práxis*. Daí não haver lugar para as certezas absolutas, mas aproximações contínuas da realidade (OLIVEIRA, 2009 *apud* FARIA, 2018, p. 9).

Faria (2018, p. 9) entende que, "para Pimenta (2008), a contribuição da didática estará na elaboração de teorias que orientem a ação escolar e a atividade docente no processo de avaliação, na definição de objetivos, na explicitação dos conteúdos essenciais a serem apropriados pelos estudantes". E destaca, ainda, que:

> [...] nas reflexões de Pimenta (2008) ganha centralidade o papel ativo do sujeito na pesquisa, fecundando uma relação de horizontalidade entre a teoria e a prática, em que essas dimensões da atividade humana se colocam de modo distinto, mas se põem, ao mesmo tempo, numa contínua relação de reciprocidade, de negação e de afirmação. Daí a categoria da práxis ser nuclear para os estudos em didática, tanto para a compreensão dos determinantes históricos sociais do processo ensino-aprendizagem quanto para os estudos da formação de professores e de sua prática, entendida como prática social concreta (FARIA, 2018, p. 9).

Oliveira (2009) e Pimenta (2008), conforme Faria (2011), colocaram em destaque a necessidade de pesquisas que se aproximem da sala de aula, que evidenciem a concretude real da escola, o seu modo de ser para além das aparências e das constatações.

Reiterando a unidade teoria e prática, além das autoras referidas, encontramos as pesquisas de Martins (1998), as análises das práticas com docentes do ensino superior, reafirmando a unidade didática teórica/didática prática, apresentada em seu livro seminal *A didática e as contradições da prática* (MARTINS, 1998).

Didática desenvolvimental — Libâneo; Longarezi e Puentes (2011)

Dentre os entrevistados por Faria (2018), encontra-se o pesquisador José Carlos Libâneo. Para Faria (2018, p. 8):

> Por assumir a postura crítica sobre a pedagogia, Libâneo (2008) está comprometido com uma proposta de didática que oportunize aos alunos a formação do pensamento teórico a partir da sistematização de conceitos, levando em conta suas necessidades, motivações e o contexto histórico-cultural da aprendizagem. Nesse sentido, tem buscado extrair contribuições dos estudiosos da teoria histórico-cultural, em particular da teoria do ensino desenvolvimental de Davydov, que tem como tese a ideia de que a educação e o ensino oportunizam a apropriação da atividade humana das gerações anteriores e, desse modo, determinam a formação de capacidades ou qualidades mentais. Os educandos, ao entrarem em contato com a cultura, com os conteúdos histórico-culturais, apropriam-se das formas de desenvolvimento do pensamento.

Em nossas buscas para a elaboração deste texto, encontramos os pesquisadores Longarezi e Puentes (2011), que se manifestam na mesma direção de Libâneo (2008 *apud* FARIA, 2018). Os dois pesquisadores compreendem a didática como:

> [...] principal ramo de estudo da pedagogia. Investiga os fundamentos, as condições e modos de realização da instrução e do ensino (LIBÂNEO, 2008). Além disso, é uma matéria de estudo fundamental na formação profissional dos professores e um meio de trabalho com o qual os

professores organizam a atividade de ensino, em função da aprendizagem e do desenvolvimento integral do estudante (LONGAREZI; PUENTES, 2011, p. 165).

Para esses autores, a "[...] ciência pedagógica sob uma materialista histórico-dialética assume uma perspectiva desenvolvimental" (LONGAREZI; PUENTES; 2013, p. 11), a partir da qual fundamentam a Didática Desenvolvimental, que assim definem:

> A *didática desenvolvimental*, enquanto ciência interdisciplinar, vinculada à Pedagogia, ocupa-se da organização adequada da atividade de ensino-aprendizagem-desenvolvimento, tendo o ensino intencional *como seu objeto*, a aprendizagem *como condição* e o desenvolvimento das neoformações e da personalidade integral do estudante, especialmente do pensamento teórico, *como objetivo*. Em outras palavras, a *Didática* se ocupa do estudo dos princípios mais gerais de organização adequada da atividade de ensino ou instrução, tendo as leis do desenvolvimento mental da criança, as particularidades das idades e as características individuais da aprendizagem, como condição desse processo (LONGAREZI; PUENTES, 2013, p. 11, grifos dos autores).

Didática sensível – d'Ávila (2011; 2018)

Com fundamento em autores e teorias da pós-modernidade, tais como Maffesoli (2000); Morin (1990), Cristina d'Ávila cunhou a expressão "didática do sensível". (D'ÁVILA; VEIGA, 2013; D'ÁVILA, 2016).

Em concurso para obtenção do título de Professora Titular de Didática na Universidade Federal da Bahia (UFBA) em 2018, apresentou sua tese intitulada *Didática do sensível: uma inspiração raciovitalista*, tema que fundamenta suas pesquisas e seus escritos (D'ÁVILA, 2018).

D'Ávila (2018, p. 7 e subsequentes) apresenta a problemática da qual parte:

A cisão [...] entre razão e sensibilidade me lançou para a frente em busca de subsídios teóricos que pudessem sustentar a tese que traz no seu bojo uma Didática sensível, voltada para a compreensão dos processos subjetivos que estão na base das ações humanas cotidianas mais simples e estão presentes também no ensinar e no aprender. A ideia que repousa sob a tese é de que há vida, sentimentos, emoções nas relações estabelecidas entre professores, alunos e seus pares, assim como entre esses sujeitos e o conhecimento. O motor de tudo está na premissa de que não há razão sem sensibilidade e de que, também, não há sensibilidade desacompanhada da razão. O inteligível está associado inexoravelmente ao aspecto sensível da existência, vale dizer, à intuição, à corporeidade, à imaginação que conduzem aos processos criativos. Portanto, o ensino ganha outra dimensão na concepção traçada, uma dimensão afinada às múltiplas capacidades humanas, o que envolve os hemisférios direito e esquerdo do cérebro humano, os aspectos intelectuais, emocionais, (intuitivos) e corporais.

E, para sustentar sua tese, adota como lastro conceitual:

[...] o raciovitalismo de Michel MAFFESOLI (2000) (sua ideia de razão sensível para compreensão da realidade social) e a educação do sensível de DUARTE JR. (2004) (para a compreensão do fenômeno educativo), tendo em vista a construção de uma Didática sensível. Uma educação sensível é aquela que pode fornecer aos sujeitos a compreensão do mundo sem perda de visão de globalidade, sem perda tampouco da sensibilidade — fundamentos importantes à construção do conhecimento. Uma educação em que as pequenas grandes coisas da vida estejam presentes e sejam conscientes em nosso fazer diário, sendo valorizadas na escola e na academia (o sentir, imaginar, ressignificar e criar) (D'ÁVILA, 2018, p. 7).

Edgar Morin (1990; 1999; 2016) comparece por ser "[...] crítico à hiperespecialização das ciências que deixam de se comunicar entre si perdendo, assim, a visão global da realidade" (DUARTE JR., 2004, p. 185) e por propor "que a educação do sensível se dê através da arte e do fazer artístico desde a infância" (VYGOTSKY, 1984, p. 72). Para compor os fundamentos de sua didática do sensível, traz as contribuições de autores de quatro vertentes da psicologia cognitiva: a epistemologia construtivista de Jean Piaget (1970), a epistemologia sociointeracionista de Lev S. Vygotsky (1984), a teoria da aprendizagem significativa de David Ausubel (MOREIRA, 2010), além da teoria das inteligências múltiplas de Howard Gardner (1994).

Em síntese, a autora assim expressa o significado que cria para a Didática Sensível:

> Acredito numa educação que traga no seu bojo formas de intervenção didática sensíveis, aguçando a estética, o lúdico e a inteligibilidade nas formas de apreensão e produção do conhecimento. Com a didática trata-se de operar com uma lógica que rompe com o paradigma racionalista-instrumental. Uma outra lógica que, afinal, supera esta visão do pensar unicamente pela razão e coordena uma ação que parte do sentir-pensar. Uma visão que nos impulsiona à criação de uma outra Didática, a Didática do sensível, ou simplesmente Didática sensível (D'ÁVILA, 2018, p. 12).

Ao longo de sua tese, d'Ávila estabelece um diálogo com os autores da didática crítica, explicitando os vínculos com a didática sensível.

Didática multidimensional — Pimenta, Franco e Fusari (2014)

Reafirmando o compromisso da didática com os resultados do ensino, para uma educação inclusiva e emancipatória, e entendendo-a como campo de conhecimento essencial para a atividade docente, parece-nos ser possível, no atual contexto — sociedade globalizada, novos paradigmas, novas formas de organização e funcionamento dos sistemas de ensino e de escolas, e o próprio campo de estudos e pesquisas emergentes na área —, as autoras partirem da seguinte problemática: como essas questões atravessam o fazer docente? Que novos saberes e fazeres são necessários aos professores? Que respostas a didática pode apresentar? (PIMENTA; FRANCO; FUSARI, 2014, p. 37). E propõem o que denominam de didática multidimensional.

Assumindo esses e tantos outros desafios da didática, escrevemos um texto ao qual intitulamos "Didática multidimensional: por uma sistematização conceitual". Após discussão em diversos âmbitos, foi publicado com esse mesmo título (FRANCO; PIMENTA, 2016). Fruto de pesquisa de natureza teórica, parte do pressuposto de que os saberes ensinados são reconstruídos pelos sujeitos educadores e educandos, o que lhes possibilita se tornarem autônomos, emancipados, questionadores. A partir da questão central — a didática e as didáticas específicas têm oferecido fundamentos a essa prática? —, analisa os limites da transposição didática nas didáticas específicas, e da perspectiva normativa na didática, que minimizam a complexidade do ensinar, o que pode ser superado configurando uma *didática multidimensional*. Partimos da consideração de que "[...] o processo ensino-aprendizagem se concretiza intencionalmente nas instituições formais — escolas e universidades, devendo ser orientado por princípios de uma Didática Geral que articula e fundamenta os processos de mediação entre a teoria pedagógica e a ação de ensinar" (FRANCO; PIMENTA, 2016, p. 543). Nesse pressuposto reside grande parte dos desafios da didática: ensejar condições para o encadeamento entre os postulados teóricos e a concretude das práticas pedagógicas.

Celestino Alves da Silva Junior, em parecer sobre Relatório de Pesquisa (PIMENTA *et al.*, 2017b), vale-se dessa perspectiva para afirmar:

> Associando os atos de ensino propriamente ditos aos processos e circunstâncias, que intervêm nas situações de aprendizagem, a Didática supera seu viés normativista tradicional, aproximando-se do conceito emergente de Didática Multidimensional. Pensada em termos mais abrangentes, a Didática se credencia à posição de núcleo organizador de possíveis ações integradas entre as diferentes áreas curriculares do curso (SILVA JUNIOR, 2017, p. 4).

A construção teórico-epistemológica do conceito de didática multidimensional estabelece uma interlocução entre a pedagogia de Freire (1996), principalmente no que se refere à curiosidade epistemológica, as pesquisas de Ardoíno (1992) sobre o conceito de multirreferencialidade pedagógica e os pressupostos de Charlot (2000) referentes à relação com o saber. O escopo contemporâneo da Didática pode assim ser entendido como uma Didática multidimensional, "articulada a contextos nos quais os processos de ensinar e aprender ocorrem, pautada numa pedagogia do sujeito, do diálogo, cuja aprendizagem seja mediação entre educadores e educandos" (FRANCO; PIMENTA, 2016, p. 3). Apontamos, ainda, a necessidade de "que sejam instituídas práticas vigorosas de formação de professores, capazes de contribuir para a construção dos saberes profissionais e da identidade docente" (FRANCO; PIMENTA, 2016, p. 3). Diante desses desafios, Franco e Pimenta (2016, p. 8) reafirmam que "a essa Didática, que tem seu suporte na teoria pedagógica que parte da práxis educativa e a ela retorna, seria apropriado denominá-la de Multidimensional".

Por meio da Didática Multidimensional, temos a intenção de valorizar o trabalho docente em diálogo com seus saberes de especialistas, de experiências, de cidadãos, e disponibilizar aportes da ciência pedagógica que contribuam para ampliar suas análises e crítica, que ajudem os professores a compreender os contextos histórico, sociais, culturais, organizacionais, nos quais se dá sua complexa atividade docente.

Com base nos autores referidos e em suas próprias produções, Franco e Pimenta (2016) explicitam alguns princípios que consideram essenciais à prática pedagógica docente.

Considerações finais

Os avanços na área da didática trazidos por inúmeros autores — dentre os quais trouxemos apenas alguns —, nas duas décadas finais do século XX e nas duas iniciais do século XXI, evidenciam o vigor conquistado no âmbito das pesquisas; no âmbito de sua contribuição à formação de professores; no âmbito das práticas pedagógicas e docentes. Também no âmbito das políticas educacionais para os sistemas de ensino, em especial, os públicos.

No entanto, inúmeros estudos ainda mostram certa fragilidade da didática, sobretudo como disciplina nos cursos de formação de professores (LIBÂNEO, 2010; LONGAREZI; PUENTES, 2011).

As constatações desses estudos, por vezes parciais, têm levado a pronunciamentos apressados em diversos espaços sociais por autores acadêmicos e de formuladores das políticas privatistas, quando afirmam: *a didática sumiu dos cursos; ela é inútil porque não chega às escolas, ensina teorias e críticas; para melhorar os índices de reprovação é preciso que se volte à didática dos anos 1960/70 com técnicas aprimoradas pelas tecnologias virtuais.* E completam: *os professores não sabem práticas, por isso são responsáveis pelo fracasso nas aprendizagens dos alunos pobres que estão nas escolas públicas.*

Esses estudos nem sempre consideram as contradições da realidade e dos contextos que envolvem seu objeto, os interesses hegemônicos que insistem na não necessidade de professores serem profissionais e bem remunerados; nem sempre se colocam questões que indagam quem são os sujeitos que estão ensinando nas escolas da educação básica; em quais instituições estudaram. Assim como não indagam sobre as condições de trabalho e de formação dos professores que ensinam nos cursos de licenciaturas.

No entanto, a Didática Crítica prossegue irmanada às demais áreas que, como ela, estudam o ensino, perspectivando a emancipação humana em nosso país.

Referências

ANDRÉ, M. O papel mediador da pesquisa no ensino de didática. *In:* ANDRÉ, M. E. D. A.; OLIVEIRA, M. R. N. S. (org.). *Alternativas no ensino de didática.* Campinas: Papirus. 1997. p. 19-36.

ARDOÍNO, J. L'approche multireferentielle (plurielle) des situationes educatives et formatives. *In*: 25 ANS DES SCIENCES DE L'ÉDUCATION. 1992, Bordeaux. *Anais* [...]. Bordeaux 1967-1992. Paris: INRP — Institut National de la Recherche Pédagogique. 1992. p. 103-130.

AZZI, S.; CALDEIRA, A. M. S. Da Didática fundamental ao fundamental da Didática. *In*: ANDRÉ, M. E. D. A.; OLIVEIRA, M. R. N. S. (org.). *Alternativas no ensino de didática*. Campinas: Papirus, 1997, p. 97-128.

AZZI, S.; CALDEIRA, A. M. S. Didática e construção da práxis docente: dimensões explicativa e projetiva. *In*: ANDRÉ, M. E. D. A.; OLIVEIRA, M. R. N. S. (org.). *Alternativas no ensino de didática*. 12. ed. Campinas: Papirus, 2013. p. 97-128.

CAMILLONI, A. W. De herencias, deudas y legados. Una introducción a las corrientes actuales de la didáctica. *In*: CAMILLONI, A. W. (org.). *Corrientes didacticas contemporaneas*. 9. ed. Buenos Aires: Paidós. 1996. p. 17-40.

CANDAU, V. M. (org.). *A didática em questão*. Petrópolis: Vozes, 1983.

CANDAU, V. M. Da didática fundamental ao fundamental da didática. *In*: ANDRÉ, M. E. D. A.; OLIVEIRA, M. R. N. S. (org.). *Alternativas do ensino de didática*. Campinas: Papirus, 1997. p. 71-96.

CANDAU, V. M. Mesa 20 anos de Endipe. A didática hoje: uma agenda de trabalho. *In*: CANDAU, V. M. (org.). *Didática, currículo e saberes escolares*. Rio de Janeiro: DP&A, 2000. p. 149-160.

CANDAU, V. M. A didática e a formação de educadores. Da exaltação à negação: a busca da relevância. *In*: CANDAU, V. M. (org.). *A didática em questão*. 25. ed. Petrópolis: Vozes, 2005. p. 13-21.

CANDAU, V. M.; MOREIRA, A. F. *Multiculturalismo*: diferenças culturais e práticas pedagógicas. Rio de Janeiro: Vozes, 2008.

CHARLOT, B. *Da relação com o saber*: elementos para uma teoria. Porto Alegre: Artmed, 2000.

CUNHA, M. I. Docência como ação complexa: o papel da Didática na formação de professores. *In*: ROMANOVISKI, J.; MARTINS, P. L. O.; JUNQUEIRA, S. R. A. (org.). *Conhecimento local e conhecimento universal*: pesquisa, didática e ação docente. Curitiba: Champagnat, 2004. p. 31-42.

D'ÁVILA, C.; LEAL, L. A. B. A ludicidade como princípio formativo. *Interfaces científicas*: educação, v. 1, n. 2, p. 41-52, 2013.

D'ÁVILA, C. Interdisciplinaridade e mediação: desafios no planejamento e na prática pedagógica da educação superior. *Conhecimento & Diversidade*, Niterói, n. 6, p. 58-70 jul./dez. 2011.

D'ÁVILA, C. Razão e sensibilidade na docência universitária. *Em Aberto*, Brasília, v. 29, n. 97, set. 2016.

D'ÁVILA, C. *Didática do sensível*: uma inspiração raciovitalista. 2018. 141 f. Concurso (Título de Professora Titular de Didática) — Universidade Federal da Bahia, Salvador, 2018.

D'ÁVILA, C.; VEIGA, I. P. A. (org.). *Profissão docente na educação superior*. Curitiba: CRV, 2013.

DUARTE JR, J. F. *O sentido dos sentidos*: a educação do sensível. 3. ed. Curitiba: Criar Edições, 2004.

FARIA, L. *As orientações educativas contra-hegemônicas das décadas de 1980-1990 e os rebatimentos pós-modernos na didática na visão de estudiosos*. 2011. Tese (Doutorado) — Faculdade de Educação, Universidade de São Paulo, São Paulo, 2011.

FARIA, L. A centralidade da didática na formação de professores: a crítica à didática crítica não é crítica. *In*: AROEIRA, K. P.; PIMENTA, S. G. (org.). *Didática e estágio*. Curitiba: Appris, 2018.

FRANCO, M. A. S.; LIBÂNEO, J. C.; PIMENTA, S. G. Elementos para a formulação de diretrizes curriculares para cursos de Pedagogia. *Cadernos de Pesquisa*, v. 37, n. 130, p. 63-97, jan./abr. 2007.

FRANCO, M. A. S.; FUSARI, J. C.; PIMENTA, S. G. Didática multidimensional: da prática coletiva à construção de princípios articuladores. *In*: CAVALCANTE, M. M. D. et al. (org.). *Didática e a prática de ensino*: diálogos sobre a escola, a formação de professores e a sociedade. Fortaleza: Eduece, 2015. E-book. p. 1-17.

FRANCO, M. A. S.; PIMENTA, S. G. Didática multidimensional: por uma sistematização conceitual. *Educação & Sociedade*, Campinas, v. 37, n. 135, p. 539-553, abr./jun. 2016.

FREIRE, P. *A educação como prática da liberdade*. São Paulo: Paz e Terra, 1979.

FREIRE, P. *Pedagogia da autonomia*: saberes necessários à prática educativa. São Paulo: Paz e Terra, 1996.

LIBÂNEO, J. C. *Fundamentos teóricos e práticos do trabalho docente*: estudo introdutório sobre pedagogia e didática. 1990. 506 f. Tese (Doutorado) — Pontifícia Universidade Católica de São Paulo, São Paulo, 1991.

LIBÂNEO, J. C. *Organização e gestão da escola*: teoria e prática. 5. ed. revista e ampliada. Goiânia: MF livros, 2008.

LIBÂNEO, J. C. O ensino de didática, de metodologias específicas e de conteúdos do ensino fundamental: o caso dos cursos de Pedagogia no estado de Goiás. *In*: ENCONTRO NACIONAL DE DIDÁTICA E PRÁTICA DE ENSINO, 15., 2010, Belo Horizonte. *Anais* [...]. Belo Horizonte: Autêntica, 2010. v. 1, p. 14-26.

LIBÂNEO, J. C. O campo teórico e profissional da didática hoje: entre Ítaca e o canto das sereias. *In:* FRANCO, M. A. S.; PIMENTA, S. G. (org.). *Didática*: embates contemporâneos. 3. ed. São Paulo: Loyola, 2014. p. 43-74.

LIBÂNEO, J. C. Antinomias na formação de professores e a busca de integração entre o conhecimento pedagógico-didático e o conhecimento disciplinar. *In:* MARIN, A. J.; PIMENTA, S. G. (org.). *Didática*: teoria e pesquisa. Araraquara: Junqueira e Marin Editores, 2015.

LONGAREZI, A.; PUENTES, R. V. O lugar da didática nas pesquisas e produções dos programas de pós-graduação em Educação do estado de Minas Gerais/BR. *In*: ENCONTRO NACIONAL DE DIDÁTICA E PRÁTICA DE ENSINO, 15., 2011, Belo Horizonte. *Anais* [...]. Belo Horizonte: Autêntica, 2011. v. 1, p. 2-14.

LONGAREZI, A. M.; PUENTES, R. V. *A didática no âmbito da pós-graduação brasileira*. Uberlândia: Edufu, 2013.

MAFFESOLI, M. *Le temps des tribus*: le déclin de l'individualisme dans les sociétés postmodernes. 3. ed. Paris: La Table Ronde, 2000.

MAFFESOLI, M. *Éloge de la raison sensible*. Paris: La Table Ronde, 2005.

MARIN, A. J. A didática, as práticas de ensino e alguns princípios para a pesquisa e a docência. *In:* MARIN, A. J.; PIMENTA, S. G. (org.). *Didática*: teoria e pesquisa. Araraquara: Junqueira e Marin Editores, 2015. p. 17-38.

MARTINS, P. L. *A didática e as contradições da prática*. Campinas: Papirus, 1998.

MOREIRA, M. A. *Aprendizagem significativa*. São Paulo: Ed. Livraria da Física, 2010.

MORIN, E. *Introduction à la pensée complexe*. Paris: ESF Éditeur, 1990.

MORIN, E. *Ciência com consciência*. Rio de Janeiro: Bertrand Brasil, 1999.

MORIN, E. *Introdução ao pensamento complexo*. Porto Alegre: Editora Memorial, 2016.

OLIVEIRA, M. R. N. S. *A reconstrução da didática*: elementos teórico-metodológicos. Campinas: Papirus, 1992.

OLIVEIRA, M. R. N. S. A pesquisa em didática no Brasil — da tecnologia do ensino à teoria pedagógica. *In*: PIMENTA, S. G. (org.). *Didática e formação de professores*: percursos e perspectivas no Brasil e em Portugal. 3. ed. São Paulo: Cortez, 2009. p. 131-157.

PIAGET, J. *A construção do real na criança*. Rio de Janeiro: Zahar, 1970.

PIMENTA, S. G. Formação de Professores: identidade e saberes da docência. *In*: PIMENTA, S. G. (org.). *Saberes pedagógicos e identidade docente*. São Paulo: Cortez, 1999, p. 15-34.

PIMENTA, S. G. Panorama atual da didática no quadro das ciências da educação: educação, pedagogia e didática. *In*: PIMENTA, S. G. (org.). *Pedagogia, ciência da educação?* 3. ed. São Paulo: Cortez, 1996a. p. 39-70.

PIMENTA, S. G. *Pedagogia, ciência da educação?* São Paulo: Cortez, 1996b.

PIMENTA, S. G. A didática como mediação na construção da identidade do professor — uma experiência de ensino e pesquisa na licenciatura. *In*: ANDRÉ, M. E. D. A.; OLIVEIRA, M. R. N. S. (org.). *Alternativas no ensino de didática*. Campinas: Papirus, 1997. p. 37-70.

PIMENTA, S. G. Formação de professores: identidade e saberes da docência. *In*: PIMENTA, S. G. (org.). *Saberes pedagógicos e atividade docente*. 6. ed. São Paulo: Cortez, 2008.

PIMENTA, S. G. Epistemologia da prática ressignificando a didática. *In:* FRANCO, M. A. S.; PIMENTA, S. G. (org.). *Didática*: embates contemporâneos. 3. ed. São Paulo: Loyola, 2014. p. 15-42.

PIMENTA, S. G.; ANASTASIOU, L. G. C. *Docência no ensino superior*. São Paulo: Cortez, 2002.

PIMENTA, S. G.; FRANCO, M. A. S.; FUSARI, J. C. Didática multidimensional: da prática coletiva à construção de princípios articuladores. *In:* CAVALCANTI, M. M. D. et al. (org.). *Didática e a prática de ensino*: diálogos sobre a escola, a formação de professores e a sociedade. Fortaleza: Eduece, 2014. Livro 4, p. 1-17.

PIMENTA, S. G. et al. A formação de professores para a educação infantil e anos iniciais do ensino fundamental: análise de Projetos Pedagógicos de Cursos (PPC) de Pedagogia de instituições públicas e privadas do estado de São Paulo. *Relatório de Pesquisa*, São Paulo, Faculdade de Educação/CNPq, Universidade de São Paulo, 2017a.

PIMENTA, S. G. et al. Os cursos de licenciatura em Pedagogia: fragilidades na formação inicial do professor polivalente. *Educação & Pesquisa*, São Paulo, v. 43, n.1, jan./mar. 2017b.

SACRISTÁN, G. J. *Poderes instáveis em educação*. Porto Alegre: ArtMed, 1999.

SAVIANI, D. *Interlocuções pedagógicas*: conversa com Paulo Freire e Adriano Nogueira e 30 entrevistas sobre educação. Campinas: Autores Associados, 2010.

SHIROMA, E. O.; MORAES, M. C. M.; EVANGELISTA, O. *Política educacional*. São Paulo: DP&A, 2010.

SILVA, E. F.; VEIGA, I. P. A. A docência no ensino superior e as influências dos campos científicos. *In:* TEIXEIRA, C. M. D'A.; VEIGA, I. P. A. (org.). *Profissão docente na educação superior*. Curitiba: CRV, 2013. p. 65-75.

SILVA JR., C. A construção de um espaço público de formação. *In*: SILVA JUNIOR, C. A. et al. *Por uma revolução no campo da formação de professores*. São Paulo: Fundação Editora Unesp, 2015. p. 133-151.

SILVA JR., C. A. Introdução ao Relatório da Pesquisa A formação de professores para a educação infantil e anos iniciais do ensino fundamental: análise de Projetos Pedagógicos de Cursos (PPC) de Pedagogia de instituições públicas e privadas do Estado de São Paulo. *In*: *Relatório de Pesquisa*. CNPq. Faculdade de Educação — USP, 2017.

VALENCIA, A. T. Hacia una didáctica crítica. *In:* CONGRESO DE INVESTIGACIÓN Y PEDAGOGÍA NACIONAL, 3.; INTERNACIONAL, 2., 2013, Tunja. *Anais* [...]. Tunja: UPTC, 2013. p. 1-27.

VEIGA, I. *Repensando a didática.* Campinas: Papirus, 1988.

VEIGA, I. A didática: uma retrospectiva histórica. *In:* VEIGA, I. P. A. (org.). *Repensando a didática.* 11. ed. Campinas: Papirus, 1996.

VEIGA, I.; D'ÁVILA, C. (org.). *Didática e docência na educação superior.* Campinas: Papirus, 2012.

VYGOTSKY, L. *A formação social da mente.* São Paulo: Martins Fontes, 1984.

WACHOVICZ, L. A. *O método dialético na didática.* 2. ed. Campinas: Papirus, 1991.

CAPÍTULO 2

Da didática crítico-social à didática para o desenvolvimento humano

José Carlos Libâneo

O presente capítulo tem como propósito apresentar, inicialmente, o surgimento e o desenvolvimento da pedagogia crítico-social dos conteúdos até o encontro com a didática voltada para o desenvolvimento humano ou didática desenvolvimental na perspectiva teórica de V. Davydov. Em seguida, compõe-se uma sistematização da minha visão dessa didática, trazendo os princípios e os meios de implementação no processo de ensino-aprendizagem.

A didática crítico-social foi formulada dentro da estrutura da pedagogia crítico-social dos conteúdos difundida com a publicação, em 1985, do livro *Democratização da escola pública: a pedagogia crítico--social dos conteúdos* (LIBÂNEO, 1985) e consolidada com a publicação do livro *Didática* (LIBÂNEO, 1990a). O surgimento dessa concepção pedagógica esteve diretamente ligado aos acontecimentos ocorridos no início da década de 1980, como a atenuação da ditadura militar, o restabelecimento de direitos políticos e da liberdade de expressão, o anúncio da abertura política, junto ao movimento pela redemocratização do país e por conquistas sociais após quase 20 anos de ditadura militar. Naquele período, ocorreu no campo da educação um reavivamento do debate sobre a realidade educacional no país que resultou no interesse de educadores pela revalorização da escola pública, tanto no âmbito das políticas educacionais como das práticas pedagógicas. Desse modo, ganhou espaço na área a defesa da função da escola como socializadora do conhecimento historicamente produzido e, especialmente, do direito de todos ao acesso e à permanência numa escola de qualidade social e pedagógica. Nesse mesmo período, pesquisadores do campo da didática se mobilizaram na busca de propostas de didática de cunho crítico, entre as quais estava a didática crítico-social.

A didática para o desenvolvimento humano tem seu surgimento no Brasil associado mais remotamente à recepção da teoria histórico-cultural inicialmente formulada por L. S. Vygotsky e expandida com outros estudos, como os de A. Leontiev, A. R. Luria, D. B. Elkonin, V. V. Davydov, P. I. Galperin. Difundida no mundo ocidental desde os anos 1950, a obra de Vygotsky foi sendo conhecida no Brasil ao longo dos anos 1980 (FREITAS, 1994). Em 1984, foi traduzido para o português o livro de L. Vygotsky, *Mind in society: the development of higher psychological process* (*A formação social da mente*) (VYGOTSKY, 1984). Em 1987, ocorreu a tradução de *Thought and language* (*Pensamento e linguagem*) (VYGOTSKY, 1987). Nos mesmos anos 1980, foram se formando grupos de pesquisa sobre o pensamento de Vygotsky e seguidores em vários estados brasileiros, existindo no país hoje mais de 100 grupos (ASBAHR; OLIVEIRA, 2021), com variações na denominação: teoria histórico-cultural, teoria histórico-cultural da atividade, teoria sociocultural, teoria sócio-histórico-cultural. Nas décadas seguintes, houve uma ampliação significativa de produções acadêmicas no âmbito dessas teorias. Em várias regiões do Brasil, congressos, simpósios e encontros científicos vêm sendo realizados com a presença de pesquisadores russos, argentinos, norte-americanos, cubanos, mexicanos, espanhóis, dinamarqueses e de outras nacionalidades, promovendo-se interlocuções entre as pesquisas locais e internacionais, qualificando mais a produção científica no âmbito da teoria histórico-cultural. A partir dos conceitos básicos formulados por Vygotsky, especialmente em torno da relação entre educação, aprendizagem escolar e desenvolvimento humano, foram surgindo diferentes modos de compreender essa relação e, por consequência, diferentes concepções de didática desenvolvimental, tal como exposto no capítulo 3 deste livro, por exemplo, as concepções de Galperin, Elkonin, Davydov, Zankov, Repkin, todos eles atualmente estudados por pesquisadores brasileiros (entre outros, NÚÑEZ, 2009; MOURA, 2010; LONZAREZI; PUENTES, 2013; SFORNI, 2015; PUENTES; LONGAREZI, 2019; PUENTES; CARDOSO; AMORIM, 2019; PUENTES; MELLO, 2019; NÚÑEZ; RAMALHO, 2018). Tendo em conta a presença na pesquisa acadêmica e na prática escolar desses diferentes entendimentos de didática desenvolvimental, será apresentada aqui a minha visão de didática desde a perspectiva da teoria do ensino desenvolvimental de Davydov.

Da pedagogia crítico-social dos conteúdos à didática crítico-social

O surgimento da pedagogia crítico-social dos conteúdos exprimiu o ânimo de uma parcela de educadores, no início da década de 1980, em favor de uma escola pública de qualidade, comprometida com os interesses populares após 20 anos de ditadura militar. Eu definia assim essa proposta pedagógica:

> A Pedagogia crítico-social dos conteúdos culturais [...] entende a escola pública como instância de difusão de conhecimentos e, como tal, como instrumento de luta das classes populares no processo de sua emancipação. Pretende resgatar a função histórica da escola — o ensino — e compreendê-lo enquanto atividade mediadora entre o individual e o

social, entre o aluno e o mundo social adulto, entre o aluno e a cultura social acumulada. Nesse papel mediador, ao mesmo tempo que se afirma a determinação sócio-estrutural da educação afirma-se, também, o especificamente pedagógico. [...] O núcleo central das preocupações da pedagogia dos conteúdos é: como trabalhar, pedagogicamente, com as matérias de estudo a partir da experiência social concreta trazida pelo aluno do seu meio de origem? Ou seja, quais as ações pedagógicas concretas pelas quais se efetua a mediação entre o saber escolar e as condições concretas de existência dos alunos? (LIBÂNEO, 1985, p. 119).

A ideia de escola como mediação entre os conteúdos e as condições de vida havia sido apropriada por mim do pensamento de dois pedagogos franceses, George Snyders e Bernard Charlot, por ocasião dos meus estudos de mestrado iniciados em 1981.[1] Para esses autores, estava claro que a escola deveria ajudar a criança a explorar e analisar as realidades sociais e suas contradições no contexto da sociedade capitalista.

Snyders (1974, p. 309) escrevia que "é no saber ensinado que se joga o verdadeiro destino das pedagogias", ou seja, ele apostava na primazia de conteúdos articulados aos interesses dos alunos com a mediação indispensável do professor. Propunha, também, que o ensino dos conteúdos partisse da cultura dos alunos, das experiências dos alunos, para ajudá-los a irem mais longe, irem à cultura elaborada, de modo que falar em pedagogia era indagarmo-nos sobre a relação entre a cultura dos alunos e a cultura escolar, e sobre os meios para se passar de uma para outra.

Charlot, por sua vez, insistia nos fins sociopolíticos da escola numa sociedade de classes, ressaltando a dimensão política da pedagogia. Propunha uma pedagogia social que se preocupasse com o acesso aos saberes escolares e com um ensino que levasse em conta

---

1. Outras obras foram importantes na minha formação intelectual, como Manacorda (1969; 1977); Kosik, (1976); Suchodolski (1977); Vázquez (1977); Kopnin (1978); Gramsci (1980); Abbagnano; Visalberghi (1981); Ponce (1982); Palácios (1984). Entre os brasileiros: Cury (1985); Saviani (1983a, 1983b); Severino (1986); Ianni (1988).

a condição humana concreta, portanto, "diretamente articulado à experiência social da criança" (CHARLOT, 1979, p. 294) como condição para sua motivação para o estudo. Para esse autor, a ligação dos conteúdos com as realidades sociais reais e as necessidades humanas básicas seria a forma de o professor ajudar as crianças a explorarem e analisarem o mundo social adulto e suas contradições na sociedade capitalista.

Inspirado nesses autores, imaginei uma pedagogia crítico-social dos conteúdos. Crítica, porque sinalizava uma pedagogia enraizada na contradição de classes sociais na sociedade capitalista e, por isso, tratava-se de submeter a educação ao crivo dos seus determinantes sociais e históricos. Social, considerando-se a práxis social da produção como fundamento do desenvolvimento histórico, situando toda prática educativa na dinâmica das relações sociais e, portanto, apreendendo nela as contradições, contraconcepções deterministas ou baseadas numa essência da natureza humana. Tratava-se, assim, de conceber a pedagogia como ciência da educação que descreve e explica o fenômeno educativo nos seus vínculos e nexos com a práxis social de humanização e, como ciência prática para a educação, postula objetivos sociopolíticos, e cria e desenvolve formas metodológicas e organizativas para a viabilização do educativo, que definia fins ético-sociais e meios de formação humana.

Com base nesse entendimento, a pedagogia crítico-social induzia uma didática crítico-social que se perguntava sobre a natureza do trabalho docente como prática transformadora e sobre os elementos metodológicos que ajudariam o professor a situar seu trabalho no movimento da prática social transformadora. Foi para enfrentar esse desafio que escrevi o artigo "Didática e prática histórico-social: uma introdução aos fundamentos do trabalho docente", publicado inicialmente na *Revista da Ande* (1984) e depois no livro *Democratização da escola pública* (1985). Nesse texto, o trabalho docente seria caracterizado como mediação na relação dos alunos com o saber sistematizado, visando ao desenvolvimento de suas capacidades cognitivas. Partindo da crítica às concepções de didática vigentes, eu escrevia:

O trabalho docente consiste na atuação do professor [...] mediando os processos pelos quais o aluno se apropria ou reapropria o saber de sua cultura e o da cultura dominante, elevando-se do senso comum ao saber criticamente elaborado. Nesse sentido, uma boa parte do campo da didática refere-se às mediações pelas quais se promoverá o encontro formativo entre o aluno em sua experiência social concreta e o saber escolar (LIBÂNEO, 1984, p. 39).

Essa compreensão implicava alguns requisitos por parte do professor, entre eles o domínio dos conteúdos e das metodologias de ensino das matérias; conhecimento e valorização da experiência social concreta que os alunos trazem para a situação de aprendizagem; colocar o meio social de origem como fonte para o tratamento metodológico dos conteúdos; conhecimento dos processos psicológicos envolvidos na aprendizagem; seleção de conteúdos representativos da ciência e da cultura, em termos de seu valor formativo e significância para a vida social.

Em especial, destacava-se como elemento central do trabalho dos professores o domínio de meios lógico-metodológicos de atuação, articulando os métodos de ensino com o método de análise da realidade concreta, ou seja, o método dialético. Desse modo, o artigo trazia algumas indicações metodológicas gerais para o trabalho docente, expressando o que seria a dimensão crítico-social dos conteúdos. Em primeiro lugar, o trabalho docente se caracterizaria como mediação entre o individual e o social, entre o aluno e a cultura social, entre o aluno e sua experiência social concreta de vida. Eu escrevia:

> A questão chave da pedagogia crítico-social dos conteúdos consiste em saber como se dará a aquisição e assimilação ativa de um saber socialmente significativo por alunos provenientes de distintos meios socioculturais, com valores, expectativas decorrentes de suas condições de vida e que não apresentam as pré-condições requeridas pelo processo de aquisição/assimilação de conhecimentos (LIBÂNEO, 1985, p. 143).

Nesse entendimento, o processo de ensino-aprendizagem pressuporia o professor como mediador e o aluno como sujeito ativo do conhecimento. O núcleo da relação pedagógica consistiria na "conciliação dialética entre o primado da atividade do sujeito na aprendizagem e o objeto de conhecimento e as exigências metodológicas do processo de transmissão pela mediação do professor" (LIBÂNEO, 1985, p. 144). Além disso, o aluno seria visto como "ser concreto e histórico, síntese de condições sociais e culturais", o que implicava a diferenciação do trabalho docente em face das diferenças socioculturais.

No mesmo artigo, propunha-se que o método de análise da realidade iniciasse pela observação empírica da realidade e passasse pelo abstrato para chegar ao concreto pensado. "O concreto pensado é o desvendamento do concreto-real, este compreendido nas suas determinações, portanto, na sua totalidade (o concreto enquanto síntese de múltiplas determinações" (LIBÂNEO, 1985, p. 145). Foi, também, recomendada a operacionalização do trabalho docente em três passos articulados entre si: (a) situação orientadora inicial — síncrese (uma orientação da atividade, ligação com o conhecimento e a experiência do aluno, formulação de perguntas etc.); (b) desenvolvimento operacional — análise (pôr o aluno em atividade pela pesquisa, estudo individual, exercícios); (c) integração e generalização — síntese (generalizações, consolidação de conceitos).

Estavam, assim, formulados os primeiros fundamentos da didática crítico-social, os quais ganharam espaço nos cursos de formação de professores com a publicação do livro *Democratização da escola pública* (LIBÂNEO, 1985). Os anos seguintes foram dedicados à elaboração da minha tese de doutorado, concluída em 1990, visando aprofundar os fundamentos teóricos da Pedagogia crítico-social dos conteúdos e da Didática crítico-social, na perspectiva do materialismo histórico e dialético (LIBÂNEO, 1990b). Nesse mesmo ano, foi publicado o livro *Didática* (LIBÂNEO, 1990a), contendo boa parte dos escritos da tese sobre a didática e o processo de ensino-aprendizagem, amplamente apoiados em obras de pesquisadores russos e de um alemão, em versões em espanhol e português (DANILOV, 1978; LURIA *et al.*, 1977; KLINGBERG, 1978; DAVYDOV, 1978; PETROVSKY, 1979; DANILOV; SKATKIN, 1984; KRAPÍVINE, 1984).

Da didática crítico-social à didática para o desenvolvimento humano

O período que se seguiu à defesa da tese e à publicação dos dois livros mencionados foi dedicado à docência na pós-graduação, à participação e à apresentação de trabalhos em eventos e ao aprofundamento de estudos sobre as obras de Vygotsky e Leontiev, além da produção acadêmica da área. Três temas foram acrescentados nos meus interesses investigativos: a pedagogia do pensar e do aprender; o influxo das pesquisas no âmbito das teorias da cultura na pedagogia e na didática;[2] e a internacionalização das políticas educacionais e seu impacto na escola e no trabalho dos professores. Foi em 2002 que se deu meu primeiro contato com a obra de Davydov num evento do Grupo de Estudos e Pesquisa sobre Atividade Pedagógica (GEPAPe) da Faculdade de Educação da Universidade de São Paulo, quando foi ministrado curso pelo pesquisador argentino Mário Golder. Nessa oportunidade, obtive na copiadora da Faculdade uma cópia da obra de Davydov, *Problems of developmental teaching* (DAVYDOV, 1988),

---

2. Esses dois temas estavam interligados, no sentido de que a aprendizagem do pensar envolvia a vivência dos alunos em contextos socioculturais. A pedagogia do pensar ou a aprendizagem do pensar vinha de uma ideia de que uma das importantes funções da escola era investir no desenvolvimento de competências intelectuais por alunos e professores. Ao mesmo tempo, interessava-me a investigação sobre a influência dos contextos socioculturais na constituição da subjetividade e, portanto, nos processos de aprender, o que me levou a introduzir nos meus estudos a pesquisa cultural na visão de diferentes autores, como R. Williams, J. Bruner, P. Bourdieu e, especialmente, Gimeno Sacristán e Pérez Gomes. Essa linha de estudos me encaminhou, mais adiante, para interligar estudos da teoria histórico-cultural e do campo da cultura, até chegar à pedagogia do pensar, introduzida por Davydov, e seguida às publicações de Seth Chaiklin e Mariane Hedegaard que integravam, em sua abordagem teórica, a formação do pensamento teórico-dialético e as práticas socioculturais (LIBÂNEO; FREITAS, 2019b).

publicado pela revista *Soviet Education*, a qual foi imediatamente traduzida para o português.[3] Em sequência, com base nesse livro, publiquei, em 2004, o primeiro artigo sobre Davydov em periódico brasileiro, intitulado "A didática e a aprendizagem do pensar e do aprender: a teoria histórico-cultural da atividade e a contribuição de Vasili Davydov" (LIBÂNEO, 2004).

A descoberta de Davydov foi um marco diferencial nos meus estudos, pois ele respondia à boa parte das minhas inquietações em torno de uma didática crítico-social, principalmente em relação a questões como as finalidades da educação escolar, o sentido de conteúdos críticos, a relação entre a escola e o conhecimento científico, o papel da escola e dos professores no ensinar a pensar, a relação conteúdo--métodos, as relações entre método dialético e métodos de ensino. Até então, eu buscava inspiração para lidar com essas questões em Vygotsky e na produção acadêmica nacional e estrangeira disponível. Com Davydov, foi possível investir na formulação de uma didática assentada no materialismo histórico-dialético.

Com efeito, em relação às finalidades da educação escolar e ao lugar do ensino dos conteúdos, Davydov (2008) se alinha à tradição de Vygotsky (1984) e Leontiev (2004), segundo a qual a educação e o ensino referem-se à apropriação ou reprodução das capacidades humanas formadas social e historicamente, visando ao desenvolvimento psíquico humano. Explicita-se, assim, primeiro, que essas capacidades humanas — modos de pensar e agir — estão condensadas nos conteúdos da ciência, da arte, da moral etc.; segundo, que a apropriação desses instrumentos culturais visando à sua internalização pelos

---

3. A tradução para o português do livro *Problems of developmental teaching: the experience of theoretical and experimental psychology research (Excerpts)* (1988), de V. V. Davydov, foi realizada para propiciar a leitura da obra por pesquisadores e estudantes interessados no pensamento desse autor e, especialmente, para estudo na disciplina *Didática desenvolvimental*, oferecida por mim e pela Profa. Raquel A. Marra da Madeira Freitas, no Programa de Pós-Graduação da PUC Goiás, desde o ano de 2003. Concluída a tradução, solicitamos ao Prof. Seth Chaiklin que intermediasse junto à esposa de Davydov a autorização para publicá-la. A resposta foi de que ela somente autorizaria se a tradução fosse feita diretamente do russo para o português, o que na época era inviável para nós.

indivíduos ocorre, especialmente, nas escolas; terceiro, que essa apropriação implica uma complexa atividade da consciência humana, que é a generalização e a formação de conceitos, tarefa própria do processo de ensino-aprendizagem escolar. A teoria do ensino desenvolvimental propiciou, também, uma compreensão peculiar do termo "conteúdos" ao vinculá-lo ao processo de apropriação de capacidades humanas, e ao atribuir ao ensino a função de propiciar as condições pedagógicas para os alunos se apropriarem das capacidades humanas incorporadas nos conteúdos, por meio da atividade de estudo. Quanto ao papel da escola em ensinar a pensar, Davydov foi muito claro ao afirmar que ela deveria ensinar as crianças a pensar teoricamente. Para isso, formulou a teoria da atividade de estudo, em que os alunos formam conceitos teóricos pelos procedimentos de abstração e generalização, promovendo a sistematização do método didático com base no método da reflexão dialética. A ideia propalada pela pedagogia crítico-social dos conteúdos de formar, pela escola, sujeitos pensantes e críticos, consumava-se, agora, na aplicação da lógica dialética para promover o desenvolvimento de capacidades e habilidades intelectuais mediante a formação do pensamento teórico-científico.

Essa breve síntese da contribuição inestimável de Davydov à constituição de uma didática desenvolvimental mostra que os propósitos expressos na pedagogia crítico-social dos conteúdos, em relação à escola e ao processo de ensino-aprendizagem, reapareciam com muito mais inteireza na teoria do ensino desenvolvimental por ele proposta, com muito mais tradição e peso teórico com o aporte de profícuos pesquisadores, como Vygotsky, Leontiev, Elkonin. Desse modo, era desnecessário manter a denominação que eu havia dado à minha proposta de pedagogia e didática crítico-social.

Ao longo das décadas seguintes, desde os passos iniciais de estudiosos da teoria histórico-cultural, especialmente da educação desenvolvimental, outros fatores possibilitaram a configuração da didática voltada para o desenvolvimento humano fundamentada nos escritos de Davydov, entre eles: (a) a salutar ampliação de intercâmbios internacionais por meio de congressos e publicações que propiciaram debates em torno de bases conceituais da teoria histórico-cultural e, também, o acesso a textos originais em russo e outras línguas; (b) o acesso a publicações e os contatos com pesquisadores vinculados ao sistema Elkonin-Davydov, trazendo clarificações sobre a pesquisa em didática, principalmente sobre a realização de experimentos formativos; (c) a aproximação e a interlocução com Seth Chaiklin e Mariane Hedegaard e suas produções.

Em relação aos intercâmbios internacionais com instituições e pesquisadores estrangeiros, cabe mencionar iniciativas de grupos de pesquisa, como o Núcleo de Ensino da Faculdade de Filosofia e Ciências (Unesp Marília), que desde, pelo menos, 2003, realiza Jornadas sobre temas da teoria histórico-cultural; o Grupo de Estudos sobre Atividade Pedagógica (GEPAPe), da Faculdade de Educação da Universidade de São Paulo, cujas atividades tiveram início em 2002 e realiza colóquios sobre suas pesquisas desde 2017; o Grupo de Estudos e Pesquisas em Didática e Desenvolvimento Profissional Docente (Gepedi), da Faculdade de Educação da Universidade de Uberlândia, que realizou, entre 2012 e 2016, três edições do Colóquio Internacional de Ensino Desenvolvimental: vida, pensamento e obra dos principais representantes russos, com a presença de pesquisadores da Rússia e de outros países, como Cuba e México; o Grupo de Estudos e Pesquisas Teorias da Educação e Processos Pedagógicos, da PUC Goiás, que realizou em 2017 o Simpósio Internacional sobre Ensino Desenvolvimental e Didáticas Específicas, com o objetivo de debater as interfaces entre o ensino desenvolvimental, as didáticas específicas e a formação de professores para o Ensino Fundamental, que teve como conferencistas internacionais três pesquisadores integrantes do sistema Elkonin-Davydov: Galina Zuckerman, Elena V. Chudinova e Sergey F. Gorbov, pertencentes ao Laboratório de Desenvolvimento Psicológico de Crianças da Escola Elementar do Instituto Psicológico da Academia Russa de Educação. Presentemente, outros grupos e pesquisadores do Brasil vêm estabelecendo intercâmbios científicos com pesquisadores estrangeiros vinculados à Teoria Histórico-Cultural por meio de congressos ou publicações (ASBAHR; OLIVEIRA, 2021).

Em relação ao segundo fator, cabe registrar o expressivo número de publicações em livros, periódicos e dossiês, em boa parte associados aos eventos mencionados, que vem contribuindo para esclarecer aspectos conceituais e questões investigativas da teoria histórico-cultural e da teoria do ensino desenvolvimental, surgidos em meio à expansão da teoria. Entre esses aspectos e questões, cabe mencionar: estudos sobre personalidade e desenvolvimento humano; as formas de organização e desenvolvimento da atividade de estudo; aspectos metodológicos e procedimentais do experimento didático-formativo por meio de microciclo de investigação; a periodização do desenvolvimento psíquico na infância e na adolescência e as implicações na organização do ensino; a modelação da relação geral do conceito; novos estudos acerca da zona de desenvolvimento próximo (ou iminente); o problema da diversidade sociocultural/diferenças na formulação do conteúdo e na metodologia de ensino; o lugar pedagógico das práticas socioculturais e institucionais na aprendizagem e no desenvolvimento dos alunos; investigações sobre o ensino de conceitos em disciplinas específicas (matemática, língua materna, ciências etc.); monitoramento e avaliação da aprendizagem dos alunos nas aulas; o lugar da ludicidade no processo de ensino-aprendizagem; a teoria histórico-cultural e as tecnologias digitais.

Uma das consequências benéficas dos congressos internacionais e do acesso a publicações estrangeiras para a sistematização de uma didática desenvolvimental foi a obtenção de informações mais seguras sobre o sistema Elkonin-Davydov e as pesquisas levadas a efeito pelo Instituto de Psicologia da Academia Russa de Educação, já que designava uma proposta de viabilização pedagógico-didática da teoria do ensino desenvolvimental, sustentada nas pesquisas de L. S. Vygotsky, A. N. Leontiev, D. B. Elkonin, V. V. Davydov, entre outros. Esse sistema, criado no final da década de 1950 e oficializado em 1996 no sistema educacional russo, tinha o objetivo de estudar, cientificamente, as potencialidades do desenvolvimento de crianças e adolescentes por meio da educação e do ensino com o suporte de um método de pesquisa experimental, o experimento formativo (CUNHA, 2019; FREITAS, LIBÂNEO, 2022). A presença de Galina Zuckerman na PUC Goiás, atualmente à frente das pesquisas do Sistema Elkonin-Davydov no Instituto de Psicologia da Academia Russa de Educação, propiciou diálogos e discussões que contribuíram para pesquisadores brasileiros melhor compreensão dos procedimentos do experimento didático-formativo, em especial na orientação da atividade de estudo, na organização de tarefas de estudo, nas formas de aprendizagem cooperativa, tendo em vista as condições psicológicas e pedagógicas a serem propiciadas pelo ensino para desenvolver as capacidades de pensar e de aprender das crianças, de forma autônoma e independente.

O terceiro fator que impulsionou minha compreensão atual da didática desenvolvimental foi a aproximação e a interlocução com Seth Chaiklin e Mariane Hedegaard que, fundamentados em Vygotsky e Davydov, formularam a abordagem denominada *Ensino e Aprendizagem Radical-Local* (HEDEGAARD, 2002a; 2002b; HEDEGAARD; CHAIKLIN; 2005; HEDEGAARD; FLEER, 2008). A abordagem radical-local significa um ensino que articula o conhecimento teórico-científico, o contexto histórico e social e a situação de vida dos alunos. Hedegaard endossa integralmente a formulação teórica de Davydov acerca da relação entre a educação e o desenvolvimento humano, especialmente sobre a formação do pensamento teórico nos estudantes, mas apresenta sua contribuição teórica no sentido de articular a atividade de ensino com as práticas sociais e institucionais e as condições histórico-culturais de vida dos alunos. Para a autora, a relação entre aprendizagem e desenvolvimento requer a consideração da ligação entre o conhecimento teórico e as experiências concretas vivenciadas pelos alunos no contexto sociocultural e institucional, ou seja, a escola é o lugar em que os alunos se apropriam de modelos teóricos de formação do pensamento teórico, os quais servem como ferramentas de análise dos problemas existentes nas práticas sociais e institucionais (HEDEGAARD; FLEER, 2008; 2010).

Em razão disso, é proposta a metodologia do "duplo movimento no ensino", em que as aulas são planejadas de modo a fazer a inter-relação entre conhecimentos científicos e conhecimentos cotidianos. Trata-se de inserir conhecimentos e vivências locais e cotidianas nas relações conceituais do conteúdo estudado, de modo que os alunos adquiram o conhecimento teórico e o utilizem em suas práticas de vida (HEDEGAARD; CHAIKLIN, 2005; FREITAS; LIBÂNEO, 2022; LIBÂNEO; FREITAS, 2019b; SILVA; LIBÂNEO, 2001). Hedegaard contribui, assim, para a formulação de uma didática que assegure a todos o acesso ao conhecimento teórico-científico e, ao mesmo tempo, introduza no processo de ensino-aprendizagem a diversidade sociocultural dos alunos em suas diferentes experiências vividas em condições sociais, fazendo um duplo movimento entre os conceitos cotidianos gerados nas práticas e nos contextos locais de vida e os conceitos científicos aprendidos na escola.

    A didática voltada para o desenvolvimento humano fundamentada em Davydov, nas contribuições de Chaiklin e Hedegaard e em produções nacionais, contempla, assim, as aspirações postuladas na pedagogia crítico-social dos conteúdos ao longo dos anos 1980, tais como o resgate da função histórica da escola pública de difusão de conhecimentos a serviço dos interesses populares; a valorização dos conteúdos científicos na formação escolar e a indicação das formas de efetuar a mediação entre o saber escolar e as condições sociais concretas de vida dos alunos; a adoção do método dialético-materialista no ensino. Assim como outras didáticas desenvolvimentais fundamentadas nas ideias de Vygotsky, a didática orientada para o desenvolvimento humano, incrementada a partir do pensamento de Davydov, abre novos horizontes para propiciar fundamentos pedagógicos, psicológicos e didáticos aos professores para a formação de sujeitos pensantes e críticos. Esses fundamentos são indispensáveis num país cuja escola pública não tem contribuído suficientemente para o desenvolvimento intelectual necessário à elevação da consciência crítica, principalmente em relação à população que frequenta a escola pública, como é o caso do Brasil.

Bases teóricas e operacionais da didática para o desenvolvimento humano[4]

Educação e desenvolvimento de capacidades humanas

Na tradição da teoria histórico-cultural, a atividade sócio-histórica e coletiva dos indivíduos é determinante na formação dos processos psíquicos superiores, sendo fundamental para isso as mediações culturais no processo do conhecimento. Vygotsky mencionava duas formas básicas de processos psíquicos, os "interpsíquicos" e os "intrapsíquicos", em que formas externas, coletivas, da atividade humana, transformam-se, no processo da internalização, em atividade interna, individual (VYGOTSKY, 1984). Concordando com Vygotsky, Davydov (2008, p. 41) explica que "no processo da internalização, na transformação do interpsíquico em intrapsíquico, é que acontece o desenvolvimento psíquico da pessoa", processos que são formados na criança em sua colaboração com os adultos durante a instrução. Desse modo, funções psíquicas se desenvolvem a partir de processos externos e, uma vez interiorizadas, convertem-se em meio de autorregulação do próprio sujeito. Elas se referem às capacidades humanas que vão se constituindo social e historicamente, como a inteligência (atenção, memória lógica, pensamento, formação de conceitos, linguagem oral e escrita, cálculo etc.) e a personalidade (autoestima, valores morais, afetividade, autonomia, consciência, controle da própria conduta etc.). Com efeito, no decurso da história da experiência humana, vão se criando e se desenvolvendo saberes contidos na ciência, nas artes, na moral, na filosofia, na tecnologia, os quais vão constituindo capacidades humanas cuja incorporação por todos os membros da

---

4. Devo registrar que as ideias contidas neste tópico foram sendo robustecidas por estudos e pesquisas em mútua colaboração com a Professora Raquel A. Marra da Madeira Freitas, em pesquisas e produções conjuntas e nos diálogos empreendidos em função de aulas da disciplina *Didática desenvolvimental* ao longo do últimos 20 anos.

sociedade passa a ser condição para a humanização dos indivíduos, residindo aí a principal função da educação escolar. Escreve Davydov (2008, p. 47, tradução nossa):

> Portanto, a criação e o funcionamento da cultura como um fenômeno social específico visam ao desenvolvimento de indivíduos humanos que, apropriando-se da "riqueza" da cultura, dominam os padrões ideais, universais, das capacidades e habilidades necessárias à produção de coisas reais. A riqueza objetivada da sociedade nada mais é que a expressão externa da cultura que os humanos têm dominado e direcionado ao desenvolvimento de suas capacidades criativas e de novas formas de interação social.

Segundo Leontiev, a apropriação pelos indivíduos da experiência social e cultural por meio de conhecimentos leva à criação de aptidões novas, funções psíquicas novas. Diferentemente do processo de aprendizagem dos animais, "a assimilação no homem é um processo de reprodução, nas propriedades do indivíduo, das propriedades e aptidões historicamente formadas da espécie humana" (LEONTIEV, 2004, p. 288). Para isso, compete à educação escolar promover uma atividade cognitiva equivalente à atividade humana anterior encarnada nessas capacidades. Por outras palavras, Saviani (1995, p. 13) sintetiza esse processo:

> [...] o que não é garantido pela natureza tem que ser produzido historicamente pelos homens e, nisso, se incluem os próprios homens. [...] Consequentemente, o trabalho educativo é o ato de produzir, direta e intencionalmente, em cada indivíduo singular, a humanidade que é produzida histórica e coletivamente pelo conjunto dos homens.

Educação é, assim, um processo complexo pelo qual os indivíduos podem se apropriar do que foi pensado, criado e realizado por gerações anteriores e, desse modo, produzir novas ideias, novos modos de agir. A escola é o lugar em que os seres humanos se apropriam, de forma institucionalizada e sistematizada, das capacidades humanas encarnadas na ciência, na arte, na filosofia, na moral, ou seja, nas produções das várias áreas do saber, que se convertem em conhecimentos escolares. Para isso, é necessário selecionar e organizar os conteúdos, isto é, os elementos da ciência e da cultura que precisam ser internalizados pelos indivíduos da espécie humana para que se tornem humanos. Portanto, o acesso ao conhecimento criativo e crítico é um direito antropológico, condição para a preparação dos indivíduos para a participação consciente na vida social.

Esse conceito se fundamenta na concepção de que o indivíduo se engaja ativamente no processo de apropriação de conhecimentos por meio de sua atividade, de modo que as aptidões humanas historicamente desenvolvidas sejam reproduzidas e incorporadas como características do próprio indivíduo (ZUCKERMAN, 2011; 2014). Nessa perspectiva, o conteúdo principal do ensino é a assimilação de métodos generalizados de ações com conceitos científicos e consequentes mudanças qualitativas no desenvolvimento mental (DAVYDOV; MÁRKOVA, 1987; DAVÍDOV, 1978).

Davydov (2008, p. 41, tradução nossa) indica o conceito de apropriação para expressar as relações essenciais entre a experiência individual e a experiência social das pessoas. Recorrendo ao posicionamento de Leontiev, ele escreve:

> O processo de apropriação leva o indivíduo à reprodução, em sua própria atividade, das capacidades humanas formadas historicamente. Nesta reprodução, a criança realiza uma atividade que é adequada (mas não idêntica) à atividade humana encarnada nessas capacidades.

A didática para o desenvolvimento humano, portanto, tem seu fundamento na ideia de que o desenvolvimento dos seres humanos nas esferas intelectual, emocional, social e profissional se realiza por meio da apropriação dos conhecimentos sistematizados e organizados ao longo do desenvolvimento histórico-social, nos quais estão encarnadas capacidades humanas.

A forma pela qual ocorre essa apropriação é o processo de ensino-aprendizagem, cujo objetivo é a formação de conceitos científicos, pelos quais os alunos podem ter o domínio do modo geral de construção do objeto de conhecimento, apropriando-se dos modos de atividade anteriores aplicados à investigação dos conceitos e dos modos de agir vinculados a esses conceitos. A esse respeito, escrevem Davydov e Márkova (1987, p. 5):

> Enquanto a apropriação é a reprodução pela criança da experiência socialmente desenvolvida e a instrução formal é a forma de organização desta apropriação em condições históricas determinadas em uma determinada sociedade, o desenvolvimento é caracterizado principalmente por alterações qualitativas no nível e na forma das capacidades, tipos de atividade etc., apropriados pelo indivíduo. [...] A apropriação é o resultado da atividade empreendida pelo indivíduo quando ele aprende a dominar métodos socialmente desenvolvidos de lidar com o mundo dos objetos e a transformar esse mundo, os quais gradualmente tornam-se o meio da atividade própria do indivíduo.

Os autores realçam que a apropriação da experiência social expressa na cultura visa ao desenvolvimento de capacidades e modos de comportamento humano, ou seja, a apropriação de conteúdos é conexa ao desenvolvimento de capacidades e habilidades ligadas a esses conteúdos. Por isso, para Davydov, a referência básica do processo de ensino são os objetos científicos (os conteúdos) de onde se originam os métodos de organização do ensino. Desse modo, as instituições de ensino e os professores têm como tarefa básica organizar formas de ensino pelas quais os estudantes sejam colocados numa atividade de aprendizagem em que possam apropriar-se dos conteúdos e das capacidades que irão se converter em meios de sua própria atividade pessoal e profissional. Trata-se, então, de um entendimento de aprendizagem como mudanças qualitativas que vão ocorrendo na mente e na prática dos estudantes como resultado das mediações pedagógicas envolvendo a interação entre as pessoas.

A apropriação de capacidades humanas por meio dos conteúdos introduziu na didática desenvolvimental uma compreensão peculiar do termo "conteúdos", diferentemente do sentido mais comum de agregado de conhecimentos inscritos nas matérias escolares. Os conteúdos, na teoria do ensino desenvolvimental, estão diretamente vinculados às capacidades humanas, isto é, aos modos social e historicamente desenvolvidos de lidar com a realidade, expressos na ciência, na arte, na moral, de maneira que esses modos de atividade humana se tornem instrumentos interiorizados pelos alunos, convertendo-os em formas de sua própria atividade, concorrendo, assim, com o desenvolvimento da consciência. A função do ensino é, precisamente, ajudar os alunos a se apropriarem das capacidades humanas incorporadas nos conteúdos por meio da atividade de estudo, na qual são levados a reconstituir os modos de pensar e agir desenvolvidos nos vários campos científicos, artísticos, morais etc. É esse sentido de conteúdo que leva Davydov (2008, p. 120, tradução nossa) a afirmar:

> [...] a base da instrução desenvolvimental é seu conteúdo do qual se originam os modos (métodos) de organização da instrução. [...] a instrução realiza seu principal papel no desenvolvimento psíquico, antes de tudo, por meio do *conteúdo do conhecimento a ser assimilado*. [...] o caráter desenvolvimental da atividade de aprendizagem, atividade principal na idade escolar, está relacionada ao fato de que o conteúdo da atividade de aprendizagem é o conhecimento teórico.

Para Davydov, conhecimentos teóricos são aqueles conhecimentos obtidos pelos alunos por meio de transformações mentais que eles realizam em relação a um conteúdo, à medida que, pelo seu pensamento, vão desvendando nesse conteúdo aspectos gerais essenciais e aspectos particulares e os inter-relacionando. É precisamente esse o objetivo da atividade de estudo como forma peculiar da atividade de aprendizagem, em que o aluno é desafiado a buscar soluções a um problema de modo a "percorrer de novo os caminhos que outrora levaram as pessoas à descoberta e formulação dos conhecimentos teóricos" (DAVYDOV, 1999a, p. 2). Esse percurso requer um modo de apreensão da realidade caracterizado pelos procedimentos de abstração, generalização e formação de conceitos, conforme o método da reflexão dialética, cujo resultado leva à formação do pensamento teórico-científico.

Em suma, para Davydov (2008, p. 56), conteúdos correspondem às "formas desenvolvidas de consciência social (as ciências, arte, moral, leis) e às capacidades necessárias para agir de acordo com as exigências sociais". O conteúdo dessas formas de consciência social (conceitos científicos, imagens artísticas, valores morais, normas legais) tem um caráter teórico.

É na atividade de estudo que são concretizados esses princípios, para o que são requeridas duas condições (DAVYDOV, 1999a): formar nos alunos a necessidade de dominar a herança espiritual da espécie humana; colocar tarefas de estudo cuja solução exija dos alunos a transformação mental (experimentação mental) com o material de estudo, condição para a apropriação de conhecimentos. A primeira condição é requisito para a segunda, já que a transformação mental do material de estudo implica a mobilização de motivos sociais e individuais dos alunos. Neste ponto da mobilização dos motivos, é relevante destacar que Davydov (1999b) introduz como momento na estrutura da atividade inicialmente definida por Leontiev — necessidades, motivos, ações e operações — o desejo como núcleo básico de uma necessidade. Ou seja, as ações de aprendizagem se conectam com necessidades baseadas em desejos, base do funcionamento das emoções. Isso significa que as ações humanas estão impregnadas de sentidos subjetivos, projetando-se em várias esferas da vida dos sujeitos, obviamente também na atividade de aprendizagem dos alunos, na compreensão das disciplinas escolares, no envolvimento com o assunto estudado. É por essa razão que a mobilização de emoções e motivos antecede as ações dos alunos de transformação mental dos objetos de estudo pelos procedimentos de abstração, generalização e formação de conceitos.

Com base nessa compreensão de conteúdo, o papel do ensino é levar os alunos a reconstituírem os modos de pensar, investigar e agir de cientistas, artistas, filósofos, formados historicamente em uma matéria de estudo, colocando-os numa atividade intelectual que lhes permita reconstituir em sua mente os procedimentos investigativos aplicados nessa matéria. Nesse sentido, o trabalho dos professores consiste em extrair dos conteúdos de cada matéria de ensino aquelas capacidades humanas generalizadas ao longo do desenvolvimento da ciência que dá origem à matéria e ajudar seus alunos a se apropriarem dessas capacidades humanas, de modo que elas se convertam em meios de desenvolvimento de suas próprias capacidades intelectuais. O caminho didático para essa apropriação é a utilização de procedimentos do método da reflexão dialética, a abstração, a generalização e a formação de conceitos. Segundo a teoria, essas capacidades ou modos de atividade se tornam meios interiorizados pelos alunos, isto é, meios de sua própria atividade. Segundo Davydov (2008, p. 115, tradução nossa):

> Na atividade de aprendizagem, que é a atividade principal dos primeiros anos escolares, as crianças reproduzem não somente o conhecimento e as capacidades referentes aos fundamentos daquelas formas de consciência social (ciência, arte, moral, lei), mas, também, reproduzem as capacidades formadas historicamente (reflexão, análise e experimento mental), que estão na base da consciência e do pensamento teóricos. Em outras palavras, o conteúdo da atividade de aprendizagem é o conhecimento teórico.

Um aspecto necessário a considerar é que a operação de apropriação é realizada por sujeitos concretos, com necessidades, interesses e motivos sociais e individuais, inseridos em contextos sociais, culturais e materiais. Isso significa dizer que a apropriação de conhecimentos escolares pelos alunos passa por motivos individuais e sociais para o estudo, os quais precisam estar conectados às suas condições sociais, culturais e materiais de vida. Nesse sentido, tem sido relevante a contribuição de Mariane Hedegaard que, partindo da incorporação do conceito de conhecimento teórico-dialético de Davydov, introduz na prática de ensino a interveniência das práticas socioculturais e institucionais que afetam as condições de aprendizagem e desenvolvimento dos alunos. Isso levou a pesquisadora a conceber o processo de ensino-aprendizagem como a articulação entre a apropriação dos conteúdos científicos e as formas de conhecimento cotidiano das quais os alunos participam na comunidade, na família, na escola (HEDEGAARD, 2008; HEDEGAARD; CHAIKLIN, 2005). Esse procedimento didático é denominado "abordagem do duplo movimento", em que o professor utiliza o conteúdo do conhecimento cotidiano e local no desenvolvimento do conhecimento teórico-conceitual, e o uso desse conhecimento teórico-conceitual em relação ao conhecimento cotidiano e local. Assim, "o professor parte da compreensão da criança e a orienta para tarefas e problemas ligados ao conteúdo que, assim, torna-se significativo para ela e motivador para a compreensão tanto dos princípios teóricos da matéria quando dos problemas da prática local e cotidiana" (HEDEGAARD; CHAIKLIN, 2005, p. 81).

Conclui-se dessas premissas que a educação escolar, especialmente nas ações de ensino-aprendizagem, consiste em processos específicos de apropriação por parte dos alunos, da cultura e da ciência desenvolvidas social e historicamente por meio de signos culturais que exercem papel mediador na organização do seu comportamento e de suas ações. A escola, portanto, deve centrar-se nos processos de apropriação de conhecimentos, condição para o desenvolvimento cognitivo, afetivo e moral dos alunos, cabendo à didática desenvolvimental a orientação teórica e prática para a efetivação dessa finalidade educativa. Com isso, ela cumpre sua função social de promover e ampliar o desenvolvimento dos processos psíquicos dos alunos por meio dos conteúdos, atuando no desenvolvimento de sua personalidade.

A atividade de estudo e o desenvolvimento do pensamento teórico-científico

Conforme já abordado, a didática voltada para o desenvolvimento humano depreendida da teoria do ensino desenvolvimental de Davydov decorre de três premissas básicas: o enraizamento dos processos psíquicos superiores no desenvolvimento histórico-social da existência humana; a apropriação pelos seres humanos de instrumentos culturais acumulados social e historicamente como meios de sua própria atividade; a utilização, nessa apropriação, de procedimentos de pensamento como a abstração, a generalização e a formação de conceitos (LIBÂNEO; FREITAS, 2013). Consideradas essas premissas, a educação escolar atua para a promoção do desenvolvimento humano mediante processos de apropriação cultural e científica. No processo de ensino-aprendizagem, que é precisamente o objeto de estudo da didática, realizam-se a promoção e a ampliação do pensamento teórico-científico dos alunos. Com efeito, para Davydov, o ensino é o meio pelo qual os alunos aprendem a pensar teoricamente, ou seja, a raciocinar dialeticamente por meio dos conteúdos, transitando do pensamento abstrato ao pensamento concreto, das relações gerais que expressam a essência de um objeto de estudo, para além do seu aspecto aparente, às relações particulares referentes a esse objeto. Desse modo, o conteúdo do processo de ensino-aprendizagem visando ao desenvolvimento humano é o *conhecimento teórico-científico* pelo qual se forma o *pensamento teórico-científico* dos estudantes com base no método dialético-materialista-histórico.

Para a realização do processo de ensino-aprendizagem, Davydov sistematizou o conceito de atividade de estudo. Trata-se da atividade realizada pelos estudantes com orientação do professor, visando à apropriação do conhecimento teórico de um objeto de estudo, o que requer um conjunto de ações e operações, em dadas condições coletivas e individuais. A atividade de estudo tem como conteúdo o conhecimento teórico-científico e as capacidades intelectuais requeridas na investigação e na explicação de um determinado objeto de conhecimento, com dadas características epistemológicas. Davydov chegou a essa formulação após verificar em suas pesquisas, sobre aprendizagem em escolas russas, a insuficiência do ensino baseado apenas no conhecimento empírico, descritivo, classificatório. Passou, então, a desenvolver as bases de um ensino voltado para a formação do pensamento teórico-científico, recorrendo ao método da ascensão do pensamento abstrato ao pensamento concreto por meio de abstrações e generalizações (DAVYDOV, 1978; 1999a; 2008).

Para Zuckerman (2011), a atividade de estudo se realiza na forma de tarefas de estudo que proveem as condições para que os alunos se apropriem de conhecimentos teóricos, nos quais se incluem os conceitos e os métodos generalizados de pensamento e de ação referentes à matéria. A atividade de estudo consiste, na prática, em uma atividade teórico-prática organizada pelo professor em que os alunos buscam modos novos (novos para eles, mas já disponíveis na área de conhecimento científico) de resolver um problema para, assim, formarem conceitos. Ou seja, a atividade de estudo visa ao desenvolvimento da capacidade de pensar, de argumentar, de resolver problemas, por meio da utilização dos conteúdos e das lógicas de pensamento a eles correspondentes. Sendo a tarefa de estudo o núcleo da atividade de estudo e sendo sua finalidade pôr desafios aos alunos por intermédio de problemas que suscitem transformações mentais do objeto em estudo, o que se espera é uma aprendizagem que produza mudanças qualitativas nos modos de pensar e agir dos alunos, mudanças essas de natureza teórico-dialética.

O objetivo mais importante do processo de ensino-aprendizagem é a formação e o desenvolvimento do pensamento teórico-científico por meio do qual se revelam a essência, a origem e o desenvolvimento dos objetos de conhecimento como caminho de apropriação do conceito. Para pensar e atuar com um determinado saber, é necessário que o aluno se aproprie do processo histórico real da gênese e do desenvolvimento desse saber. Desse modo, ao aprender um conteúdo, o aluno adquire os métodos e as estratégias cognitivas gerais intrínsecos a esse conteúdo, convertendo-os em procedimentos mentais para analisar e resolver problemas e situações específicas. Davydov (2008, p. 122, tradução nossa) assinala dois aspectos do percurso de assimilação de conhecimentos:

> Em primeiro lugar, o pensamento dos escolares se move de forma propositada *do geral para o particular* (primeiro buscam identificar o "núcleo" inicial geral do material em estudo; depois, tendo por base esse núcleo, deduzem as diversas particularidades de uma dada matéria). Em segundo lugar, esta assimilação tem como objetivo a descoberta pelas crianças das condições de origem do conteúdo dos conceitos que estão assimilando. Ou seja, os alunos primeiramente descobrem a relação geral inicial em uma área de estudo e a utilizam para construir uma generalização substantiva e, graças a ela, determinam o conteúdo do "núcleo" da matéria estudada, convertendo-a em meio para deduzir relações mais particulares, isto é, em um conceito.

Pensamento teórico-científico, portanto, é um modo de pensar e analisar para apreender a realidade em sua complexidade. É um tipo de pensamento caracterizado por processos mentais que visam apreender um objeto de estudo inter-relacionando as partes com o todo, aspectos gerais e aspectos particulares, de modo a descobrir no fenômeno estudado uma relação geral, um princípio geral. Esse princípio geral torna-se objeto da abstração e generalização do tipo teórico-dialético e consequente formação de conceitos teóricos, os quais incluem o exame da ocorrência desse princípio geral em casos particulares, formando uma unidade do geral e do particular. O caminho para encontrar o princípio ou relação geral de um objeto de estudo implica que o aluno se aproprie do processo histórico real da sua gênese e desenvolvimento. Desse modo, ele consegue adquirir um método teórico geral de pensar — o conceito teórico —, cuja internalização possibilita a ele a resolução de problemas concretos e práticos. Ou seja, ao aprender um conteúdo, o sujeito adquire os métodos e as estratégias cognitivas gerais que são intrínsecos a esse conteúdo, convertendo-os em procedimentos mentais para analisar e resolver problemas e situações da vida social concreta.

O conceito é uma ferramenta simbólica do nosso pensamento que permite a apreensão da realidade. O caminho para a formação de um conceito consiste em que o aluno reconstitua o modo como ele surgiu, isto é, o modo geral como o objeto de estudo é construído. "Um conceito é a forma de atividade mental que reproduz um objeto idealizado junto a seu sistema de relações. Em sua unidade, essas relações refletem a universalidade ou a essência do movimento do objeto material" (DAVYDOV, 2008, p. 90). Por exemplo, ao examinarmos um fruto, buscamos sua relação com a planta como um todo, procuramos a gênese do fruto. Isso significa que não formamos conceitos assimilando diretamente seu conteúdo, muito menos, decorando-os, mas utilizando um procedimento investigativo, método de pensamento, para buscar no objeto seu princípio geral constitutivo em seu movimento e em sua transformação. Davydov e Márkova (1987, p. 321) formulam assim o processo de apropriação dos conteúdos:

> É o processo de reconstituição, pelo indivíduo, dos procedimentos historicamente formados de transformação dos objetos da realidade circundante, dos tipos de relações entre eles e o processo de conversão destes padrões socialmente elaborados em formas de subjetividade individual.

Tais procedimentos historicamente formados referem-se aos processos lógicos e investigativos levados a efeito na atividade dos cientistas/artistas. Desse modo, na atividade de aprendizagem escolar, o aluno é colocado numa situação didática em que, por meio da solução de problemas, ele possa reconstituir os passos do cientista ao utilizarem abstrações generalizações e conceitos teóricos. Na atividade docente, o professor precisa articular o conhecimento teórico-científico aos conteúdos e às ações mentais e práticas que lhe correspondem (capacidades intelectuais e práticas). Isso quer dizer que a apropriação de conhecimentos está sempre associada a uma atividade cognitiva dos alunos, que é equivalente à atividade cognitiva empregada na investigação científica realizada por pesquisadores e que resultou na constituição do objeto de conhecimento. Esta assertiva indica que: (a) os conteúdos de uma matéria de ensino têm embutidos neles os processos ou ações mentais e práticas pelos quais vieram a ser constituídos; (b) o desvelamento desses processos mentais se obtém refazendo-se o percurso investigativo semelhante ao que originou o objeto de estudo e captando o núcleo do conceito, isto é, o princípio geral aglutinador desse objeto; (c) este procedimento supõe considerar a epistemologia da ciência que se ensina, seus métodos de investigação e o desenvolvimento histórico de constituição de seu conteúdo.

O objetivo da aprendizagem, assim, é alcançado pela formação de conceitos abstratos para além da experiência sensível imediata. Parte-se dela, mas procede logo à abstração teórica oferecida pela análise científica do objeto, a fim compreender o objeto em sua integralidade e, desse modo, chegar à generalização e à formação do conceito teórico. Por meio das ações mentais que se formam no estudo dos conteúdos, a partir do conceito teórico geral desse conteúdo, os indivíduos vão desenvolvendo capacidades humanas e habilidades de aprender a pensar com autonomia. Ou seja, estudando os conteúdos, os alunos vão formando ações mentais (sempre conexas a esse conteúdo); por sua vez, as ações mentais tornam-se o caminho para a apropriação de outros conteúdos. Conforme Davydov (2008, p. 121, tradução nossa):

> Os conhecimentos de um indivíduo encontram-se em unidade com suas ações mentais (abstração, generalização etc.). Segundo Rubinstein, "os conhecimentos [...] não surgem dissociados da atividade cognitiva do sujeito e não existem sem relação com ela". Portanto, é legítimo considerar os conhecimentos, de um lado, como o resultado das ações mentais que implicitamente contêm o conhecimento e, de outro, como um processo de obtenção desse resultado, no qual se expressa o funcionamento das ações mentais. Consequentemente, é inteiramente

aceitável usar o termo "conhecimento" para designar tanto o resultado do pensamento (o reflexo da realidade), quanto o processo pelo qual se obtém esse resultado (ou seja, as ações mentais).

Em síntese, o pensamento teórico-científico se forma pelo domínio dos processos de investigação e dos procedimentos lógicos do pensamento associados a um conteúdo científico. A culminância esperada, do ponto de vista da aprendizagem, é que, ao aprender, o aluno se apropria do processo histórico real da gênese e do desenvolvimento do conteúdo e, assim, internaliza métodos e estratégias cognitivas gerais da ciência ensinada, formando conceitos (isto é, procedimentos mentais operatórios), tendo em vista analisar e resolver problemas e situações concretas associados à matéria de estudo.

Portanto, os conteúdos — conceitos, teorias, habilidades, procedimentos, valores — não valem por si mesmos, mas como base para a formação de capacidades cognitivas gerais e específicas, tais como análise, síntese, comprovação, comparação, valoração, explicação, resolução de problemas, formulação de hipóteses, classificação, entre outras. Daí a afirmação de que, na didática desenvolvimental, importa menos o conhecimento em si mesmo e mais o processo mental do conhecimento.

Para Davydov, os componentes principais da estrutura da atividade de estudo são os desejos, as necessidades, os motivos, as tarefas, as ações e as operações, os mesmos componentes da atividade humana. A atividade humana se origina nos desejos e nas necessidades que impulsionam os motivos das pessoas para agir em relação a objetivos. Segundo o autor, um dos requisitos da correta organização do ensino é formar nos alunos a necessidade de dominar a herança espiritual da espécie humana. As necessidades estão ligadas diretamente ao estágio de desenvolvimento dos alunos. As crianças em idade pré-escolar têm sua atividade centrada nas brincadeiras, no jogo de papéis, na imaginação, é daí que surgem os interesses cognitivos e a necessidade de aprendizagem, adequadamente orientados pelos adultos. As crianças maiores já estão orientadas para o estudo requerendo que lhes sejam providas mais fontes de conhecimento para além das que são oferecidas pelo mundo que as rodeia, de modo que surja a necessidade de se apropriar dos conhecimentos teóricos. Dessa maneira, "os conhecimentos teóricos, que formam o conteúdo da atividade de estudo, também constituem a necessidade da atividade de estudo" (DAVYDOV, 1988, p. 170). Isso significa que, didaticamente, o professor organiza a tarefa de estudo de tal forma que a apropriação do conceito teórico se torne uma necessidade para o aluno. Assim, tarefas de estudo precisam ser suficientemente desafiadoras do pensamento para mobilizar a necessidade de aprendizagem de conhecimentos teóricos e propor ações de estudo que orientem os motivos para a aprendizagem.

A atividade de estudo contém em sua estrutura as seguintes ações específicas: (a) análise, organização do conteúdo e formulação de tarefas de estudo; (b) apresentação de um problema real que mobilize a necessidade de aprender e o processo de investigação e busca pelo aluno, ou seja, que represente motivo para a busca de solução; (c) organização da tarefa de estudo que provoque, na reflexão dos alunos, transformações mentais a partir do problema; (d) articulação com as práticas socioculturais das vivências dos alunos (família, escola, trabalho, comunidade, mídias).

A análise do conteúdo por parte do professor é o ponto de partida para o planejamento do ensino de sua matéria (LIBÂNEO, 2016). Essa análise consiste em: (a) identificar o núcleo conceitual dos conteúdos (modelo conceitual), isto é, as relações gerais básicas que sintetizam os conceitos que fazem parte dos conteúdos, conforme já comentado anteriormente. Trata-se, como escreve Davydov (2008, p. 124), da "análise do material factual com o objetivo de descobrir alguma relação geral que apresente uma conexão regular com as diversas manifestações desse material, ou seja, a construção de uma abstração substantiva e de uma generalização substantiva"; (b) identificar no conteúdo as capacidades intelectuais (método de pensamento, habilidades, ações mentais) a serem desenvolvidas pelos alunos; (c) formular tarefas de estudo, com base em situações-problema, em que a relação geral apareça em problemas específicos, em casos particulares (com o uso de materiais, experimentos, maquetes...); (d) introduzir ações de avaliação a serem realizadas pelos alunos durante a realização da tarefa de estudo, a fim de identificar seu processo de apropriação dos conceitos como ferramentas mentais; (e) formular um mapa de conceitos que se relacionam e se articulam com o núcleo conceitual. Esse trabalho, evidentemente, requer do professor o domínio da estrutura conceitual da matéria e dos processos de pesquisa utilizados para se chegar a essa estrutura conceitual.

Planejamento e desenvolvimento da tarefa de estudo

A tarefa de estudo, na perspectiva da didática desenvolvimental, visa levar o aluno a desenvolver os conceitos teórico-científicos. Conforme mencionado, o conteúdo da atividade de estudo são os conhecimentos teóricos que os alunos se apropriam "por meio de ações de aprendizagem dirigidas à solução de tarefas de aprendizagem" (DAVYDOV, 2008, p. 123), pelos procedimentos de abstração, generalização e formação de conceitos. Desse modo, os alunos são desafiados a resolver tarefas de estudo contendo problemas em contextos reais. Segundo Davydov (2008, p. 124, tradução nossa):

> A tarefa de aprendizagem apresentada pelo professor aos escolares exige deles: 1) análise do material factual com o objetivo de descobrir alguma relação geral que apresente uma conexão regular com as diversas manifestações desse material, ou seja, a construção de uma abstração substantiva e de uma generalização substantiva; 2) derivação, com base na abstração e generalização, das relações particulares do material dado e unifiquem (sintetizem) em algum objeto integral, ou seja, construa o "núcleo" e do objeto material e mental concreto; e 3) o domínio, neste processo de análise e síntese, do procedimento geral ("modo geral") de construção do objeto estudado.

Davydov (2008, p. 125) apresenta seis ações a serem desenvolvidas como componentes da tarefa de estudo:

1ª) Transformação das condições da tarefa de estudo, de modo a observar a relação universal do objeto de estudo (que deve ser refletida no correspondente conceito teórico).

A solução da tarefa de estudo começa pela transformação dos dados do problema em que os alunos, por meio de análise mental, podem descobrir ou identificar a relação geral ou universal do objeto de estudo. Desse modo, a primeira ação de estudo consiste em, a partir de um problema, pôr os alunos em atividades práticas de pesquisa, com objetos, filmes, internet etc., com base nos quais são orientados a captar a relação geral, o princípio lógico que forma um "núcleo conceitual" do objeto estudado, formando uma representação mental desse núcleo. Captar a relação geral passa, primeiro, por analisar um problema, caso ou mesmo uma boa pergunta, de caráter investigativo. Dessa maneira, são colocados, inicialmente, dados da realidade, problemas, para que os alunos investiguem e busquem soluções e, dessa forma, vão se apropriando da relação geral essencial, expressa num modelo nuclear. A análise do problema é o caminho para realizar a abstração da relação geral para posterior generalização.

2ª) Modelação desta relação universal em forma objetivada, gráfica ou por meio de letras.

Após a identificação da relação geral, é necessária a criação do modelo representativo dessa relação. A relação geral essencial é agora modelada, como forma de compreensão das suas propriedades e das relações que envolvem o objeto de estudo. A representação do modelo conceitual permite formar uma referência para a apropriação de conhecimentos e de métodos gerais de solução de problemas de aprendizagem ligados ao conteúdo, ou seja, a modelação é condição necessária aos procedimentos de abstração e generalização teórica para chegar ao núcleo do conceito.

3ª) Transformação do modelo da relação universal para estudar suas propriedades em "forma pura".

Nessa ação, é previsto o aprofundamento da análise do modelo, a fim de compreender de forma mais clara a relação universal e a utilização dessa relação como princípio geral de análise e solução de casos particulares. Tendo em conta o núcleo do conceito, os alunos buscam caracterizar com mais precisão as relações gerais essenciais e universais dos objetos em sua "forma pura". Segundo Davydov (2008, p. 127), "transformando e reconstruindo o modelo de aprendizagem, os escolares são capazes de estudar as propriedades da relação universal como tal, sem que sejam 'ofuscadas' por circunstâncias estranhas".

4ª) Construção de um sistema de tarefas particulares que podem ser resolvidas pelo método geral.

Ao resolverem variadas tarefas particulares sobre problemas semelhantes, os alunos buscam apreender como a relação geral se manifesta em muitas outras relações particulares referentes ao objeto de estudo, ou seja, como se dá a transição da sua forma universal, geral, a formas particulares em um problema ou situação particular. As duas ações seguintes (5ª e 6ª) são de avaliação da aprendizagem.

5ª) Análise do desempenho das ações precedentes.

Visa à análise e à tomada de consciência do aluno sobre sua aprendizagem e sobre as transformações que ocorrem em sua mente na compreensão do objeto. Os alunos estabelecem uma relação entre a aquisição de métodos gerais de pensamento no que concerne ao conteúdo e sua utilização na solução de problemas particulares ligados a esse conteúdo.

6ª) Avaliação do nível de assimilação do método geral que resulta da solução da tarefa de estudo dada.

A avaliação é o procedimento que analisa transversalmente o processo de apropriação, isto é, se houve (e em que medida) ou não a apropriação do método geral de solução da tarefa, e se os resultados das ações de estudo correspondem (e em que medida) ou não ao objetivo final. Isso quer dizer que a avaliação não ocorre apenas ao final da tarefa de estudo de certo objeto, mas também durante a realização de todos os procedimentos previstos em cada ação. Não se trata de avaliar simplesmente cada ação didática, mas de um exame de conjunto do resultado da apropriação do método geral de ação e do conceito correspondente, ou seja, analisar a aprendizagem durante o processo de realização das ações e não apenas ao término. O objetivo é verificar a necessidade de refazer, retomar etc., de modo a realizar de fato o percurso proposto na tarefa.

Essa sequência de ações, em síntese, consiste na atividade intelectual e prática dos alunos desenvolvidas na estrutura de uma tarefa de estudo, com o objetivo de realizarem abstrações e generalizações e utilizá-las na análise e na solução de problemas específicos da realidade. Conforme Davydov (2008, p. 124, tradução nossa):

> Ao resolver a tarefa de estudo, os alunos descobrem a origem do "núcleo" do objeto em sua integralidade e o utilizam para reproduzir mentalmente este objeto. Assim, ao resolver a tarefa, as crianças completam uma espécie de microciclo de ascensão do abstrato ao concreto como caminho para assimilação dos conhecimentos teóricos.

Assim, a tarefa de estudo, como concretização da atividade de estudo a partir de um problema, é o meio pelo qual se chega ao conhecimento do conceito sobre um objeto, possibilitando ao aluno percorrer o mesmo caminho que o cientista percorreu para se chegar a determinado conceito. Realizar a tarefa de estudo pressupõe um planejamento e a modelação do conteúdo, visando novas formações psíquicas ou revisão das já formadas, assim como os caminhos psicológicos e pedagógicos e os meios para desenvolver novas formações pela mediação do professor. Desse modo, as ações didáticas formam o cerne do desenvolvimento metodológico no plano de ensino de uma disciplina (FREITAS, 2012; LIBÂNEO, 2016).

A finalidade, bem como o resultado da tarefa de estudo, é a transformação do próprio aluno, isto é, a transformação do aluno em sujeito da própria aprendizagem. Segundo Lompscher (1999, p. 140), o ensino está ligado à aprendizagem e ao desenvolvimento e visa promover a atividade de aprendizagem, de modo que "a organização didática dos processos de aprendizagem [...] deve ser orientada em relação à atividade do aluno". É esse o sentido da palavra desenvolvimento, ou seja, a promoção de mudanças qualitativas por meio do ensino-aprendizagem. A atividade criativa do professor consiste, precisamente, em atuar em processos de transformação interna dos alunos, ampliando e formando novas ações mentais, uma vez que é por meio delas que uma pessoa lida com os conhecimentos, as habilidades, os valores, e conquista seu autodomínio. Para isso, é preciso ter conhecimento de duas condições já apontadas: a primeira, a criação nos alunos da necessidade de dominar a herança cultural, esta é a principal condição da atividade de estudo; a segunda, a colocação de tarefas de estudo cuja solução exija deles a experimentação mental, visando à transformação criativa do material de estudo a ser assimilado (DAVYDOV, 1999a).

Na concepção de Davydov (1995), não é possível resolver problemas de aprendizagem sem essa condição, a qual pressupõe a primeira. Numa linguagem didática, é preciso mobilizar os motivos do aluno para o estudo, colocando o conteúdo na esfera de seus desejos e necessidades, e pôr em prática tarefas nas quais o aluno faça transformações, experimentação real e mental com o objeto de estudo.

Desse modo, é inútil um ensino que não atue no desenvolvimento de novos procedimentos, novas capacidades, novas operações mentais pelos alunos em relação aos conceitos científicos. Nesse sentido, não é o conteúdo em si que importa, mas a transformação no modo de pensar e agir dos estudantes como resultado da apropriação dos conteúdos. Estudo não significa memorizar, reproduzir, nem mesmo ter domínio de um conhecimento. É, principalmente, uma atividade que implica mudanças, reestruturações, certo enriquecimento, que leve a transformar o aluno em sujeito de sua própria atividade.

Uma demonstração de sequência de uma tarefa de estudo

Conforme comentado anteriormente, o planejamento da atividade de estudo tem início com a análise, a organização do conteúdo e a formulação de tarefas de estudo. As tarefas de estudo precisam atender, ao menos, a duas condições: que ocorra a mobilização nos alunos da necessidade de aprender o conteúdo pela proposição de um problema estimulante; que o problema provoque transformações mentais em que são distinguidos aspectos essenciais e não essenciais, são feitas comparações e contrastações, e explorados contradições e conflitos etc. A funcionalidade do problema depende de que ele esteja vinculado a necessidades e interesses gerados nas vivências socioculturais dos alunos em seu contexto de vida cotidiana, conforme a metodologia do duplo movimento no ensino.

Definido tópico de conteúdo a ser trabalhado e sua análise, são necessárias algumas ações prévias por parte do professor: identificar o núcleo conceitual do conteúdo, ou seja, as relações gerais básicas que constituem o núcleo conceitual do conteúdo; formular uma modelação inicial das relações conceituais; compor a rede de conceitos básicos que correspondem a esse núcleo conceitual com as devidas relações e articulações; identificar na matéria de estudo as capacidades e as habilidades intelectuais mais importantes a serem desenvolvidas pelos alunos, sempre conexas ao conteúdo. A partir dessas ações, são formuladas as tarefas de estudo com base em situações-problema, em que as relações gerais apareçam em casos particulares.

Cabe reafirmar que as situações-problema precisam ser formuladas de forma a mobilizar a atividade intelectual do aluno para encontrar um modo geral de resolver o problema, isto é, um método para resolver problemas semelhantes, diferentemente de situações prático-concretas, em que o objetivo do aluno é um resultado particular e prático (BROMAN; WAERMO; CHUDINOVA, 2022; RUBTSOV, 1996).

A sequência da tarefa de estudo propriamente dita é composta do conjunto de ações didáticas (já descritas anteriormente), todas elas unificadas em torno de um único objetivo: a descoberta pelo aluno de relações gerais essenciais que envolvem o objeto de estudo, isto é, um princípio interno do objeto, para, em sequência, reconstruí-lo sob a forma de conceito teórico, na atividade conjunta entre professor e alunos. Essa reconstrução e reestruturação do objeto de estudo constituem o processo de interiorização, a partir do qual o aluno organiza seu próprio modo de pensar e atuar, promovendo, com isso, o desenvolvimento dos processos psíquicos superiores.

Anteriormente foram apresentadas as ações de estudo a serem levadas a efeito pela atividade conjunta entre professor e alunos. Cabe realçar, aqui, que a ação inicial, mencionada pelo próprio Davydov, como a ação principal, é a "transformação das condições da tarefa de estudo, com a finalidade de descobrir certa relação geral do objeto que deverá ser refletida no correspondente conceito teórico" (DAVYDOV, 2008, p. 126). Essa relação reflete, por um lado, o momento real das condições da tarefa a serem transformadas, ou seja, a apreensão empírica, sensorial, do conteúdo; por outro, é o ponto de partida para captar as características e as peculiaridades do objeto de estudo em sua totalidade, que constituem sua relação universal. Esses dois momentos iniciais da atividade de estudo, articulados entre si, produzem o conteúdo da análise mental, visando à formação do conceito teórico.

Detalhando um pouco mais esses dois momentos (que podemos identificar como a ascensão do abstrato ao concreto), essa primeira aproximação do conteúdo requer por parte dos alunos as abstrações iniciais, ou seja, a observação do sensorialmente concreto, isto é, dos aspectos específicos do conteúdo, como seus aspectos essenciais e não essenciais, e de outros aspectos que podem mudar, mesmo que sua essência não mude (GIEST; LOMPSCHER, 2003). Nesse momento, sempre com base num problema, os alunos são levados a fazer distinções, comparações, contrastações, e a explorar contradições e conflitos. As abstrações não podem ser "dadas" pelo professor, precisam ser formadas pelos próprios alunos na atividade intelectual e prática com o conteúdo, ainda que auxiliados pelo professor. Os aspectos essenciais apreendidos pela abstração se convertem em aspectos gerais, adquirindo um significado generalizado, culminando com o conceito. Como escrevem Libâneo e Freitas (2019a, p. 226):

> A abstração inicial consiste em apreender um conceito reconhecendo e distinguindo os atributos desse conceito e estabelecendo relações entre esses atributos. Assim, o primeiro passo no caminho da abstração é a experiência sensorial tendo em vista reconhecer, nos objetos ou fenômenos, as relações essenciais que servirão de base para a generalização. O professor coloca situações de busca de soluções de problemas em que o aluno pode identificar relações entre as propriedades dos objetos e suas conexões internas e fazer transformações mentais com os objetos, ligações entre o geral e o particular. A abstração, portanto, é o momento inicial para a generalização e esta culmina num sistema de conceitos, em que o aluno é capaz de chegar a um sistema de conexões nas quais estão refletidas as relações entre os objetos no mundo real.

Na escolha do problema, é relevante a contribuição de Hedegaard no sentido de que o pensamento dos indivíduos é determinado por diferentes formas de prática social, razão pela qual é preciso trazer para as situações de aprendizagem os problemas da vida cotidiana e introduzi-los nos conceitos estudados. Desse modo, o caminho para a apropriação de modelos teóricos passa pela escolha de problemas que surjam das condições sociais, culturais e materiais de vida dos alunos. Esses modelos teóricos, por sua vez, uma vez apropriados pelos alunos, servem como ferramentais de análise de problemas concretos da sua vida cotidiana (HEDEGAARD et al., 2001).

Reiterando o papel da abstração e da generalização teóricas na formação do conceito, Broman, Waermö e Chudinova (2022, p. 2) comentam que o salto qualitativo na formação do conceito teórico é ultrapassar a experiência direta com as propriedades do objeto de estudo, fazendo um trabalho mental em que as relações gerais essenciais emerjam, ou seja, a generalização teórica consiste "em interconexões entre a essência revelada e os fenômenos particulares". Para as autoras, "se o significado que o aluno atribui a uma determinada palavra corresponde a uma generalização teórica, pode-se dizer que o aluno desenvolveu um conceito teórico como uma ferramenta de sua mente" (BROMAN; WAERMÖ; CHUDINOVA, 2002, p. 2).

No mesmo texto, as autoras trazem o exemplo do conceito de círculo. Observando e comparando diferentes círculos, o aluno identifica a forma circular como uma propriedade específica do círculo. Numa primeira aproximação, ocorre a abstração e a generalização empíricas. Dados vários círculos, os alunos identificam as propriedades que têm em comum e podem apontar para um círculo, diferenciando-o de um não círculo. Para fazer a abstração e a generalização teóricas, o aluno deve distinguir o que constitui este particular círculo e, ao mesmo tempo, distinguir qualquer círculo em geral. Assim, obtém-se a generalização teórica: o que constitui cada círculo é a relação geral entre um ponto dado — o centro do círculo — e todos os pontos que estão equidistantes desse dado ponto. "A generalização teórica é possibilitada pelo fato de que as relações gerais e a abordagem geral para a construção de um círculo constituem o objeto do pensamento do aluno" (BROMAN; WAERMÖ; CHUDINOVA, 2002, p. 4).

Na sequência de ações de estudo, vão ocorrendo a modelação da relação geral básica, a solução de problemas particulares utilizando a relação geral (generalização substantiva), o monitoramento e a avaliação constante da realização das ações precedentes, visando aferir se os alunos, na transformação mental do material de estudo, estão fazendo abstrações e generalizações na direção do conceito e internalizando-o.

Considerações finais

Este capítulo trouxe a exposição, pelo autor, do seu percurso intelectual de transição da didática crítico-social dos conteúdos à didática voltada para o desenvolvimento humano ou didática desenvolvimental, na perspectiva teórica de V. Davydov, e a sistematização de sua própria visão dos princípios e dos meios de implementação no processo de ensino-aprendizagem.

A pedagogia crítico-social dos conteúdos e sua correspondente didática, nos primeiros anos da década de 1980, já no final da ditadura militar, foram uma aposta encampada por educadores progressistas de valorizar a escola pública e tomá-la como objeto de estudo, articulando uma aposta política com uma aposta pedagógica, no sentido de viabilizar pedagogicamente, na escola, intenções políticas. Por isso, tinham como princípios a defesa da prioridade no atendimento às camadas majoritárias da população, da garantia de ensino gratuito e acessível a todos por parte do poder público; o fortalecimento de medidas para assegurar a permanência de alunos de camadas desfavorecidas; a valorização, na seleção de conteúdos, da contribuição das diferentes camadas da população; o estabelecimento de padrões de desempenho escolar compatíveis com as características sociais e culturais da maioria da população. Pedagogicamente, ao mesmo tempo que defendiam o direito da população da escola pública ao domínio dos conteúdos, pontuavam a necessidade de articulação do ensino dos conteúdos com as características sociais e culturais dos alunos. Para isso, eram propostos conteúdos críticos, aos quais se chegaria com a aproximação dos métodos de ensino ao método da reflexão dialética-histórica-materialista.

A teoria do ensino desenvolvimental, de Davydov, na tradição da teoria histórico-cultural formulada inicialmente por Vygotsky, provocou uma inflexão na formulação de uma didática assentada no materialismo histórico-dialético. O apelo da visão progressista anterior por uma educação escolar democrática e do direito de todos ao acesso ao conhecimento escolar foi fortalecido com o conceito de apropriação de capacidades humanas formadas social e historicamente, visando ao desenvolvimento dos processos psíquicos dos alunos. Com isso, atingia-se, também, um novo entendimento de conteúdos críticos. A proposição da pedagogia crítico-social dos conteúdos de formar, pela escola, sujeitos pensantes e críticos, consumava-se, agora, na aplicação da lógica dialética para promover o desenvolvimento de capacidades e habilidades intelectuais mediante a formação do pensamento teórico-científico, por meio da atividade de estudo.

A didática voltada para o desenvolvimento humano, assim como outras modulações de didática crítica derivadas da teoria histórico-cultural, busca a construção de uma escola com qualidade social e pedagógica, que assegura as condições para que todos os alunos se apropriem dos saberes produzidos historicamente e, por meio deles, alcancem o desenvolvimento cognitivo, afetivo e moral. Trata-se, para isso, de pôr o processo de ensino-aprendizagem a serviço do desenvolvimento das capacidades e das habilidades intelectuais dos alunos pela formação do pensamento teórico e o desenvolvimento da personalidade dos estudantes. É por esse caminho que a escola pode contribuir para a redução da diferença de níveis de escolarização e educação entre os grupos e as classes sociais, o acesso ao conhecimento e à aprendizagem escolar é condição para a superação das desigualdades sociais e desigualdades escolares. Um aspecto peculiar da didática desenvolvimental apresentada neste capítulo é a conexão do processo de ensino-aprendizagem com as condições sociais, culturais e materiais de vida dos alunos, tal como proposta pela abordagem do ensino radical-local de Hedegaard. Nessa perspectiva, a pergunta pedagógica é: de que forma as condições históricas e sociais de vida dos alunos e suas práticas socioculturais podem ser inseridas no trabalho com os conteúdos científicos, fazendo um duplo movimento entre os conceitos cotidianos gerados na experiência da vida cotidiana e os conceitos científicos trabalhados pela escola?

Presentemente, a realidade das escolas constatadas por dados de pesquisa mostra alunos que não conseguem aprender; os alunos estão desmotivados, dispersivos, pouco envolvidos no próprio processo de aprender. Os professores, por sua vez, muito frequentemente se encontram despreparados ou desmotivados, com notórias dificuldades em promover a relação dos alunos com o conhecimento escolar e atuar na aprendizagem e no desenvolvimento dos alunos. Ainda continua o desafio aos pesquisadores e aos formadores de professores na investigação de formas de organização do ensino e de organização da escola que consigam reparar as desvantagens sociais e escolares de estudantes das camadas pobres da sociedade, em busca das condições pedagógicas para o êxito escolar de alunos cujas capacidades intelectuais não são potencializadas em razão das desigualdades sociais e escolares que os afetam.

Outro aspecto adverso da realidade escolar brasileira diz respeito ao currículo oficial em vigência no sistema escolar, o currículo de resultados, em boa parte subordinado às orientações de organismos internacionais. Esse currículo decorre de uma visão de escola voltada unicamente para a formação de capacidades produtivas por meio da preparação para o trabalho, conforme interesses do mercado. Trata-se de uma escola pragmática, utilitária, de um ensino baseado em testes e na quantificação das aprendizagens, em conformidade com o espírito do capitalismo neoliberal. Nessa visão de educação escolar, em que a dimensão econômica prevalece como único valor para os indivíduos e na qual sua função se reduz à preparação profissional, os alunos não precisam de uma escola que ensine a pensar, a formar a capacidade reflexiva. Basta estipular competências, habilidades e comportamentos afinados com as necessidades do mercado. Com isso, o conhecimento deixa de ser parte da dimensão de universalidade do ser humano, meio de crescimento cultural e espiritual, reduzindo-se a um investimento rentável para a eficiência produtiva do trabalhador.

Em face dessas adversidades, a didática desenvolvimental aposta numa escola voltada para o desenvolvimento de capacidades humanas por meio dos conteúdos da ciência, da arte, da moral, da tecnologia. Uma escola para formar seres humanos e cidadãos, visando ao desenvolvimento físico, psíquico, afetivo, moral, estético. Ela é um lugar de humanizar pessoas, de educar para valores humanos, para o senso crítico, para a solidariedade, para o reconhecimento do outro, reconhecimento das diferenças e redução das desigualdades sociais. Os pressupostos dessa teoria também realçam o papel dos sujeitos na transformação da realidade. Nesse sentido, cumpre compreender que o atual modelo de escola, baseado na visão utilitária da educação, não é uma necessidade natural e histórica. Os sujeitos humanos podem lutar por outro modelo, outra visão de ser humano, outra visão de formação.

A teoria do ensino desenvolvimental e seus desdobramentos em proposições didáticas constituem, assim, a esperança de novos caminhos para a busca de excelência da escola pública brasileira a despeito de suas limitações. Sobre a busca de novos caminhos, é preciso considerar as condições reais da escola brasileira. Nesse sentido, cabe considerar um dos princípios basilares da teoria histórico-cultural de que os processos de formação humana e as condições do desenvolvimento humano encontram-se enraizados em determinantes sociais e culturais que condicionam as várias formas de mediações que a escola pode promover. Desse modo, as teorias e os modelos pedagógicos produzidos em outros contextos socioculturais, como é o caso da teoria histórico-cultural, precisam passar, obrigatoriamente, pelo crivo das realidades econômicas, políticas e socioculturais do país que pretende assimilá-los. Há que se reconhecer a incomensurável contribuição de teóricos russos e de outros países para a formulação de uma didática desenvolvimental. No entanto, sua apropriação por parte dos pesquisadores brasileiros requer duas condições: a primeira é que as práticas de ensino recomendadas passem pelo crivo das condições históricas, sociais, culturais e materiais do contexto brasileiro; a segunda é que essa contribuição seja complementada por estudos que as atualizem em questões teóricas e práticas do ensino que não se punham à época de sua produção no contexto soviético.

Referências

ABBAGNANO, N.; VISALBERGHI, A. *História da pedagogia*. Lisboa: Livros Horizonte, 1981.

ASBAHR, F. S.; OLIVEIRA, M. S. A. M. Inventário dos grupos brasileiros de pesquisa na teoria histórico-cultural a partir do Diretório de Grupos do CNPq. *Obutchénie*: Revista de Didática e Psicologia Pedagógica, Uberlândia, v. 5, n. 2. p. 566-587, maio/ago. 2021.

BROMAN, A.; WAERMÖ, M.; CHUDINOVA, E. The modeling in developmental education: a condition for theoretical abstraction and generalization. *Educativa*, Goiânia, v. 25, p. 1-15, 2022.

CHARLOT, B. *A mistificação pedagógica*: realidades sociais e processos ideológicos na teoria da educação. São Paulo: Zahar Editores, 1979.

CUNHA, A. L. A. *Conteúdos e metodologias no ensino de Matemática nos anos iniciais do processo de escolarização no Brasil e na Rússia*. 2019. Tese (Doutorado) — Pontifícia Universidade Católica de Goiás, Goiânia, 2019.

CURY, C. R. J. *Ideologia e educação brasileira*: católicos e liberais. São Paulo: Cortez e Morais, 1978.

CURY, C. R. J. *Educação e contradição*. São Paulo: Cortez; Autores Associados, 1985.

DANILOV, M. A. *Tipos de generalización en la enseñanza*. Habana: Editorial de Libros, 1978.

DANILOV, M. A.; SKATKIN, M. N. *Didáctica de la escuela media*. Habana: Editorial Pueblo y Educación, 1984.

DAVYDOV, V. V. *Tipos de generalización en la enseñanza*. Havana: Editorial Pueblo y Educación, 1978.

DAVYDOV, V. V. Problems of developmental teaching: the experience of theoretical and experimental psychological research. *Soviet Education*, n. 8, 1988.

DAVYDOV, V. V. Sobre o ensino desenvolvimental. Tradução do russo: Ermelinda Prestes. *Pedagogika*, n. 1, 1995.

DAVYDOV, V. V. O que é a atividade de estudo? Tradução do russo: Ermelinda Prestes. *Revista Escola inicial*, n. 7, 1999a.

DAVÍDOV, V. V. A new approach to the interpretation of activity structure and content. *In*: CHAIKLIN, S.; HEDEGAARD, M.; JENSEN, U. J. (eds.). *Activity theory and social practice*. Aarhus: Aarhus Universisty Press, 1999b.

DAVYDOV, V. V. *Problems of developmental instruction*: a theoretical and experimental psychological study. Tradução: Lektorsky V. e Robbins, D. New York: Nova Science Publishers, 2008.

DAVYDOV, V.; MÁRKOVA, A. K. La concepción de la actividad de estudio en los escolares. *In*: SHUARE, M. (ed.). *La psicología evolutiva y pedagógica en la URSS*: antología. Moscú: Editorial Progreso, 1987. p. 316-337.

FLEER, M.; HDEGAARD, M. Children's Development as Participation in Everyday Practices across Different Institutions. *Mind, Culture, and Activity*, v. 17, n. 2, p. 149-168, mar. 2010.

FREITAS, M. T. A. *O pensamento de Vygotsky e Bakhtin no Brasil*. Campinas: Papirus, 1994.

FREITAS, R. A. M. M. Ensino por problemas: uma abordagem para o desenvolvimento do aluno. *Educação e Pesquisa*, São Paulo, v. 38, n. 2, p. 403-418, abr./jun. 2012.

FREITAS, R. A. M. M.; LIBÂNEO, J. C. O experimento didático formativo na perspectiva da teoria do ensino desenvolvimental. *Educação e Pesquisa*, São Paulo, v. 48, 2022.

GIEST, H.; LOMPSCHER, J. Formation of learning activity and theoretical thinking in science teaching. *In*: KOZULIN, A. *et al. Vygotsky's educational theory in cultural context*. Cambridge: Cambridge University Press, 2003. p. 267-288. Disponível em: https://www.cambridge.org/core. Acesso em: 8 jun. 2018.

GRAMSCI, A. *L'alternativa pedagogica*. Antologia a cura di Mario A. Manacorda. Firenze: La Nuova Itália, 1980.

HEDEGAARD, M. *Learning and child development*: a cultural-historical study. Aarhus: Aarhus University Press, 2002a.

HEDEGAARD, M. A zona de desenvolvimento proximal como base para o ensino. *In*: DANIELS, H. (org.). *Uma introdução a Vygotsky*. São Paulo: Loyola, 2002b. p. 199-228.

HEDEGAARD, M; CHAIKLIN, S. *Radical-local teaching and learning*: a cultural-histórical approach. Aarhus: Aarhus University Press, 2005.

HEDEGAARD, M.; FLEER, M. *Studying children*: a cultural-historical approach. Glasgow: McGraw-Hill, 2008.

HEDEGAARD, M. et al. Cultural sensitive teaching within a Vygotskian perspective. In: HEDEGAARD, M. (ed.). Learning in classrooms. Aarhus: Aarhus University Press, 2001.

HEDEGAARD, M. The educational experiment. In: HEDEGAARD, M.; FLEER, M. Studying children. A cultural-historical approach. London: Open University Press, 2008. p. 181-201.

IANNI, O. Dialética e capitalismo. Petrópolis: Vozes, 1988.

KLINGBERG, L. Introducción a la didáctica general. Havana: Editorial Pueblo y Educción, 1978.

KOPNIN, P. V. A dialética como lógica e teoria do conhecimento. Rio de Janeiro: Civilização Brasileira, 1978.

KOSIK, K. Dialética do concreto. Rio de Janeiro: Paz e Terra, 1976.

KRAPÍVINE, V. Filosofia marxista-leninista: fundamentos científicos e métodos de estudo. Moscou: Edições Progresso, 1984.

LEONTIEV, A. N. Actividad, conciencia y personalidad. Buenos Aires: Ciencias del Hombre, 1978.

LEONTIEV, A. N. Actividad, conciencia, personalidad. La Habana: Editorial Pueblo y Educación, 1983.

LEONTIEV, A. N. Desenvolvimento do psiquismo. São Paulo: Centauro, 2004.

LIBÂNEO, J. C. Didática e prática histórico-social: uma introdução aos fundamentos do trabalho docente. Revista da Associação Nacional de Educação (Ande), São Paulo, n. 8, 1984.

LIBÂNEO, J. C. Democratização da escola pública: a pedagogia crítico-social dos conteúdos. São Paulo: Loyola, 1985.

LIBÂNEO, J. C. Didática. São Paulo: Cortez, 1990a.

LIBÂNEO, J. C. Fundamentos teóricos e práticos do trabalho docente: estudo introdutório sobre Pedagogia e Didática. 1990. Tese (Doutorado) — Pontifícia Universidade Católica de São Paulo, São Paulo, 1990b.

LIBÂNEO, J. C. A didática e a aprendizagem do pensar e do aprender: a teoria histórico-cultural da atividade e a contribuição de Vasili Davydov. *Revista Brasileira de Educação* (ANPEd), Rio de Janeiro, n. 27, p. 5-27, dez. 2004.

LIBÂNEO, J. C. A teoria do ensino para o desenvolvimento humano e o planejamento de ensino. *Educativa*, Goiânia, v. 19, n. 2, p. 353-387, maio/ago. 2016.

LIBÂNEO, J. C.; FREITAS, R. A. M. M. Vasily Vasilyevich Davydov: a escola e a formação do pensamento teórico-científico. *In*: LONGAREZI, A.; PUENTES, R. V. (org.). *Ensino desenvolvimental*: vida, pensamento e obra dos principais representantes russos. Uberlândia: Edufu, 2013. v. 1.

LIBÂNEO, J. C.; FREITAS, R. A. M. M. Abstração, generalização e formação de conceitos no processo de ensino-aprendizagem. *In*: PUENTES, R. V.; LONGAREZI, A. M. (org.). *Ensino desenvolvimental*: sistema Elkonin-Davídov-Repkin. Uberlândia: Mercado de Letras; Edufu, 2019a.

LIBÂNEO, J. C.; FREITAS, R. A. M. M. Mariane Hedegaard's contribution to developmental didactics and to pedagogical research in the Brazilian context. *In*: EDWARDS, A.; FLEER, M.; BOTTCHER, L. (eds.). *Cultural-historical approaches to studying learning and development*. Singapore: Springer, 2019b.

LIBÂNEO, J. C.; FREITAS, R. A. M. M. O experimento didático formativo na perspectiva da teoria do ensino desenvolvimental. *Educação e Pesquisa*, São Paulo, v. 48, p. 1-19, 2022.

LOMPSCHER, J. Learning activity and its formation: ascending from the abstract to the concret. *In*: HEDEGAARD, M.; LOAMPSCHER, J. (eds.). *Learning activity and development*. Aarhus: Aarhus University Press, 1999. p. 139-166.

LONGAREZI, A.; PUENTES, R. V. (org.). *Ensino desenvolvimental*: vida, pensamento e obra dos principais representantes russos. Uberlândia: Edufu, 2013. v. 1.

LURIA, A. *et al. Psicologia e pedagogia I*. Lisboa: Estampa, 1977.

MANACORDA, M. A. *Marx y la pedagogía moderna*. Barcelona: Oikos-Tau, 1969.

MANACORDA, M. *El principio educativo en Gramsci*. Salamanca: Sigueme, 1977.

MOURA, M. O. (org.). *A atividade pedagógica na teoria histórico-cutural*. Brasília: Liber Livro, 2010.

NÚÑEZ, I. B. *Vygotsky, Leontiev, Galperin*: formação de conceitos e princípios didáticos. Brasília: Liber Livro, 2009.

NÚÑEZ, I. B.; RAMALHO, B. L. *Galperin e a teoria de formação planejada por etapas das ações mentais e dos conceitos*: pesquisas e experiências para um ensino inovador. Campinas: Mercado de Letras, 2018.

PALÁCIOS, J. *La cuestión escolar*. Barcelona: Laia, 1984.

PETROVSKY, A. (org.). *Psicología evolutiva y pedagógica*. Moscou: Editorial Progresso, 1979.

PONCE, A. *Educação e luta de classes*. São Paulo: Cortez; Autores Associados, 1982.

PUENTES, R. V.; CARDOSO, C. G. C.; AMORIM, P. A. P. (org.). *Teoria da atividade de estudo*: contribuições de D. B. Elkonin, V. V. Davidov e V. V. Repkin. 3. ed. Curitiba: CRV; Uberlândia: Edufu, 2019.

PUENTES R. V.; LONGAREZI, A. M. (org.). *Ensino desenvolvimental*: sistema Elkonin-Davidov-Repkin. Campinas: Mercado de Letras; Uberlândia: Edufu, 2019.

PUENTES, R. V.; MELLO, S. A. (org.). *Teoria da atividade de estudo*: contribuições de pesquisadores brasileiros e estrangeiros. Uberlândia: Edufu, 2019.

RUBTSOV, V. A atividade de aprendizado e os problemas referentes à formação do pensamento teórico dos escolares. *In*: GARNIER, C.; BEDNARZ, N.; ULANOVSKAYA, I. (org.). *Após Vygotsky e Piaget*: perspectivas social e construtivista — escola russa e ocidental. Porto Alegre: Artes Médicas, 1996.

SAVIANI, D. *Escola e democracia*. São Paulo: Cortez; Autores Associados, 1983a.

SAVIANI, D. Tendências e correntes da educação brasileira. *In*: TRIGUEIRO, D. A. *Filosofia da educação no Brasil*. Rio de Janeiro: Civilização Brasileira, 1983b.

SAVIANI, D. *Pedagogia histórico-crítica*: primeiras aproximações. Campinas: Autores Associados, 1995.

SEVERINO, A. J. *Educação, ideologia e contra-ideologia*. São Paulo: EPU, 1986.

SFORNI, M. S. F. A trajetória da didática no Brasil e sua (des)articulação com a teoria histórico-cultural. *Revista HISTEDBR*, on-line, v. 15, p. 87, 2015.

SILVA, E.; LIBÂNEO, J. C. Atividade de estudo e desenvolvimento humano: a metodologia do duplo movimento no ensino. *Obutchénie*: Revista de Didática e Psicologia Pedagógica. Uberlândia, v. 5, n.3, p.700-725, set./dez. 2021.

SNYDERS, G. *Pedagogia progressista*. Coimbra: Almedina, 1974.

SUCHODOLSKI, B. *Teoría marxista de la educación*. Ciudad de México: Grijalbo, 1966.

SUCHODOLSKI, B. *La educación humana del hombre*. Barcelona: Laia, 1977.

VÁZQUEZ, A. S. *Filosofia da práxis*. Rio de Janeiro: Paz e Terra, 1977.

VYGOTSKY, L. S. *A formação social da mente*. São Paulo: Martins Fontes, 1984.

VYGOTSKY, L. S. *Pensamento e linguagem*. São Paulo: Martins Fontes, 1987.

ZUCKERMAN, G. A. Developmental education: a genetic modeling experiment. *Journal of Russian and East European Psychology*, v. 49, n. 6, p. 45-63, 2011.

ZUCKERMAN, G. A. Developmental education. *In*: YASNITSKY, A.; VAN DER VEER, R.; FERRARI, M. *The Cambridge Handbook of cultural-historical psychology*. Cambridge: Cambridge University Press, 2014.

CAPÍTULO 3

Didática Desenvolvimental:
os fundamentos de uma
perspectiva crítica brasileira[1]

Andréa Maturano Longarezi
Roberto Valdés Puentes

A Didática Desenvolvimental é uma ciência interdisciplinar vinculada à Psicologia Pedagógica que se ocupa da organização dos processos em sala de aula voltados para o desenvolvimento das máximas potencialidades psíquicas humanas. Desse modo, tem a organização adequada dos processos *como objeto*, o desenvolvimento psíquico do estudante *como finalidade* e a aprendizagem *como condição*.

Essa ciência emerge no contexto da antiga União Soviética, no final dos anos de 1950, a partir de uma concepção psicológica materialista

---

1. O presente capítulo aborda de maneira sintetizada o processo de gênese e consolidação da Didática Desenvolvimental em âmbito internacional, a partir da análise dos aspectos teóricos mais relevantes do sistema Elkonin-Davidov-Repkin e de suas três variantes mais proeminentes: o Grupo de Moscou, o Grupo de Kharkiv e o Grupo de Berlim. O estudo do processo de recepção, apropriação e transformação da Didática Desenvolvimental no âmbito brasileiro será objeto de publicações futuras.

histórico-dialética. Os fundamentos dessa abordagem remontam aos anos de 1860 e 1957, com os trabalhos de K. D. Ushinsky, P. P. Blonsky e K. N. Kornilov, cuja produção Pré-Vigotski e contemporânea a L. S. Vigotski foi essencial para a consolidação da psicologia pedagógica. Aquela que se constitui no terreno fértil onde nascem as bases da psicologia soviética, origem da perspectiva desenvolvimental de educação.

Essa psicologia, designada histórico-cultural, tem sua gênese em meados de 1920, com os trabalhos iniciais de L. S. Vigotski; em seguida, a esses somam-se os de A. R. Luria, A. V. A. V. Zaporozhets, V. P. Zinchenko, L. I. Bozhovich e A. N. Leontiev; além de outros psicólogos que trabalharam com eles, bem como dos que trabalharam de maneira paralela, como é o caso de S. L. Rubinstein. Como parte dessa grande escola, surgiram várias teorias psicológicas: 1) da atividade; 2) da personalidade; 3) da subjetividade; 4) macrocultural; 5) radical-local teaching and learning; e 6) clínica da atividade (LONGAREZI, 2023a).

As teorias pedagógicas desenvolvimentais, por sua vez, começam a ser sistematizadas como perspectivas didáticas décadas depois, a partir de 1957, com os trabalhos experimentais de L. V. Zankov (AQUINO, 2013; 2017; FEROLA, 2019; 2020a; 2020b; FEROLA; LONGAREZI, 2021; LONGAREZI; FEROLA, 2023; LONGAREZI, 2023b; PUENTES; AQUINO, 2018; PEREIRA; RESENDE; AQUINO, 2023), D. B. Elkonin, V. V. Davidov, P. Ya. Galperin, N. F. Talizina, entre outros (NÚÑEZ; LEÓN; RAMALHO, 2020; MENDOZA; TINTORER, 2021; MARCO, CEDRO, LOPES, 2021; LONGAREZI; PUENTES, 2021).

Esse processo se consolida na década de 1980, depois de mais de 20 anos de trabalho em escolas experimentais, quando se tem oficialmente seu reconhecimento como orientação pedagógica alternativa nas escolas de massa em várias repúblicas soviéticas.

O enfoque desenvolvimental orienta-se a partir das três teses centrais elaboradas por L. S. Vigotski a respeito da relação entre aprendizagem e desenvolvimento psíquico. Primeira, a de que a educação pode estar à frente do desenvolvimento e impulsioná-la; segunda, a de que isso ocorre na zona de desenvolvimento possível do estudante; e terceira, que o papel do professor não é instrucional, mas de organização do meio social de estudo, orientação e colaboração na zona de desenvolvimento possível do aluno.

Desse modo, podemos compreender que a abordagem produzida por L. S. Vigotski e pelos vários grupos que trabalharam na edificação da psicologia histórico-cultural consiste em uma teoria psicológica do desenvolvimento. Por sua vez, a teoria didática do desenvolvimento só foi produzida posteriormente, tendo em vista a organização adequada da aprendizagem que promove o desenvolvimento psíquico.

Esse enfoque chega ao Brasil na década de 1990 como perspectiva alternativa aos modelos instituídos. Desde então, tem estado voltado para a formação e o desenvolvimento psíquico do humano e da sociedade, inserido no movimento da didática crítica nacional. Durante as três décadas de sua disseminação no país, foram se consolidando iniciativas educativas em diferentes contextos escolares, com um crescimento significativo por estudos na área.[2] Hoje já se tem mais de 115 grupos de pesquisa que abordam o enfoque histórico-cultural e/ou desenvolvimental cadastrados no CNPq (ASBAHR; OLIVEIRA, 2021), o que evidencia a significativa expansão das pesquisas com o enfoque crítico da didática desenvolvimental.

Estudos recentes no país têm evidenciado a natureza complexa e heterogênea dessa abordagem desenvolvimental (PUENTES, 2022; 2023a; LONGAREZI, 2019; 2020). No contexto soviético, foram produzidos diferentes sistemas didáticos alternativos desenvolvimentais[3]

---

2. Dentre os quais, incluem-se, por exemplo, Libâneo (2004), Libâneo e Freitas (2013), Moura (2016), Moura, Araujo e Serrão (2019), Cedro, Moretti e Moraes (2019), Longarezi (2017; 2019; 2020), Longarezi e Dias de Sousa (2019), Franco, Souza e Ferola (2019), Rosa *et al.* (2013), Puentes (2017; 2019), Puentes e Longarezi (2019; 2020; 2021; 2022) etc.

3. Sistema didático consiste em um "[...] conjunto inter-relacionado dos objetivos educacionais com os princípios de sua organização, os conteúdos da educação, as [...] formas organizacionais e os métodos de ensino; condicionados ao alcance dos objetivos de aprendizagem adotados pela comunidade educativa (Valeev; Zinnatova, 2013, p. 17)" (PUENTES; LONGAREZI, 2020, p. 5). Sistema didático alternativo corresponde àqueles sistemas que surgem em oposição ao oficial ou tradicional existente. Os sistemas didáticos alternativos desenvolvimentais se configuram como um tipo alternativo que se caracteriza por sua natureza e finalidade: a de desenvolver as capacidades humanas dos estudantes.

com suas respectivas orientações metodológicas. Os três mais difundidos internacionalmente são os sistemas Zankov, Galperin-Talízina e Elkonin-Davidov-Repkin.[4]

Os precursores e elaboradores desses sistemas tinham interpretações diferentes de algumas teses de L. S. Vigotski, o que conduziu a experimentações de objetos e processos distintos, orientadas por finalidades específicas. O Sistema Zankov teve por objetivo o desenvolvimento geral de qualidades, tais como a inteligência, os sentimentos e os valores morais; o Sistema Galperin-Talízina, o desenvolvimento gradual dos processos mentais; o Sistema Elkonin-Davidov-Repkin, a formação e o desenvolvimento do pensamento teórico ou do sujeito que pensa.

O Sistema Zankov, estruturado com o objetivo de promover o desenvolvimento geral ótimo do estudante, em suas dimensões cognitiva, volitiva e afetiva, propôs um conjunto de princípios didáticos e orientações metodológicas (FEROLA; LONGAREZI, 2021). Seu foco esteve na estruturação de métodos específicos para a aprendizagem dos conteúdos das diversas áreas do conhecimento humano, com potencialidades na promoção não apenas do desenvolvimento do pensamento, mas também da formação integral do estudante.

L. V. Zankov e seus colaboradores compreenderam que os padrões integrais de desenvolvimento precisam incluir habilidades educativas universais reguladoras (desenvolvimento da vontade); habilidades educativas cognitivas universais (desenvolvimento mental); e habilidades educativas universais pessoais e comunicativas (desenvolvimento de sentimentos e valores morais).

Sob essa perspectiva, o sistema estabeleceu como princípios didáticos: (1) a aprendizagem com um alto nível de dificuldade; (2) o papel principal do conhecimento teórico; (3) o avanço em ritmo acelerado no estudo do material planejado; (4) a conscientização do processo de aprendizagem por parte dos estudantes; e (5) o desenvolvimento da

---

4. Sobre os sistemas didáticos alternativos desenvolvimentais soviéticos, incluindo os critérios para sua identificação, ver em Puentes e Longarezi (2020).

classe de estudantes como um todo. A proposta metodológica produzida no contexto desse sistema reúne quatro importantes qualidades pedagógicas: (1) a multilateralidade, (2) o caráter do processo, (3) as colisões e (4) a variabilidade. O método produzido prevê: (1) a formação de coletivos; (2) a relação amigável entre professores e alunos; (3) o foco no pensamento independente dos estudantes; e (4) o papel ativo do estudante no processo de aprendizagem (ZANKOV, 1968; 1975).

O sistema Galperin-Talízina, por sua vez, motivado pelo estudo do desenvolvimento gradual dos processos mentais, produziu uma "teoria da formação de ações mentais e conceitos científicos por etapas", capaz de compreender como a atividade prática externa é interiorizada e adquire a forma de atividade mental interna.

Por essa razão, a teoria produzida no contexto do Sistema Galperin-Talízina priorizou descobrir, fixar e caracterizar as etapas no processo de formação das ações mentais: (1) motivacional; (2) base orientadora da ação (BOA); (3) material ou materializada; (4) linguagem verbal externa; (5) linguagem verbal interna; e (6) ação mental (GALPERIN, 1995; 2001).

Em seu sentido geral, é possível sintetizá-las da seguinte maneira: a etapa motivacional acompanha todo o processo de formação das ações mentais. A base orientadora da ação (BOA), por sua vez, consiste na projeção do processo de formação, ou seja, corresponde à imagem da ação que o sujeito vai realizar, imagem do produto final, ligada tanto aos procedimentos quanto ao sistema de condições exigidas para a ação. A etapa da formação da ação no plano material ou materializado compreende a realização detalhada da ação em uma relação direta com o objeto, seja sob a forma material, seja de sua representação. Na etapa da linguagem verbal, primeiro externa e depois interna, a ação não ocorre com o apoio em objetos ou suas representações, exprime-se mediada por recursos da linguagem. Aqui, o trabalho se eleva a um nível de abstração que dispensa o objeto, porém ainda se faz necessária a fala como modo de apreensão dele. Por fim, a ação no plano mental consiste na fala interna, no conceito como atividade mental no mais elevado grau de abstração.

Quanto ao sistema Elkonin-Davidov-Repkin, com o objetivo de desenvolver o pensamento teórico e/ou o sujeito que pensa teoricamente, resultou na estruturação da "teoria da atividade de estudo" e de dez outras teorias auxiliares: (1) teoria do diagnóstico; (2) da generalização; (3) do pensamento teórico; (4) da ascensão do abstrato ao concreto; (5) da cooperação; (6) da comunicação; (7) da transição de um nível para outro; (8) da modelagem; (9) da formação de professores; e (10) do experimento formativo (ZUCKERMAN, 2011; DAVIDOV, 1991[2019b]).

A teoria da atividade de estudo e as teorias auxiliares foram produzidas como parte desse sistema didático a partir da teoria psicológica da atividade, com foco nos princípios da atividade principal desenvolvida pelo psicólogo soviético A. N. Leontiev, a atividade de estudo.

D. B. Elkonin e V. V. Davidov, considerados os precursores do sistema, começam um importante trabalho experimental na escola 91º, de Moscou, e acabam por expandi-la para numerosas instituições de educação soviéticas de Dushanbe, Kharkiv, Tula, Ufa, Volgogrado e Vila de Médnoe; ultrapassadas as fronteiras de países da Comunidade dos Estados Independentes (CEI), com trabalhos na Alemanha Oriental, Israel, Vietnã, Japão, Cuba, Canadá, Inglaterra, Dinamarca, e Estados Unidos (DAVIDOV, 1986 [2019d]; 1988a, 1988b). Por sua abrangência e diversidade constituíram-se, assim, variantes do sistema, desde a que se origina em Moscou até as que vão se constituindo em Kharkiv, Kiev, Tula, Riga, Volgogrado, Berlim etc.

O processo de recepção, assimilação e transformação no Brasil da didática desenvolvimental tem crescido significativamente nos últimos 30 anos, especialmente nas duas décadas do século XXI. E, apesar de os sistemas Zankov e Galperin-Talízina terem ocupado um espaço cada vez mais proeminente no interior da agenda dos grupos de pesquisas vinculados a diversos programas de pós-graduação, o sistema Elkonin-Davidov-Repkin é, por diversas razões, o que maior influência tem exercido no contexto da escola de educação básica e superior.

A didática desenvolvimental na perspectiva do sistema Elkonin-Davidov-Repkin

Da mesma forma que a Didática Desenvolvimental constitui um movimento teórico e/ou prático heterogêneo surgido, a partir da década de 1950, com base nas diferentes maneiras de interpretação das teses fundamentais de L. S. Vigotski a respeito do papel da educação adequada no desenvolvimento psíquico, no interior do sistema didático D. B. Elkonin-V. V. Davidov-V. V. Repkin surgiram e se consolidaram diversas variantes de acordo com o entendimento que foi sendo produzido na pesquisa sobre, entre outras questões, a concepção do sujeito que aprende, o objetivo da didática, o conteúdo e a estrutura da atividade de estudo, bem como as formas mais adequadas de organizar o desenvolvimento psíquico das crianças. Aqui trataremos de três em particular, as dos grupos de Moscou, Kharkiv e Berlim.

A Didática Desenvolvimental na perspectiva do Grupo de Moscou e de V. V. Davidov

A gênese, a consolidação e o desenvolvimento do Grupo de Moscou estão relacionados a seis eventos relevantes e ao trabalho de pelo menos 13 psicólogos importantes: (1) a consolidação do processo de recuperação econômica da ex-URSS após uma década de concluída a Segunda Guerra Mundial; (2) a morte de J. V. Stalin (1953) que põe fim a um longo período de censura e repressão a obras e autores importantes; (3) a nomeação de D. B. Elkonin, no mês de setembro de 1953, para o cargo de funcionário em tempo integral do Instituto de Psicologia da Academia de Ciências Pedagógica da RSFSR (atual Instituto de Psicologia da Academia Russa de Educação), onde trabalhou até o fim de sua vida; (4) a publicação, a partir de 1956, das principais obras de L. S. Vigotski, inclusive daquelas em que aborda a relação entre aprendizagem e desenvolvimento; (5) o início em 1956 de um longo processo de reconstrução da escola politécnica de educação geral e o novo sistema de educação; (6) o estabelecimento da figura da "Escola Experimental" como parte desse processo de reconstrução educacional; (7) aos nomes de D. V. Elkonin, V. V. Davidov, V. I. Slobodchikov, A. K. Márkova, A. I. Aidarova, L. A. Radzikhosky, A. Z. Zak, L. A. Ponomariev, K.V. Bardin, E. E. Shuleshko, E. A. Faraponova, K. P. Maltseva e P. M. Iakobson, entre outros.

D. B. Elkonin fundou, em 1959, o Laboratório de Psicologia da Criança em Idade Escolar do Instituto de Psicologia. A criação e a chefia do Laboratório, a restruturação do sistema nacional de educação que traz a figura da "Escola Experimental" e os resultados das pesquisas teóricas sobre desenvolvimento psíquico, atividade de estudo e formação da personalidade, criaram as bases para o desenho das primeiras pesquisas experimentais, no próprio ano de 1959, tendo por cede a escola n. 91, de Moscou[5] (LAZARETTI, 2017; PUENTES, 2017; LOPES, 2020).

A ideia inicial era confirmar experimentalmente a tese teórica de L. S. Vigotski sobre o papel essencial da aprendizagem das crianças no desenvolvimento psíquico e expor as leis psicológicas da didática desenvolvimental. Partiu-se da hipótese de que as bases da consciência e do pensamento teórico se formam nos alunos de menor idade durante a assimilação de conhecimentos e operações no processo da atividade de estudo. Os resultados validaram a importância dessa atividade na idade escolar inicial para o desenvolvimento psíquico do sujeito.

A magnitude e a originalidade da contribuição teórica, metodológica e prática do Grupo de Moscou são amplamente reconhecidas no contexto brasileiro. Seus aportes mais significativos ao sistema se deram fundamentalmente por intermédio da obra de V. V. Davidov

---

5. A escola n. 91 foi fundada em 1936 com base no 5º Ginásio de Moscou, onde estudaram Vladimir Maiakovski, Ivan Ilyin e Boris Pasternak. Inicialmente, a escola estava localizada em um prédio no cruzamento da rua Povarskaya (Vorovsky) e Bolshaya Molchanovka. Na década de 1950, durante a construção da Kalininsky Prospekt, o antigo prédio da escola foi demolido. Em 1955, foi construído um novo prédio de blocos para a escola de acordo com o projeto padrão T-2, no qual está localizado até hoje.

em três direções distintas, mas complementares: (1) o conceito de atividade de estudo; (2) o conteúdo da atividade de estudo; (3) a estrutura da atividade de estudo.[6]

O conceito de atividade de estudo

O termo atividade de estudo começou a ser bastante demandado no interior da psicologia histórico-cultural soviética na década de 1940 por autores como, por exemplo, A. N. Leontiev, S. L. Rubinstein e L. I. Bozhovich. A. N. Leontiev estabeleceu o conceito de "atividade principal" e identificou o tipo particular que correspondia a cada um dos períodos do desenvolvimento humano. Contudo, o conceito de atividade de estudo só seria teoricamente desenvolvido pelos representantes do sistema psicológico-didático desenvolvimental Elkonin-Davidov-Repkin, mais de uma década depois, provavelmente no próprio final dos anos de 1950.[7]

Há pelo menos três textos em que Davidov (1979[2019a], 1991[2019b], 1996[2019c]) apresenta a sua compreensão da atividade de estudo. No primeiro, esclarece que a definição não pode ser identificada com o conceito mais amplo de "assimilação", pois "somente dentro da atividade propriamente de estudo os processos de assimilação intervêm como seu objeto direto e como sua tarefa" (DAVIDOV, 1979[2019a], p. 172). Com base em A. N. Leontiev e D. B. Elkonin, reconheceu que esse tipo de atividade é principal para os escolares dos anos iniciais do nível fundamental entre os sete e dez anos de vida, dado que no seu interior surgem as neoformações correspondentes e, ao mesmo tempo, determina no período em questão o caráter dos demais tipos de atividade.

---

6. Os textos analisados estão disponíveis em português nos livros de Puentes, Cardoso e Amorim (2019) e Puentes e Mello (2019).

7. De acordo com Davidov (1996[2019c]), nenhum dos outros sistemas de aprendizagem desenvolvimental (Zankov, Amonashvili, Bibler, Tarasova) se estabeleceu com o objetivo de levar em consideração o conceito de atividade de estudo.

No segundo texto, escrito com Márkova e publicado em 1981 (DAVIDOV; MÁRKOVA, 1981[2021]), V. V. Davidov amplia sua apreciação a respeito do conceito de atividade de estudo ao agregar as seguintes qualidades ao conceito: (1) a noção de "conceito de atividade de estudo" é bem relativa; (2) entende-se por esse conceito uma abordagem teórica de uma série de estudos, que se estende por mais de 20 anos, com base em experimento didático-psicológico, que conduziu à reforma dos programas escolares dos anos iniciais do nível fundamental; (3) o "conceito de atividade de estudo" é uma das abordagens aplicadas ao processo de aprendizagem usada na psicologia soviética que se realiza sobre a base da tese marxista, que estabelece a condicionalidade histórico-social do desenvolvimento psíquico e da personalidade da criança (L. S. Vigotski); (4) esse conceito se formou a partir de uma dos princípios dialético-materialistas fundamentais da psicologia soviética (o princípio da unidade da psique e a atividade de S. L. Rubinstein e A. N. Leontiev), no contexto da teoria psicológica da atividade (A. N. Leontiev) e em estreita vinculação com a teoria da formação por etapas das ações mentais e dos tipos de aprendizagem de P. Ya. Galperin, N. F. Talízina e colaboradores; (5) o termo "atividade" é entendido, no sentido amplo, como o elo interno do processo de aprendizagem, mas não como o conjunto das funções psíquicas isoladas, e sim como a atividade do aluno na condição de sujeito, de personalidade, no sentido mais específico, como a atividade interna do sujeito que é portadora de certa estrutura (por um lado, "atividade-ação-operação" e, por outro, "motivo-objetivo-condição").

Nesse trabalho, V. V. Davidov faz uma afirmação a respeito do "conceito da atividade de estudo" que pode ser considerado seu aporte mais significativo a respeito da questão em discussão.

> A peculiaridade do conceito de atividade de estudo consiste no desejo de abordar a análise da transição da atividade para seu "produto subjetivo" — na análise de novas formações, mudanças qualitativas na psique da criança, seu desenvolvimento intelectual e moral (DAVIDOV; MÁRKOVA, 1981[2021]), p. 194).

O estudo era para V. V. Davidov a atividade na qual a aprendizagem que acontece tem como objetivo a transformação psíquica (novas formações, mudanças qualitativas na psique, desenvolvimento intelectual) e subjetiva (personalidade, moral) do sujeito dela por intermédio da assimilação do conteúdo escolar. Essa tese fica ainda mais clara quando o autor procura responder, em um texto da segunda metade da década de 1990 (DAVIDOV, 1996[2019c]), à pergunta que D. B. Elkonin estabeleceu para ele e para um grupo de jovens pesquisadores no final da década de 1950: o que é a Atividade de Estudo? A respeito, V. V. Davidov escreveu:

> O conceito de atividade de estudo destrói essa concepção — refere-se ao estudo na forma de associação, visualização, palavra e exercício — do ato de estudo. Os conceitos básicos da atividade de estudo são: tarefas e ações. Lembre-se de que esses conceitos, mesmo no contexto terminológico, não existem na teoria tradicional de ensino.
> [...]
> A primeira diferença entre a atividade de estudo e a tradicional consiste no seguinte: de acordo com a teoria tradicional, os alunos recebem os conhecimentos prontos do livro didático. Na teoria da atividade de estudo o professor não possui tal conhecimento de maneira acabada. Quem deve ter esse conhecimento é o metodólogo, mas os professores inteligentes também devem tê-lo e, ao mesmo tempo, fazê-lo surgir enquanto os alunos assimilam os conhecimentos no próprio processo da atividade de estudo (DAVIDOV, 1996[2019c], p. 252-258).

Com isso, V. V. Davidov completa seu conceito de atividade de estudo ao afirmar que esse tipo de atividade estava composto pelas tarefas e pelas ações. Ao mesmo tempo, estabelece como necessidade o fato de que os conhecimentos escolares não podem ser aprendidos de maneira pronta, mas no próprio processo de sua assimilação, enquanto o aluno na condição de sujeito reconstrói o percurso pelo qual o cientista produziu o conhecimento científico. Davidov (1986[2019d], p. 217) escreveria que na "atividade de estudo, os alunos reproduzem o processo real pelo qual os homens criaram os conceitos, as imagens, os valores e as normas sociais".

O conteúdo da atividade de estudo

Inspirado nas teses teóricas de L. S. Vigotski a respeito da relação dialética entre aprendizagem e desenvolvimento, D. B. Elkonin, desde a década de 1960, tinha abordado a função e a importância dos conteúdos na aprendizagem desenvolvimental. A respeito, chegou a escrever que "é muito importante a ideia de L. S. Vigotski de que a aprendizagem tem influência sobre o desenvolvimento intelectual da criança *por meio do conteúdo do conhecimento a assimilar*" (ELKONIN, 1966, p. 47-48, destaques nossos).

V. V. Davidov estava alinhado com as teses de D. B. Elkonin a respeito do conteúdo da atividade de estudo. Por esse motivo, em um primeiro período, definiu o conteúdo como os "modos generalizados de ação", porque favoreciam a formação de habilidades que permitem que as crianças "reproduzam e consolidem em modelos uma relação singular das coisas que aparece ao mesmo tempo como assento geral das manifestações particulares do sistema estudando" (DAVIDOV, 1972, p. 408).

Um ano depois, Davidov (1980[2019e]) atualizou consideravelmente a sua concepção ao admitir que, além do domínio dos modos generalizados de ação, o conteúdo estava basicamente constituído pelos **conceitos científicos** e pelas **leis da ciência**. E ao atualizá-la mais uma vez no ano seguinte, quando afirma que o conteúdo da atividade de estudo devia ser a "assimilação dos modos generalizados de ação na esfera dos conceitos científicos e as mudanças qualitativas no desenvolvimento psíquico da criança que acontecem sobre essa base" (Davidov; Márkova, 1981[2021]).

Com isso, o produto final, isto é, a transformação do aluno, passava a aparecer explicitamente também no conteúdo da atividade de estudo, de acordo com V. V. Davidov. Ao mesmo tempo, reafirma-se aquilo que passaria a ser o foco fundamental da didática desenvolvimental e da atividade de estudo, pelo menos no que se refere ao ponto de vista dos representantes do sistema no grupo de Moscou até a segunda metade da década de 1990, isto é, o desenvolvimento do pensamento teórico como conteúdo de ambas as teorias. Davidov (DAVIDOV; MÁRKOVA, 1981[2021], p. 204) escreveria que "a formação do pensamento teórico dos estudantes é o foco da atividade de estudo".

Na fase final de sua vida, Davidov (1998[2019f]) mudou de maneira radical seu posicionamento teórico a respeito do papel da reflexão, do pensamento e da tarefa na atividade psicológica geral, e passou a priorizar a esfera das necessidades, desejos e emoções de uma pessoa no processo de sua constituição humana. A relevância fundamental desse novo posicionamento está, precisamente, no fato de ter elevado essa temática a um patamar científico nunca antes atingido no interior da teoria da atividade psicológica geral, com efeitos diretos na atividade de estudo, ao abordar a unidade entre o cognitivo e o afetivo. Davidov (1998[2019f]) revela que por trás de uma pessoa que pensa há sempre alguém com necessidades, motivos, sentimentos, desejos e emoções; que por trás do ato de pensar está a vida mesma, aproximando-se significativamente de uma noção integral do sujeito.

A estrutura da atividade de estudo

Sempre existiram variações significativas entre os representantes do sistema Elkonin-Davidov-Repkin a respeito da estrutura da atividade de estudo. Elas foram evidentes no caso específico de V. V. Davidov, cujo pensamento passou por três momentos diferentes. Na fase inicial, Davidov (1972) especificou e esclareceu o conceito de estrutura da atividade de estudo no processo de análises dos tipos de generalização do pensamento teórico dos alunos, ao estabelecer que ela refletia as ações que garantiam a solução da tarefa de estudo.

No final dessa fase, Davidov (1979[2019a]) retoma aspectos específicos da estrutura da atividade. Analisa alguns dos componentes fundamentais da atividade de estudo, isto é, o sistema de ações particulares para a resolução da tarefa de estudo. A sua maior contribuição esteve na enumeração de ações básicas de estudo que não tinham sido identificadas até então: (1) transformação da situação para colocar de manifesto a relação geral do sistema que se analisa; (2) modelagem da relação assinalada em forma gráfica e simbólica; (3) transformação do modelo da relação para o estudo de suas propriedades em forma pura; (4) distinção e organização de uma série de tarefas práticas concretas particulares, que se resolvem pelo modo generalizado de ação; (5) controle do cumprimento das ações anteriores; (6) avaliação da assimilação do modo generalizado de ação como resultado da solução da tarefa de estudo em questão.

Na segunda fase, V. V. Davidov aborda novamente a estrutura da atividade de estudo. No artigo escrito com Márkova (DAVIDOV; MÁRKOVA, 1981[2021]), há uma novidade: V. V. Davidov, ainda quando manteve os componentes da estrutura definida na etapa inicial, incorpora o aspecto dos motivos cognitivos de estudo como parte da tarefa de estudo. Assim, a estrutura da atividade de estudo fica da seguinte maneira: (1) tarefa de estudo; (2) ações de estudo; (3) ações de controle; (4) ações de avaliação.

Contudo, é no seu livro intitulado *Problema da aprendizagem desenvolvimental* que Davidov (1986) faz a maior reformulação da estrutura da atividade de estudo nessa fase. Entre as questões relevantes a ressaltar estão, por um lado, a definição dos conhecimentos teóricos como conteúdo da atividade de estudo; por outro, a especificação dos componentes estruturais da atividade de estudo, a saber: (1) as necessidades; (2) os motivos; (3) as tarefas; (4) as ações; (5) as operações, bem como a definição que faz de alguns deles.

Se, por uma parte, essa proposta manifesta o modo particular de V. V. Davidov enxergar a estrutura da atividade de estudo, diferentemente em alguns aspectos das propostas de D. B. Elkonin, guarda com elas estreita relação. Além disso, reafirma o movimento iniciado nos períodos anteriores de aproximação da estrutura dessa atividade específica com a estrutura da atividade psicológica geral elaborada por Leontiev (1975[1985]). O texto de Davidov (1986[2019d]) avança na caracterização das peculiaridades da ação de estudo por diversas vezes abordada em outros trabalhos precedentes, mas nunca de maneira tão explícita. De acordo com o autor, essa ação se subdivide, por sua vez, em outras quatro ações: (1) a *ação inicial* (principal), que consiste na transformação dos dados da tarefa de estudo, com a finalidade de colocar em evidência determinada relação universal do objeto dado; (2) a *ação de modelagem* em forma objetal, gráfica ou com signos da relação universal diferenciada; (3) a *ação de transformação do modelo* com o objetivo de estudar a propriedade da relação universal do objeto que tem sido diferenciada; (4) a *ação de dedução e construção* de um determinado sistema de tarefas particulares. Entretanto, surpreendentemente, V. V. Davidov não descreve o novo componente que incorpora à estrutura da Atividade de Estudo, é dizer, as operações.

Na terceira fase, o aspecto mais relevante de V. V. Davidov a respeito da estrutura da atividade de estudo foi a elaboração de uma nova abordagem para a compreensão da estrutura e do conteúdo da atividade psicológica geral, cujo foco esteve na dimensão emocional dessa atividade. Há dois textos de Davidov (1991[2019b], 1998[2019f]) que permitem captar o nível de desenvolvimento atingido pelo pensamento do autor a respeito de toda a problemática envolvendo, em primeiro lugar, as teorias da aprendizagem desenvolvimental e da atividade de estudo; em segundo lugar, a estrutura da atividade, não especificamente de estudo, mas psicológica geral.

O texto que abre este último momento, com um balanço objetivo e crítico do estado atual atingido pela teoria depois de 30 anos de desenvolvimento contínuo. Nele, Davidov (1991[2019b]), entre muitos outros problemas da teoria, dá destaque para três deles: (1) a necessidade de aumentar as pesquisas sobre as características psicológicas do sujeito da atividade, uma vez que a atenção principal tinha sido dada à estrutura da própria atividade de estudo, à natureza da tarefa de estudo, assim como à sua manifestação nas disciplinas escolares específicas; (2) a necessidade de pesquisar melhor e de maneira mais sistemática os motivos, pois a esfera necessidade-motivacional do sujeito dessa atividade tinha sido pouco analisada e a maioria dos estudos existentes foi feita por meio de observações, o que permitiu descrever apenas as características externas dessa esfera; (3) a necessidade de estudar a conexão existente entre a formação da atividade de estudo do aluno e o desenvolvimento de sua personalidade.

Esses três problemas colocam de manifesto a questão de que se bem as necessidades e os motivos já tinham passado a integrar a estrutura da atividade de estudo desde a primeira metade da década de 1970, 20 anos depois o foco ainda estava no papel deles como combustíveis das ações, e não no estudo do processo de desenvolvimento deles, na pesquisa de suas leis internas, de seu conteúdo, estrutura e formação. As pesquisas, por intermédio do método do experimento didático-formativo, priorizavam, sobretudo, a análise do processo de formação das ações de estudo, controle e avaliação.

No primeiro dos textos, Davidov (1991[2019b]) deixa de fora da análise a questão do lugar das emoções no processo de formação da atividade de estudo e sua relação com os processos cognitivos. A preocupação pela natureza das emoções e de seu papel no desenvolvimento cognitivo dos alunos só emergiria na obra do V. V. Davidov na fase final de sua vida e, por isso mesmo, o aporte teórico realizado ainda não teve o impacto significativo que se supõe que deva ter futuramente na estrutura da atividade de estudo.

A nova abordagem sobre os desejos e as emoções foi realizada por Davidov (1998[2019f]) em um texto baseado em reflexões da natureza teórica e especulativa, sem dados de pesquisas de campo que deram sustentação às teses apresentadas. Trata-se de uma apresentação cheia de problematizações, novas elaborações, hipóteses de trabalho e interpretações sem nenhuma tese conclusiva. Por esse motivo, V. V. Davidov tem o mérito de levantar um novo problema, muito mais do que avançar no seu estudo. Entretanto, com sua morte, em 1998, sobretudo com a paulatina desintegração do sistema didático desenvolvimental, essas ideias caíram no esquecimento.

Insistamos mais uma vez que Davidov (1998[2019f]) realizou dessa vez uma abordagem da estrutura e do conteúdo da atividade psicológica geral, não do estudo como atividade específica. V. V. Davidov adota a estrutura geral da atividade proposta por Leontiev (1975[1985]), mas a amplia ao propor dois novos componentes: o desejo e as emoções. De acordo com Leontiev (1975[1985]), o desejo não fazia parte da estrutura psicológica da atividade, mas V. V. Davidov passou a considerar que tinha uma importância fundamental. A questão estava, de acordo com V. V. Davidov, em descobrir como o desejo se transforma em uma necessidade natural da pessoa. Por fim, estabeleceu os componentes da nova estrutura: (1) desejos; (2) necessidades; (3) emoções; (4) tarefas; (5) ações; (6) motivos para as ações; (7) meios usados para executar ações; (8) planos da cognição (percepção, memória, pensamento, imaginação e criatividade) e; (9) vontade (a atenção como controle).

A relevância científica desse artigo de Davidov (1998[2019f]) está no fato de ter elevado essa temática para um patamar científico nunca antes atingido no interior da teoria da atividade e superar, com isso, as teses fundamentais predominantes à época, com a introdução do estudo das emoções e da unidade do cognitivo-emocional, sem recorrer a nenhum dos recursos teóricos comumente empregados.

A Didática Desenvolvimental na perspectiva do Grupo de Kharkiv e de V. V. Repkin

As origens da didática desenvolvimental na cidade de Kharkiv estão associadas ao trabalho de, pelo menos, dez figuras importantes (P. I. Zinchenko, P. Ya. Galperin, D. B. Elkonin, V. V. Davidov, V. V. Repkin, G. V. Repkina, F. G. Bodanski, G. K. Sereda, G. P. Grigorenko e R. V. Skotarenko) e a quatro eventos relevantes (criação do Grupo de Kharkiv — 1963; do Departamento de Psicologia da Universidade Estatal de Kharkiv — 1963; do Laboratório de Pesquisa do Instituto Pedagógico de Kharkiv — 1963; e do Centro de Pesquisa de Kharkiv — 1970). O Grupo de Kharkiv foi o terceiro entre os centros criados no interior do sistema, e juntamente aos grupos de Moscou e de Berlim, transformou-se na coluna vertebral de todo esse projeto.

As ações de pesquisa mais concretas sobre didática desenvolvimental começaram por sugestão do laboratório e do Grupo de Moscou. Contudo, o desejo de transformar a inter-relação entre aprendizagem e desenvolvimento em um problema de pesquisa tinha surgido antes por iniciativa de V. V. Repkin e G. V. Repkina, como sugestão de P. I. Zinchenko e P. Ya. Galperin. Nesse sentido, as ideias sobre didática desenvolvimental conectaram os kharkivianos muito mais com as teses elaboradas por L. S. Vigotski (ZINCHENKO; MESHERIAKOV, 2016, p. 130) e P. Ya. Galperin do que com as teses do Grupo de Moscou. Essa pode ter sido uma das razões pelas quais o grupo se transformou com os anos em uma das variantes mais peculiares no interior do sistema.

Os trabalhos sobre a memória não voluntária tinham levado P. I. Zinchenko a explicar o papel da memória espontânea na atividade real dos seres humanos, em primeiro lugar, na atividade de estudo dos alunos e, por isso, à tentativa de introduzir a aprendizagem experimental sistemática nas escolas da cidade de Kharkiv. A esse projeto se incorporaram tanto G. V. Repkina quanto V. V. Repkin. G. V. Repkina assumiu o estudo das questões relacionadas à memória não voluntária e V. V. Repkin, que já tinha experiência em trabalhos experimentais nas escolas com base na teoria de P. Ya. Galperin,[8] assumiu a pesquisa da relação entre memória e aprendizagem.

Foi durante a fase de preparação do experimento escolar que V. V. Repkin sentiu necessidade de procurar mais ajuda da que recebia de P. I. Zinchenko. É aqui que entram P. Ya. Galperin, D. B. Elkonin e

---

8. Como resultado dessas pesquisas. possibilitou-nos conhecer, em 1960, o que pode ter sido a sua primeira publicação científica com o título Формирование орфографического навыка как умственного действия (A formação de habilidades ortográficas como uma ação mental), com base na teoria de Galperin. O artigo foi publicado no periódico científico russo *Questões de Psicologia*, mas não encontramos registro dele até o presente momento (PUENTES; AMORIM; CARDOSO, 2021).

V. V. Davidov, pois Repkin procurou orientação de seu ex-professor Galperin, que, por sua vez, indicou D. B. Elkonin e V. V. Davidov, responsáveis à época por pesquisas importantes na escola n. 91, da cidade de Moscou, na perspectiva da didática desenvolvimental (esse termo só surge no final da década de 1970).

A partir desses contatos e da supervisão de D. B. Elkonin e V. V. Davidov, funda-se no próprio ano de 1963 o grupo de Kharkiv, vinculado ao Grupo de Moscou e tendo como base o trabalho desempenhado não apenas por V. V. Repkin e G. V. Repkina, mas também pelo psicólogo G. K. Sereda (1925-1995),[9] pelo matemático F. G. Bodanskii e pelas professoras G. P. Grigorenko e R. V. Skotarenko, inicialmente na escola experimental n. 62, e, depois, nas escolas n. 4 e n. 17. Somente, então, entram os nomes de G. K. Sereda, F. G. Bodanskii, G. P. Grigorenko e R. V. Skotarenko nesse processo.

No adiante, a variante da didática desenvolvimental de Kharkiv cresceu e se consolidou. O resultado das primeiras pesquisas desenvolvidas por V. V. Repkin fizeram parte de sua tese de Candidato a Doutor em Ciências Psicológicas, defendida sob a orientação de P. I. Zinchenko, em 1966, com o título *Organização psicológica do conteúdo escolar e o sucesso da aprendizagem*. Nos dois anos seguintes, V. V. Repkin publicou uma parte importante do conteúdo desse estudo.[10]

A magnitude e a originalidade da contribuição teórica, metodológica e prática do grupo e do centro de pesquisa desenvolvimental de Kharkiv foram amplamente reconhecidas pelos principais

---

9. G. K. Sereda, no próprio ano de 1963, entrou no Programa de Pós-Graduação em Psicologia do Departamento de Psicologia da Universidade Estatal de Kharkiv, sob a supervisão de P. I. Zinchenko, junto a V. V. Repkin e G. V. Repkina. Defendeu sua Tese de Candidato a Doutor em Ciências Psicológicas, em 1967, com o título *Memória involuntária e educação* (SHERSTYUK; JAKUSZKO, 2019).

10. A primeira foi uma síntese de 18 páginas da tese publicada em Moscou (1967), depois, dois artigos científicos divulgados no *Vestik* da Universidade de Kharkiv (Série Problemas da psicologia da memória e da aprendizagem), intitulados: "A organização psicológica do conteúdo escolar e a estrutura da atividade de estudo" e "A organização psicológica do conteúdo escolar e algumas características da aprendizagem e da memorização".

representantes do sistema até 2014.[11] Seus aportes mais significativos ao sistema se deram fundamentalmente em três direções distintas, mas complementares: (1) a delimitação do conceito e do conteúdo da categoria psicológica de "sujeito"; (2) conceito, objetivo, conteúdo e estrutura da atividade de estudo; (3) a teoria e a metodologia da aprendizagem da língua russa.

Delimitação e pesquisa da categoria de sujeito da atividade de estudo

O sistema, mesmo concentrando-se no processo de autodesenvolvimento da criança que estuda, em lugar de privilegiar a elaboração de uma teoria psicológica sobre o sujeito, focou a atividade objetiva que realiza (PUENTES, 2019). Essa é a razão pela qual ao longo de quase cinco décadas se adotaram, no geral, concepções diferentes de sujeito sem um embasamento teórico, metodológico e experimental suficientemente fundamentado.[12]

A resposta mais completa e sólida para o problema do sujeito foi dada pelos representantes do Grupo de Kharkiv, tendo por base a adoção do conceito de "sujeito como fonte" da atividade de estudo. Esse conceito somente foi apresentado de maneira mais explícita e acabada muito recentemente por Repkin e Repkina (2019), mas está em elaboração desde a década de 1970 (PUENTES, 2023b). Os aspectos mais relevantes do conteúdo, estrutura e processo formativo desse conceito são os seguintes:

---

11. Entre 1991 e 2018, a concepção de aprendizagem desenvolvimental ucraniana respondia ao nome de sistema Elkonin-Davidov-Repkin e, após 2018, passou a ser chamar Sistema de Aprendizagem Desenvolvimental DReM (V. V. Davidov, V. V. Repkin, S. D. Maksimenko etc.) (PUENTES; LONGAREZI, 2020).

12. Na etapa inicial de desenvolvimento da teoria, de 1958-1970, emergiu a noção do "sujeito da cognição"; entre 1971 e 1990, a do "sujeito das necessidades e dos motivos"; entre 1991 e 1998, a de "sujeito individual e coletivo" e de "sujeito da emoção"; entre 1999 e 2019 a do "sujeito como fonte". Uma caracterização de cada um desses períodos e de cada uma dessas noções de sujeito pode ser consultada em Puentes (2019).

1. o desenvolvimento do sujeito é o estágio inicial da personalidade;
2. esse desenvolvimento é estritamente individual e não coletivo;
3. a criança, no seu movimento de ascensão à condição de sujeito como fonte da atividade de estudo de sua própria autotransformação, passa por quatro etapas diferentes: a) sujeito comunicativo; b) sujeito das ações práticas; c) sujeito compreensivo; d) sujeito criativo;
4. o desenvolvimento da criança como sujeito se inicia a partir dos primeiros meses de vida e, no começo da escolaridade, ele tem uma rica experiência de comunicação e de ações mais simples de autotransformação;
5. nesse estágio da vida, as capacidades da criança como sujeito são muito limitadas a ações, que de uma forma ou de outra são baseadas em sua própria experiência individual;
6. no estágio da vida que acontece durante o processo de escolarização, a criança se tornará sujeito de ações muito além de sua experiência individual;
7. nesse período da vida escolar a criança, como sujeito da atividade, passa por duas etapas diferentes: (a) como sujeito da atividade, a criança se torna sujeito de ações práticas, cujos métodos de implementação são regidos por normas culturais (escrita, leitura, operações aritméticas);[13] (b) o domínio dos modos de ação recua e o foco passa para a mudança na compreensão do indivíduo, de si mesmo como sujeito, que envolve um entendimento da essência de uma variedade de sistemas naturais e sociais, bem como de possibilidade da atividade;
8. o conceito de sujeito da atividade de estudo guarda estreita relação com o conceito de personalidade;

---

13. Nessa fase acontece um desenvolvimento intensivo da consciência, dos métodos de estabelecimento das bases objetivas dos modos de execução das ações, inicialmente na forma de percepção sensorial e, em seguida, de conceitos e de análise significativa dos componentes dos modos de ação.

9. o conceito mais adequado e promissor de personalidade é o de "sujeito criativo" de Davidov (1996);

10. existem diferenças marcantes e claras entre o conceito de sujeito da ação e da personalidade: a personalidade, em seu trabalho criativo, depende de uma compreensão individual do significado do mundo; o sujeito da ação prática ou de estudo, por sua vez, procede a partir do entendimento geralmente aceito e bem estabelecido;

11. o desenvolvimento do sujeito e da personalidade são dois processos intimamente relacionados, mas não idênticos; o desenvolvimento do sujeito da ação, realizado no processo de dominar uma atividade específica, é um pré-requisito para o desenvolvimento da personalidade. O desenvolvimento da personalidade, que acontece no processo de realização de atividades que uma pessoa já domina, é a conclusão lógica do desenvolvimento do sujeito, seu resultado final.

Em síntese, o conceito de "sujeito como fonte" tem como ponto de sustentação a ideia de que toda atividade humana, inclusive a atividade de estudo, nasce do desejo da criança de colocá-la como um objetivo pessoal. Sem o desabrochamento desse desejo e inclusive, sem o estabelecimento de objetivos, é impossível que brotem as ações que levam à realização da atividade. De acordo com Matveeva, Repkin e Skotarenko (1975), os motivos semânticos garantem a proposição da tarefa, mas não o desejo do aluno para desenvolvê-la. Em tal sentido, são também importantes os motivos ativos (interesses cognitivos estáveis) responsáveis por incitar e estimular o aluno a estudar e, dessa maneira, o aluno passa a estar em condições de agir como professor de si mesmo. Parafraseando Repkin (1997b, p. 341, tradução nossa), pode se afirmar que o aluno deixa de ser escravo dos acontecimentos e passa a ser um criador de sua própria vida, pois "é certo que os acontecimentos ditam sua vontade, mas a liberdade do ser humano consiste na sua capacidade de mudar os acontecimentos e, assim, se tornar o mestre de seu destino".

Delimitação e pesquisa do conceito, conteúdo e estrutura da atividade de estudo

O tipo de compreensão que o Grupo de Kharkiv desenvolveu a respeito do conceito de "sujeito como fonte" marcou, de maneira singular, seu olhar para o conceito desse tipo específico de atividade. Enquanto os demais grupos entendiam, inspirados na ideia de Davidov (1972), que a atividade de estudo "reflete as ações que garantem a solução da tarefa de estudo", o Grupo de Kharkiv assumia o estudo como o "tipo específico de atividade humana na qual se garante não apenas *a resolução da tarefa de estudo*, mas também sua *determinação ou enunciado*" (REPKIN; DOROKHINA, 1973, destaques nossos).

Para uns, a atividade de estudo representava um conjunto de ações (estudo, controle e de avaliação); para os kharkivianos, simbolizava tanto as ações quanto o enunciado da tarefa de estudo que contém o objetivo de sua realização. O "sujeito como fonte", diferentemente do "sujeito portador", contemplava a necessidade de que o ponto de partida da atividade de estudo fosse a formulação de uma nova tarefa de estudo pelo próprio aluno, com base na necessidade e no desejo de esclarecer o modo de ação aprendido anteriormente insuficiente para resolver a situação de dificuldade que é apresentada.

O conceito de sujeito afetou, do mesmo modo, o conteúdo da atividade de estudo. Com base na compreensão que o sistema tinha dos pressupostos teóricos de L. S. Vigotski, o conteúdo era considerado o aspecto essencial da aprendizagem que desenvolve, do qual derivava todo o resto, inclusive os métodos. Nessa perspectiva, a realização dos objetivos de aprendizagem dependia de seu conteúdo entendido como aqueles padrões culturais que os alunos devem assimilar. Os moscovistas, e com eles o restante dos grupos do sistema, consideravam o pensamento teórico o objetivo da didática desenvolvimental e, nessa mesma lógica, indicavam os conceitos científicos e os modos generalizados de ação o seu conteúdo principal. Inclusive Davidov e Márkova ([1981]1987, p. 324) reafirmaram que "os modos generalizados de ação na esfera dos conceitos científicos e das mudanças qualitativas no desenvolvimento psíquico da criança que acontecem sobre essa base" são o conteúdo da atividade de estudo.

O Grupo de Kharkiv, com base na tese de que o desenvolvimento do aluno como sujeito de estudo era o objetivo da didática desenvolvimental, defendia a ideia de que seu conteúdo deveria ser um sistema gradualmente complexo de bases substantivas para a ação, que se alterava na mesma medida que o sujeito passava pelos diferentes estágios de desenvolvimento. O sujeito comunicativo e das ações práticas devia ter como conteúdo, na fase inicial, os modos de ação, enquanto na fase final, a base substantiva dos modos generalizados de ação. O sujeito compreensivo por sinal, a essência dos vários sistemas funcionais sociais e naturais, as regularidades de seu funcionamento, bem como as mudanças e as possibilidades de transformação. O sujeito criativo, por fim, uma compreensão particular de mundo e a realização da atividade criativa para transformá-lo (REPKIN; REPKINA, 2019). Na direção desses conteúdos, deviam orientar-se as matérias curriculares das diferentes disciplinas escolares. Assim, uma das grandes contribuições da variante Kharkiv para o sistema foi perceber o caráter dinâmico dos conteúdos de aprendizagem que se alteram na mesma medida que o sujeito transita pelos diferentes estágios de seu desenvolvimento.

Delimitação e pesquisa da teoria e metodologia da aprendizagem da língua

Um dos aspectos mais relevantes no interior do Grupo de Kharkiv esteve associado ao desenvolvimento teórico e metodológico da aprendizagem da língua russa. Essa equipe assumiu, desde a década de 1970, a responsabilidade de produzir os programas, as orientações metodológicas aos professores e os materiais didáticos para a aprendizagem da língua russa nas escolas dos anos iniciais e finais do nível fundamental no interior do sistema. Boa parte desse material, submetido numerosas vezes a correções, atualizações e edições, ainda continua a ser utilizado em instituições russas, ucranianas, letãs etc.

Vostorgova (2022), coautora com V. V. Repkin em muitas dessas obras, afirma que, em 1993, a raiz da elaboração da primeira lista federal de livros didáticos, quando as variações do conteúdo de aprendizagem ainda eram incipientes na Federação Russa, apenas três livros didáticos constavam na seção de ensino fundamental para estudar a língua russa: o conhecido livro de T. G. Ramzaeva (para o currículo clássico do ensino fundamental), o livro de A. V. Polyakova (para o sistema de aprendizagem desenvolvimental zankoviano) e, o terceiro, o livro didático de V. V. Repkin (para o sistema de aprendizagem desenvolvimental D. B. Elkonin — V. V. Davidov).

A experiência na docência da língua desde os 22 anos de idade, unida a sua formação filológica, longa carreira como psicólogo da aprendizagem e interesse pelos problemas da língua fizeram de V. V. Repkin um linguista brilhante. V. V. Davidov confiava plenamente em suas qualidades humanas e profissionais, do contrário, não teria colocado a responsabilidade de criar um curso de língua russa baseada na didática desenvolvimental em suas mãos. O Grupo de Moscou tinha ótimos profissionais, cientistas e pesquisadores da aprendizagem da língua, tais como Aidarova (1964), Márkova (1974) e Zuckerman (1997). Mas foi o conteúdo principal do programa e dos manuais metodológicos sobre a língua russa desenvolvido por psicólogos e professores do Grupo de Kharkiv, sob a orientação de V. V. Repkin e P. S. Zhedek, que ele descreveu em seu famoso livro *Problema da aprendizagem desenvolvimental: experiência em pesquisa psicológica teórica e experimental* (1986), e foi com V. V. Repkin que redigiu essa parte.[14]

---

14. Veja-se, na versão original em russo do livro Проблемы развивающего обучения: Опыт теоретического и экспериментального психологического исследования (Problema da aprendizagem desenvolvimental: experiência em pesquisa psicológica teórica e experimental, DAVIDOV, 1986), a nota número 9, da página 170, do tópico 2 (Características das matérias experimentais no ensino fundamental, p. 170), do capítulo IV (Desenvolvimento psíquico dos estudantes menores no processo da atividade de estudo, p. 163).

Nenhum outro membro do sistema teve como V. V. Repkin uma participação tão direta e especial nessa obra de V. V. Davidov.

As principais ideias do Grupo de Kharkiv a respeito da didática desenvolvimental da língua russa estão contidas em numerosas publicações produzidas desde a década de 1970 até hoje (REPKIN; Zhedek, 1970; ZHEDEK, 1975; REPKIN; KRAMSKIKH, 1977; REPKIN, 1992; 1993; 1994; 1996; 1997a; 1999). Como resultado desse esforço, foi elaborado o primeiro livro experimental para a aprendizagem da língua russa nos três primeiros anos do nível fundamental, e depois produzidos, revisados e reformulados mais de 50 títulos diferentes que integravam um *kit* pedagógico para cada um dos quatro anos iniciais do nível fundamental (Programa Didático, Orientações para Professores, Livro Didático do Aluno, Formulário Eletrônico, Teste para Formação, Teste e Trabalho Diagnóstico). E aqui não está contemplado o material que, de igual modo, foi elaborado para a aprendizagem da língua nos anos finais do nível fundamental (5º-9º anos).

A proposta de uma nova metodologia da aprendizagem da língua na perspectiva desenvolvimental partiu da crítica ao modelo tradicional que se sustentava na natureza morfológica da ortografia. Esse princípio procurava a assimilação das especificidades ortográficas de cada tipo particular de padrão ortográfico, sem levar em conta a grafia de quaisquer outros padrões ortográficos. Como resultado, os alunos se viam obrigados a obter dicas por intermédio das inúmeras regras parciais da ortografia que não seguiam uma única linha de raciocínio para todos os casos.

Em lugar da aprendizagem com base na morfologia, o Grupo de Kharkiv, sob a liderança de V. V. Repkin, defendeu o princípio fonético, a partir do qual as mesmas letras do alfabeto designam o fonema em todas as suas variações. O modo generalizado das ações ortográficas fica assim colocado: a designação com letras dos fonemas em posições fracas (as vogais sem acento, as consoantes cuja ortografia geram dúvidas) está determinada pelas posições fortes dos fonemas em questão (vogais acentuadas, consoantes antes de vogais e sonoras na composição de morfemas), assegurando assim uma escrita uniforme.

A Didática Desenvolvimental na perspectiva do Grupo de Berlim e de J. Lompscher

A gênese da psicologia histórico-cultural e da atividade de estudo na Alemanha Oriental tem seu marco histórico com as atividades do pedagogo e psicólogo alemão Joaquim Lompscher (1932-2005). A abordagem da educação desenvolvimental representa uma revolução para a psicologia da época no contexto da República Democrática Alemã (RDA) e se expande pela via do intenso trabalho de estudo, assimilação e pesquisa experimental realizado pelas equipes interdisciplinares vinculadas a J. Lompscher; o que ocorre simultaneamente à disseminação das ideias de D. B. Elkonin, V. V. Davidov e outros soviéticos com o acesso às traduções desses autores, que ganham espaço inclusive na Alemanha Ocidental.

Esse foi um processo difícil, especialmente, por duas razões: (1) pelo contexto epistemológico e político prevalecente na Alemanha, que implicou exercício de resistência e luta para alçar novas abordagens; e (2) pelo potencial inovador e inédito para a Alemanha dos fundamentos da nova psicologia e didática em franco desenvolvimento na ex-URSS, o que exigiu muito estudo teórico e metodológico.

Essa perspectiva na Alemanha, inaugurada por J. Lompscher a princípio sozinho e logo com a criação de um grupo, consolidou-se com a participação e a contribuição interdisciplinar de pesquisadores, entre os quais se incluem G. Hinz, B. Jülisch, I. P. Scheibe, P. Wagner, L. Komarowa, A. Kossakowski, J. Lompscher, L. Schröter, H. J. Duong, W. Jantos, E. Koester, G. Pippig; além de O. Küchle, P. Dienes, T. Jeeves, H. Götz (na Matemática), H. Schössler (língua materna — alemão), G. Schulze (língua estrangeira — russo), M. Fischer (na Geografia), H. Giest, J. Lompscher, Le Khanh e Nhu Xuyen Doung (na Física), J. Hoffmann e K. Irmscher (na História).

A entrada da psicologia histórico-cultural nesse contexto[15] ocorre no final dos anos de 1950, graças ao trabalho de introdução, divulgação

---

15. Sobre a recepção da teoria da atividade de estudo na RDA, ver em Longarezi (2022a; 2022b) e Puentes (2022).

e difusão da psicologia e da didática soviéticas realizado por J. Lompscher. A teoria da atividade de estudo, por sua vez, passa a ser conhecida nos anos de 1960 após a presença de V. V. Davidov e D. B. Elkonin na Alemanha Oriental, mas ganha força no final da década, no Instituto Alemão de Educação Central. Nesse período, projetado conjuntamente a uma série de experimentos que D. B. Elkonin e V. V. Davidov vinham realizando em Moscou e em várias repúblicas soviéticas, deu-se início ao trabalho experimental na RDA. A comunicação entre J. Lompscher, D. B. Elkonin e V. V. Davidov foi fundamental para a orientação e a implementação de todo trabalho conduzido pelo grupo de Berlim.

O interesse por esse enfoque se expande ao longo dos anos de 1970, quando ocupa a agenda de discussões do XXII Congresso Internacional de Psicologia, que ocorreu em 1980, em Leipzig, no qual J. Lompscher e A. Kossakowski tiveram uma importante participação. O primeiro por pautar o "conceito de atividade" e, o segundo, o de "atividade de estudo", sob o enfoque do método de ascensão do abstrato ao concreto.

Os trabalhos iniciais de J. Lompscher seguiram influências de N. A. Menchinskaya e, em seguida, de P. Ya. Galperin, ambos abandonados depois que se depara com uma perspectiva que considera mais ampla e integrada a partir de V. V. Davidov, que conhece em 1960, e D. B. Elkonin, em 1963 (LOMPSCHER, 1998).

A consolidação do grupo de Berlim se dá a partir do trabalho experimental realizado ao longo de 40 anos (Lompscher, 1971; 1977; 1979; 1982; 1988; 1992; 1994; 1996; 1998; 2000 [2005]; LOMPSCHER; GIEST, 2003; LOMPSCHER; PIPPIG, 1989; LOMPSCHER; MÁRKOVA; DAVIDOV, 1982), com contribuições para a ascensão e a ampliação da teoria da atividade de estudo e as teorias auxiliares[16] produzidas no processo de edificação do sistema didático Elkonin-Davidov-Repkin (LONGAREZI, 2020; PUENTES; LONGAREZI, 2019).

---

16. Teorias auxiliares: (1) teoria do diagnóstico, (2) da generalização, (3) do pensamento teórico, (4) da ascensão do abstrato ao concreto, (5) da cooperação, (6) da comunicação, (7) da transição de um nível para outro, (8) da modelagem, (9) da formação de professores e (10) do experimento formativo (DAVIDOV, 1995; ZUCKERMAN, 2011).

Delimitação das pesquisas experimentais realizadas pelo grupo de Berlim

A experiência investigativa na Alemanha Oriental, que defendeu a didática desenvolvimental e a atividade de estudo como impulsionadoras do desenvolvimento psíquico, teve seu período auge entre os anos de 1978 e 1985-1986, incluindo experimentos nas várias disciplinas escolares.

Em seu conjunto, o trabalho realizado incluiu experimentos sobre o papel dos métodos gerais de análise e modelos para o domínio de fenômenos gramaticais complexos de língua estrangeira-russa (por Schulze); sobre as exigências que se colocam à atividade de estudo (por Lompscher); sobre as premissas fundamentais das pesquisas experimentais e sobre o uso do experimento de laboratório para a análise da atividade de estudo (por Jülisch e Götz); sobre a representação interna e a origem dos conceitos científicos (por Pippig); sobre a formação de estratégias de busca de informação nos estudantes (por E. Köster); sobre a estruturação de hipóteses durante a solução de tarefas de identificação (por Götz); sobre a formação do pensamento teórico e dos interesses cognitivos nos estudantes na área de física (por Lompscher, Le Khanh e Nhu Xuyen Doung); e sobre a solução conjunta de problemas por parte dos alunos (por Jantos) (LONGAREZI, 2022a; 2022b; PUENTES; LONGAREZI; MARCO, 2022).

As pesquisas com atividade de estudo na RDA tiveram como foco: (1) o desenvolvimento do pensamento teórico e do interesse cognitivo; (2) o método de ascensão do abstrato ao concreto; (3) os processos de abstração e generalização; e (4) a motivação cognitiva e a participação ativa do sujeito da atividade.

Os métodos gerais foram objeto das pesquisas realizadas nas várias áreas do conhecimento e os experimentos demonstraram que a estratégia do abstrato ao concreto estimula (1) o confronto intelectual ativo dos alunos com os requisitos problemáticos; (2) a análise consciente dos requisitos; (3) a procura das características dos fenômenos, de suas relações gerais, regras e princípios de solução; e (4) a reflexão sobre os métodos adequados. Os resultados da intensa atividade experimental que marcou o trabalho do grupo de Berlim demonstraram, ainda, o potencial desenvolvedor da atividade, consciência e independência do pensamento em situações de resolução de problemas (LOMPSCHER, 1982, p. 38).

A tradição dos estudos do grupo teve importância destacada para comprovar o potencial desenvolvedor do método do abstrato ao concreto, com a discriminação dos elementos que o compõe; pela via do estudo dos processos de abstração e generalização, bem como com a produção de modelos gerais para a solução de problemas.

> A estratégia de subir do abstrato para o concreto tem duas etapas principais. A primeira é a formação das chamadas abstrações iniciais, a segunda é o estudo do material concreto por meio daquelas abstrações, correspondendo aos objetivos educacionais e conteúdos à medida que for permitido mediante a abstração inicial. Nesse processo, a variedade concreta é penetrada cognitivamente e a conceitualização abstrata propriamente dita é alterada e enriquecida pelo conteúdo concreto. A abstração inicial, contendo somente as características e relações mais importantes do objeto de aprendizagem, forma um tipo de estrutura global na qual os detalhes do concreto serão então integrados e estocados na memória (LOMPSCHER, 1996, p. 93).

A abstração inicial se constitui central na atividade do estudante e não se realiza pela transmissão direta, mas pela orientação e colaboração, em situações que as ações de estudo são descobertas e formadas pelos próprios alunos em condição de atividade de estudo. Desse modo, a abstração inicial não é mero ponto de vista, gênese da atividade de estudo, é ponto de partida de ascensão do abstrato ao concreto, como resultado da atividade dos alunos. Por isso, constitui-se em etapa fundamental na perspectiva desenvolvimental.

A edificação dos estudos realizados, que se constituíram como educação experimental, foi produzida sob a perspectiva do método de ascensão do abstrato ao concreto, o que definiu sobremaneira os procedimentos assumidos pelo grupo de Berlim. Em sua trajetória histórica, a teoria da atividade de estudo foi introduzida com certa resistência política e acadêmica. Com a reunificação da Alemanha, em 1990, as atividades experimentais foram encerradas e a Academia de Ciências Pedagógicas da RDA e suas escolas experimentais fechadas. Contudo, apesar das contradições políticas, ideológicas e epistemológicas que emergiam na gestão pública, nos centros científicos e nas academias de pesquisa na RDA, o trabalho experimental trouxe contribuições para a consolidação e a ampliação da teoria da atividade de estudo e suas teorias auxiliares produzidas no processo de edificação do sistema didático Elkonin-Davidov-Repkin. Em especial, para o método de ascensão do abstrato ao concreto e a teoria da generalização, que se constituíram em objeto do interesse investigativo do grupo nas várias áreas do conhecimento escolar.

Delimitação e pesquisa do conceito e da estrutura da atividade de estudo

Quando o enfoque da aprendizagem desenvolvimental chega à RDA, nas décadas de 1960 e 1970, predominava na psicologia e na pedagogia alemã o behaviorismo e o cognitivismo piagetiano. O grupo de Berlim, sob a liderança de J. Lompscher, confrontou a interpretação de que os processos de aprendizagem ocorrem como resposta aos estímulos do meio e, sob o aporte teórico histórico-cultural, defendeu a aprendizagem como o principal dispositivo impulsionador do desenvolvimento psíquico.

Aprendizagem foi entendida no interior do grupo como sendo "[...] a assimilação da cultura humana no processo de atividade, em condições de cooperação social e comunicação, como uma unidade interiorização e exteriorização" (LOMPSCHER, 2000 [2005], p. 100). A atividade de estudo, por sua vez, foi concebida como um tipo especial de atividade dirigida à automodificação e ao autodesenvolvimento do aluno, para os quais o material de estudo tem o papel de meio para que a transformação e o desenvolvimento ocorram. Dessa maneira, o grupo defendeu que "[...] os objetos externos se tornam meios de atividade de estudo apenas quando entram na estrutura desta própria atividade" (LOMPSCHER, 2000 [2005], p. 103) e, assim, se constituem "[...] apenas no processo em que eles próprios se tornam o sujeito dessa atividade" (LOMPSCHER, 2000 [2005], p. 103).

Por esse enfoque, a atividade de estudo assume no grupo de Berlim um conceito amplo, porque põe em relevo o papel do sujeito da atividade e enfatiza a constituição humana como processo de unidade interiorização-exteriorização; a unidade dos processos inter e intrapsíquicos, mesmo quando na raiz dos fundamentos da teoria da atividade de estudo predomine uma interpretação dos processos psíquicos como processos de interiorização pela determinação social presente nas teses centrais defendidas por A. N. Leontiev e os grupos que se orientavam pela Teoria da Atividade leontiviana.

Essa problemática, sob a ótica da unidade das condições externas e dos processos psíquicos internos, foi mais bem concebida por S. L. Rubinstein, professor na Faculdade de Pedagogia e Psicologia da Universidade Pedagógica do Estado de Moscou (o então Instituto Pedagógico V. I. Lenin), onde J. Lompscher estudou. As influências rubinsteinianas nas ideias que o alemão incorpora na introdução da didática desenvolvimental na Alemanha Oriental se opõem à perspectiva da constituição humana pela via da determinação social. Desse modo, mesmo quando a atividade de estudo desenvolvida por J. Lompscher e grupo de Berlim tenha se dado com base na trajetória experimental e teórica, à época, em desenvolvimento pelo grupo moscovita liderado por D. B. Elkonin e V. V. Davidov (sob o aporte do conceito e da estrutura da atividade desenvolvidos por A. N. Leontiev), carrega uma abordagem em que se faz evidente a influência também de S. L. Rubinstein no enfoque do grupo alemão.

Contudo, o trabalho realizado na RDA não se restringiu à incorporação de uma teoria estrangeira e sua orientação metodológica, outrossim, levou ao desenvolvimento da teoria da atividade de estudo, inclusive com interpretações e produções próprias sobre o estudo, a atividade e seus componentes, assim como sobre o papel do sujeito da atividade.

Nesse processo, foram estabelecidos componentes objetivos da atividade (conteúdo, meios, condições, tarefas, entre outros) e componentes subjetivos (motivos, objetivos, conteúdo psíquico da atividade — imagens dos objetos, condições, relação emocional e racional com objetos, condições e significado da atividade — e processualidade psíquica — processos cognitivos, emocionais e volitivos).

Isso nos permite afirmar que, mesmo quando o grupo tenha tomado como ponto de partida a estrutura geral da atividade de A. N. Leontiev, em que se preconiza um enfoque objetivo, considera, igualmente, os componentes subjetivos e, portanto, a estrutura da atividade definida pelo grupo põe em destaque um aspecto que, de certo modo, contradiz-se a uma abordagem mais objetal, delineada pela perspectiva da Teoria da Atividade leontiviana (LONGAREZI, 2022b).

Delimitação e pesquisa de estratégias de ensino e de aprendizagem

Apesar de o trabalho realizado pelo grupo de Berlim ter se alicerçado sob o aporte produzido por D. B. Elkonin e V. V. Davidov para a teoria da atividade de estudo, na qual a aprendizagem é tomada como processo psíquico produzido como síntese da atividade de estudo realizada pelo aluno em colaboração com o professor, J. Lompscher distingue dois tipos de estratégias. Segundo ele, as pesquisas que se realizaram sobre a atividade de estudo se constituíram como:

> [...] inter-relações entre estratégias de aprendizagem e de ensino (correspondência, compatibilidade e contradições), condições e regularidades do desenvolvimento e da formação de estratégias de aprendizagem como componentes da atividade como um todo (LOMPSCHER, 1996, p. 106).

Tratadas como unidade, J. Lompscher diferencia as estratégias de ensino e aprendizagem, e apresenta suas especificidades. As estratégias de ensino incluem: (1) a formação de objetivos de estudo; (2) a formação de ações de estudo; (3) a formação de modelos de estudo; (4) o trabalho com séries de concretização; (5) a resolução de problemas; (6) a reflexão e a verbalização; e (7) a interação social. Por sua vez, as estratégias de aprendizagem: (1) referem-se ao meio individual de desempenhar as ações de estudo; (2) fazem parte de uma estrutura e de uma atividade que contêm motivos, meios e condições concretas; (3) são resultados e pré-requisitos (subjetivos) de processos de estudo; (4) surgem como adaptação inconsciente às condições de uma determinada atividade, e como orientação consciente para objetivos e tarefas; (5) podem se desenvolver em diferentes direções-generalização; (6) constituem-se como componentes que regulam a atividade psíquica e interagem com componentes motivacionais, volitivos e cognitivos; e (7) podem ser promovidas ou restringidas, a depender do que foi planejado como atividade dos alunos.

> Essa abordagem (que particulariza estratégias de ensino e de aprendizagem) compõe uma identidade da produção na Alemanha Oriental trazendo daí uma leitura que marca a atividade de estudo na interpretação e produção do grupo que se constituiu no contexto da RDA, algo que chama a atenção especialmente por duas razões. Primeiro, a própria ideia de estratégia parece estrangular o conceito central de atividade de estudo. Segundo, quando divididas (em estratégias de ensino e de aprendizagem) acentuam esse estrangulamento e se distanciam do próprio conceito de aprendizagem (em russo, *учение*, transliterado *ucheniye*) defendido enquanto "[...] a assimilação da cultura humana no processo de atividade, *em condições de cooperação social e comunicação*, como uma unidade de interiorização e exteriorização" (LOMPSCHER, 2000 [2005], p. 100, destaque nosso). Conceito que, em boa medida, se assemelha ao de *obutchénie* (*обучение*) enquanto "[...] correlação entre atividade de estudo e atividade pedagógica" (DAVIDOV, 1996[2019c], p. 252); cujo elo entre ambas está essencialmente na **comunicação e colaboração** de ambos sujeitos da atividade; o que se efetiva em sua compreensão de

unidade. Esse conceito, nuclear em toda teoria desenvolvimental, já traz contido a ideia de unidade, contradizendo a necessidade de divisão em estratégias de ensino e estratégias de aprendizagem (LONGAREZI, 2022b, p. 45-46; destaques da autora).

A atividade de estudo acaba sendo delineada no interior dos trabalhos experimentais realizados pelo grupo de Berlim, com fortes influências desse enfoque de J. Lompscher; o que sinaliza, em nosso modo de ver, uma aparente contradição com a essência do conceito de atividade de estudo produzida pelo núcleo central do projeto que nasce em Moscou.[17]

Principais contribuições do grupo de Berlim

Os experimentos na Alemanha Oriental não se restringiram a repetir a experiência já realizada na União Soviética. Apesar de terem seguido o projeto internacional e interdisciplinar dirigido pelo laboratório experimental de D. B. Elkonin e V. V. Davidov, em especial, em referência à Escola 91 de Moscou, trouxeram para os experimentos uma interpretação singular da teoria, que lhes resguardaram uma identidade própria, pelo menos em relação a cinco aspectos:

1. O grupo de Berlim se dedicou a experimentos em classes de alunos em idade escolar superior (turmas de 4º, 5º, 6º e 7º anos), enquanto nas repúblicas soviéticas o foco esteve voltado para classes de 1º, 2º e 3º anos. A preocupação foi a de analisar aspectos e questões não respondidas nos experimentos realizados até os 3ºˢ anos, o que levou à realização de estudos progressivos. No entanto, J. Lompscher ressalta a necessidade de estudos que avancem para os 7º e 8º anos, para que se possa trabalhar em condições eminentes da crise psicológica que caracteriza os estudantes nesse período etário.

---

17. Sobre a gênese da teoria da aprendizagem desenvolvimental e as contribuições do grupo de Moscou, ver Longarezi (2023c); Puentes (2023b); e Longarezi, Puentes e Marco (2023).

2. A constituição humana não foi interpretada como simples processo de incorporação do social, foi tratada a partir da unidade dos processos inter e intrapsíquicos, o que o grupo chamou de unidade interiorização-exteriorização.
3. A estrutura da atividade elaborada pelo grupo introduziu componentes subjetivos, como motivos, objetivos, conteúdo psíquico da atividade (imagens dos objetos, condições, relação emocional e racional com objetos, condições e significado da atividade) e processualidade psíquica (processos cognitivos, emocionais e volitivos), ultrapassados os aspectos objetivos que a contemplam, como conteúdo, meios, condições, tarefas, entre outros.
4. Foi dada ênfase aos aspectos subjetivos que compõem a própria unidade sujeito-atividade, com relevo à condição do sujeito na situação de atividade de estudo.
5. A atividade de estudo foi tratada a partir de estratégias de ensino e de aprendizagem que, embora tenham sido concebidas como unidade, aparecem discriminadas e particularizadas.

Em termos gerais, o trabalho do grupo de Berlim levou à produção de interpretações específicas sobre a constituição humana, o estudo, a atividade e seus componentes, bem como sobre o papel do sujeito da atividade. Isso caracteriza as contribuições do grupo para a edificação da Teoria da Atividade de Estudo, seja por seu potencial de continuidade, seja pelas interpretações realizadas.

Considerações finais

O presente capítulo sistematizou, mesmo que de maneira breve, os fundamentos teóricos e metodológicos que têm dado sustentação a uma das ondas críticas da didática brasileira mais recentes e potentes das últimas três décadas: a Didática Desenvolvimental.

Surgida no contexto da ex-União Soviética e consolidada a partir das contribuições de psicólogos, filósofos, didatas e metodológicos, não apenas russos, mas também ucranianos, letões, alemães, norte-americanos, ingleses, vietnamitas, dinamarqueses etc., a Didática Desenvolvimental vem sendo recepcionada, assimilada e transformada no contexto brasileiro, a partir da década de 1990, como resultado do esforço de educadores progressistas brasileiros que, sob o efeito da tradição crítica da didática, têm produzido novas variantes dessa onda a partir do esforço de reformulação de seus pressupostos teóricos e metodológicos, com base na experiência de pesquisa acumulada nos campos pedagógico, psicológico e metodológico, bem como nas demandas concretas da sociedade, da educação, da escola e dos estudantes brasileiros.

Trabalhos futuros darão conta de mostrar como grupos espalhados por todo Brasil têm produzido de maneira criativa, a partir de suas pesquisas teóricas e experimentais, interpretações muito particulares da Didática Desenvolvimental à luz da articulação dos pressupostos de autores soviéticos provenientes de sistemas, grupos e centros desenvolvimentais diferentes, como são os casos, por exemplo, de D. B. Elkonin, P. Ya. Galperin, V. L. Zankov, V. V. Davidov, N. F. Talízina, V. V. Repkin, J. Lomspcher etc., tendo por tronco a filosofia Marxista-Leninista e a psicologia Histórico-Cultural.

Referências

AIDAROVA, L. I. Formação da atitude linguística à palavra para alunos do ensino fundamental. *Questões de Psicologia*, Moscou, n. 5, p. 55-72, 1964.

AMORIM, L. G. K. M.; MARCO, F. F. de; PEREIRA, M. M. Contribuições do sistema didático zankoviano para o desenvolvimento ético e moral do estudante em aulas de matemática. *Obutchénie*: Revista de Didática e Psicologia Pedagógica, v. 7, n. 2, 2023.

AQUINO, O. F. L. V. Zankov: aproximações a sua vida e obra. *In*: LONGAREZI, A. M.; PUENTES, R. V. (org.). *Ensino desenvolvimental*: vida, pensamento e obra dos principais representantes russos. Uberlândia: Edufu, 2013. Livro I.

AQUINO, O. F. O experimento didático-formativo: contribuições de L. S. Vigotski, L. V. Zankov e V. V. Davidov. *In*: LONGAREZI, A. M.; PUENTES, R. V. (org.). *Fundamentos psicológicos e didáticos do ensino desenvolvimental*. Uberlândia: Edufu, 2017. v. 1, p. 325-350.

ASBAHR, F. da S. F; OLIVEIRA, M. L. S. de A. M. Inventário dos grupos brasileiros de pesquisa na teoria histórico-cultural a partir do Diretório de Grupos do CNPq. *Obutchénie*: Revista de Didática e Psicologia Pedagógica, v. 5, n. 2, p. 566-587, 2021.

CEDRO, W. L.; MORETTI, V. D.; MORAES, S. P. G. de. Desdobramentos da atividade orientadora de ensino para a organização do ensino e para a investigação sobre a atividade pedagógica. *Linhas Críticas*, on-line, v. 24, p. 402-424, 2019.

DAVIDOV, V. V. *Tipos de generalização na aprendizagem (base lógica e psicológica para a construção do sujeito)*. Moscou: Pedagógica, 1972.

DAVIDOV, V. V. *Problema da aprendizagem desenvolvimental*: experiência em pesquisa psicológica teórica e experimental. Moscou: Pedagógica, 1986.

DAVIDOV, V. V. *La enseñanza escolar y el desarrollo psíquico*. Investigación psicológica y experimental. Moscú: Editorial Progreso, 1988a.

DAVIDOV, V. V. Problems of Developmental Teaching. The Experience of Theoretical and Experimental Psychological Research-Excerpts. *Revista Soviet Education*, v. XXX, n. 8, Aug, 1988b.

DAVIDOV, V. V. *O conceito de aprendizagem desenvolvimental* (О понятии развивающего обучения). Tomsk: Peleng, 1995. (Biblioteca de educação para o desenvolvimento sob a editoria geral de V. Davidov e V. V. Repkin; vol. 13). Disponível em: http://elib.gnpbu.ru/textpage/download/html/?bookhl=&book=-davydov_o-ponyatii-razvivayuschego-obucheniya_1995. Acesso em: 20 abr. 2023.

DAVIDOV, V. V. *Teoria da aprendizagem desenvolvimental*. Moscou: Pedagógica, 1996.

DAVIDOV, V. V. Os problemas psicológicos do processo de aprendizagem dos escolares de menor idade (1979). *In*: PUENTES, R. V.; CARDOSO, C. G. C.;

AMORIM, P. A. P. (org.). *Teoria da atividade de estudo*: contribuições de D. B. Elkonin, V. V. Davidov e V. V. Repkin. Curitiba: CRV; Uberlândia: Edufu, 2019a. p. 171-173.

DAVIDOV, V. V. Atividade de estudo: situação atual e problemas de pesquisa (1991). *In*: PUENTES, R. V.; CARDOSO, C. G. C.; AMORIM, P. A. P. (org.). *Teoria da atividade de estudo*: contribuições de D. B. Elkonin, V. V. Davidov e V. V. Repkin. Curitiba: CRV; Uberlândia: Edufu, 2019b. p. 235-248.

DAVIDOV, V. V. Problemas de pesquisa da atividade de estudo (1996). *In*: PUENTES, R. V.; CARDOSO, C. G. C.; AMORIM, P. A. P. (org.). *Teoria da atividade de estudo*: contribuições de D. B. Elkonin, V. V. Davidov e V. V. Repkin. Curitiba: CRV; Uberlândia: Edufu, 2019c. p. 267-288.

DAVIDOV, V. V. Conteúdo e estrutura da atividade de estudo dos escolares (1986). *In*: PUENTES, R. V.; CARDOSO, C. G. C.; AMORIM, P. A. P. (org.). *Teoria da atividade de estudo*: contribuições de D. B. Elkonin, V. V. Davidov e V. V. Repkin. Curitiba: CRV; Uberlândia: Edufu, 2019d. p. 215-234.

DAVIDOV, V. V. Desenvolvimento psíquico da criança pequena na fase escolar (1980). *In*: PUENTES, R. V.; CARDOSO, C. G. C.; AMORIM, P. A. P. (org.). *Teoria da atividade de estudo*: contribuições de D. B. Elkonin, V. V. Davidov e V. V. Repkin. Curitiba: CRV; Uberlândia: Edufu, 2019e. p. 175-190.

DAVIDOV, V. V. Uma nova abordagem para o entendimento do conteúdo e estrutura da atividade (1998). *In*: PUENTES, R. V.; CARDOSO, C. G. C.; AMORIM, P. A. P. (org.). *Teoria da atividade de estudo*: contribuições de D. B. Elkonin, V. V. Davidov e V. V. Repkin. Curitiba: CRV; Uberlândia: Edufu, 2019f. p. 289-300.

DAVIDOV, V. V.; MÁRKOVA, A. K. O conceito de atividade de estudo dos estudantes (1981). *In*: SHUARE, M. (org.). *Psicología evolutiva e pedagógica en la URSS*. Antología. Moscú: Editorial Progreso, 1987. p. 316-337.

DAVIDOV, V. V.; MÁRKOVA, A. K. O conceito de atividade de estudo dos estudantes (1981). *In*: PUENTES, R. V.; CARDOSO, C. G. C.; AMORIM, P. A. P. (org.). *Teoria da atividade de estudo*: contribuições de D. B. Elkonin, V. V. Davidov e V. V. Repkin. Curitiba: CRV; Uberlândia: Edufu, 2021. p. 189-210.

ELKONIN, D. B. Habilidades intelectuais dos alunos de nível fundamental e o conteúdo da aprendizagem. *In*: ELKONIN, D. B.; DAVIDOV, V. V. (org.). *As possibilidades de aprendizagem relacionadas com a idade (nível fundamental I)*. Moscou: Pedagógica, 1966. p. 47-48.

FEROLA, B. de C. *O desenvolvimento integral na obra de L. V. Zankov (1957-1977)*: um olhar para os princípios e orientações metodológicas. 2019. Dissertação (Mestrado) — Programa de Pós-Graduação em Educação, Universidade Federal de Uberlândia, Uberlândia, 2019. Disponível em: https://repositorio.ufu.br/handle/123456789/31542. Acesso em: 16 mar. 2023. DOI: http://doi.org/10.14393/ufu.di.2021.5510.

FEROLA, B. C. Emma Viktorovna Vitushkina — primeiras aproximações ao Sistema Zankov: aspectos introdutórios do sistema desenvolvimental. *Obutchénie: Revista de Didática e Psicologia Pedagógica*, Ahead of print, v. 4, n. 3, set./dez. 2020a. Disponível em: http://www.seer.ufu.br/index.php/Obutchenie/article/view/58441/30367. Acesso em: 16 mar. 2023. DOI: http://doi.org/10.14393/OBv4n3.a2020-58441.

FEROLA, B. C. Natalia Vasilevna Nechaeva — uma introdução ao Sistema Zankov: aspectos teórico-práticos do sistema desenvolvimental. *Obutchénie: Revista de Didática e Psicologia Pedagógica*, Ahead of print, v. 4, n. 3, set./dez. 2020b. Disponível em: http://www.seer.ufu.br/index.php/Obutchenie/article/view/58440. Acesso em: DOI: https://doi.org/10.14393/OBv4n3.a2020-58440. Acesso em: 16 mar. 2023.

FEROLA, B. C.; LONGAREZI, A. M. Princípios didáticos, orientações metodológicas e desenvolvimento integral do estudante: contribuições de L. V. Zankov. *In*: PUENTES, R. V.; LONGAREZI, A. M. *Enfoque histórico-cultural e teoria da aprendizagem desenvolvimental*: contribuições na perspectiva do Gepedi. Goiânia: Phillos, 2021. Livro I. Disponível em: https://phillosacademy.com/enfoque-historico-cultural-e-aprendizagem-desenvolvimental-contribuicoes-na-perspectiva-do-gepedi. Acesso em: 16 mar. 2023.

FRANCO, P. L. J.; SOUZA, L. M. de A.; FEROLA, B. de C. Princípios e movimentos didáticos para uma "Obutchenie por unidades". Dossiê Didática desenvolvimental: uma abordagem a partir de diferentes concepções histórico-culturais. *Linhas Críticas*, v. 24, p. 359-380, 2019. Disponível em: http://periodicos.unb.br/index.php/linhascriticas/article/view/19820/20628. Acesso em: 5 mar. 2019.

GALPERIN, P. Y. Sobre la formación de los conceptos y de las acciones mentales. *In*: ROJAS, L. Q. (org.). *La formación de las funciones psicológicas durante el desarrollo del niño*. México: Universidad Autónoma de Tlaxcala, 1995.

GALPERIN, P. Y. Sobre la formación de las imágenes sensoriales y de conceptos. *In*: ROJAS, L. Q. (com.). *La formación de las funciones psicológica durante el desarrollo del niño*. México: Universidad Autónoma de Tlaxcala, 2001. p. 27-40.

LAZARETTI, L. M. Daniil Borisovich Elkonin: a vida e as produções de um estudioso do desenvolvimento humano. *In*: LONGAREZI, A. M.; PUENTES, R. V. (org.). *Ensino desenvolvimental*: vida, pensamento e obra dos principais representantes russos. 3. ed. Uberlândia: Edufu, 2017. p. 219-248.

LEONTIEV, A. N. Estructura general de la actividad (1975). *In*: LEONTIEV, A. N. *Actividad, conciencia, personalidad*. La Habana: Editorial Pueblo y Educación, 1985. p. 82-100.

LIBÂNEO, J. C. A didática e a aprendizagem do pensar e do aprender: a teoria histórico-cultural da atividade e a contribuição de Vasili Davydov. *Revista Brasileira de Educação*, Rio de Janeiro, v. 27, n. 27, p. 5-24, 2004.

LIBÂNEO, J. C.; FREITAS, R. A. M. da M. Vasily Vasilyevich Davydov: a escola e a formação do pensamento teórico-científico. *In*: LONGAREZI, A. M.; PUENTES, R. V. (org.). *Ensino desenvolvimental*: vida, pensamento e obra dos principais representantes russos. Uberlândia: Edufu, 2013. Livro I.

LOMPSCHER, J. Personality development and the pedagogical organization of Lompscher, J. *Psychologie des Lernens in der Unterstufe*, Berlim, 1971.

LOMPSCHER, J. *Zur Psychologie der Lerntätigkeit*. Berlim: Hartmut Knopf Martin-Luther-Universität Halle-Wittenberg, 1977.

LOMPSCHER, J. *Theoretischmethodologische Probleme der psychologischen Tätigkeitsanalyse*. Probleme u. Ergebnisse Psychol, n. 68 S. 719, 1979.

LOMPSCHER, J. Personality development and the pedagogical organization of pupils' activities. *Prospects*, v. 12, n. 1, p. 29-42, jan. 1982.

LOMPSCHER, J. Desenvolvimento da personalidade no estudo (*Persönlichkeitsentwicklung in der Lerntätigkeit*). Berlim: Volk u. Wissen, 1988. 272 p.

LOMPSCHER, J. Zum Problem der Lernstrategien. *Lern- und Lehrforschung, LLF-Berichte,* Berlin: Projektgruppe Lern- und Lehrforschung an der Humboldt--Universität, n. 1, S. 18-53, 1992.

LOMPSCHER, J. *Lernstrategien:* Zugänge auf der Reflexions- und der Handlungsebene. Potsdam: Universität Potsdam, 1994. p. 114-129.

LOMPSCHER, J. Aprendizagem, estratégias e ensino. *In*: CONGRESSO INTERNACIONAL DE EDUCAÇÃO DE SANTA CATARINA, 1996, Florianópolis. *Anais* [...]. Florianópolis: Secretaria da Educação e do Desporto, 1996. v. 1, p. 87-107.

LOMPSCHER, J. Memórias de um amigo próximo (ПАМЯТИ БЛИЗКОГО ДРУГА). *Вестник* (Boletim), Riga, n. 5, 1998. Disponível em: http://old.experiment.lv/. Acesso em: 16 mar. 2023.

LOMPSCHER, J. Aplicação da Teoria da Aprendizagem Desenvolvimental na escola alemã (ПРИМЕНЕНИЕ ТЕОРИИ РАЗВИВАЮЩЕГО ОБУЧЕНИЯ В ГЕРМАНСКОЙ ШКОЛЕ). *Psicologia*: personalidade e atividade. Moscou, 2000 [2005]. Disponível em: https://hr-portal.ru/article/primenenie-teorii-razvivayushchego-obucheniya-v-germanskoy-shkole. Acesso em: 16 mar. 2023.

LOMPSCHER, J.; GIEST, H. Formation of learning activity and theoretical thinking in science teaching. *In*: KOZULIN, A. *et al*. (eds.). *Vygotsky's educational theory in cultural context*. Cambridge: Cambridge University Press, 2003. p. 267-288.

LOMPSCHER, J.; MÁRKOVA, A. K.; DAVIDOV V. V. *Formação da atividade de estudo nos alunos* (Ausbildung der Lerntätigkeit bei Schülern) (Формирование учебной деятельности школьников). Berlim: Editora Volk und Wissen; Moscou: Editora Pedagógica, 1982.

LOMPSCHER, J.; PIPPIG, G. Apropriação no processo de aprendizagem. *In: Fundamentos psicológicos da aprendizagem*. Berlim, 1989. v. 1.

LONGAREZI, A. M. Para uma didática desenvolvimental e dialética da formação: desenvolvimento do professor e do estudante no contexto da educação pública brasileira. *Obutchénie*: Revista de Didática e Psicologia Pedagógica, v. 1, n. 1, p. 187-230, 2017.

LONGAREZI, A. M. Prefácio. *In*: PUENTES, R. V.; CARDOSO, C. G. C.; AMORIM, P. A. P. (org.). *Teoria da atividade de estudo:* contribuições de D. B. Elkonin, V. V. Davidov e V. V. Repkin. Curitiba: CRV, 2019.

LONGAREZI, A. M. Gênese e constituição da Obutchénie desenvolvimental: expressão da produção singular-particular-universal enquanto campo de tensão contraditória. *Revista Educação*, Santa Maria: UFSM, v. 45, p. 1-32, 2020. Disponível em: https://periodicos.ufsm.br/reveducacao/article/view/48103%23:~:text=Apreender%20a%20generalidade%20e%20a,do%20singular-particular-universal. Acesso em: 11 set. 2023.

LONGAREZI, A. M. Psicologia histórico-cultural e atividade de estudo na Alemanha Oriental: contribuições do grupo de Berlim. *Revista de Educação PUC-Campinas*, v. 27, p. 1-16, 2022a. Disponível em: https://doi.org/10.24220/2318-0870v27e2022a5668. Acesso em: 11 set. 2023.

LONGAREZI, A. M. O trabalho experimental na Alemanha Oriental: contribuições do Grupo de Berlim para a teoria da atividade de estudo. In: PUENTES, R. V.; LONGAREZI, A. M.; MARCO, F. F. de (org.). *Teoria da atividade de estudo*: contribuições do Grupo de Berlim. Bauru: Mireveja, 2022b.

LONGAREZI, A. M. Teorias, conteúdos e métodos de aprendizagem em diferentes abordagens didáticas. In: LONGAREZI, A. M.; MELO, G. F.; XIMENES, P. de A. S. (org.). *Didática, epistemologia da práxis e tendências pedagógicas*. Jundiaí: Paco Editorial, 2023a.

LONGAREZI, A. M. Sistema didático alternativo desenvolvimental soviético Zankov: sessenta e seis anos de trajetória experimental (1957-2023). *Obutchénie*: Revista de Didática e Psicologia Pedagógica, v. 7, n. 2, 2023b.

LONGAREZI, A. M. A gênese, desenvolvimento e consolidação das teorias da Aprendizagem Desenvolvimental e da Atividade de Estudo na União Soviética: o Grupo de Moscou. In: LONGAREZI, A. M.; PUENTES, R. V.; MARCO, F. F. de. (org.). *Teoria da atividade de estudo*: contribuições do Grupo de Moscou. Bauru: Mireveja, 2023c.

LONGAREZI, A. M.; DIAS DE SOUSA, W. D. Unidades possíveis para uma obutchénie dialética e desenvolvedora. Dossiê Didática desenvolvimental: uma abordagem a partir de diferentes concepções histórico-culturais. *Linhas Críticas*, v. 24, p. 453-474, 2019. Disponível em: http://periodicos.unb.br/index.php/linhascriticas/article/view/19815/20635. Acesso em: 5 mar. 2019.

LONGAREZI, A. M.; FEROLA, B. C. Educação-aprendizagem-desenvolvimento e o método de investigação na concepção de L. V. Zankov. *Obutchénie*: Revista de Didática e Psicologia Pedagógica, v. 7, n. 2, 2023.

LONGAREZI, A. M.; PUENTES, R. V. (org.). *Ensino desenvolvimental*: sistema Galperin-Talízinha. Guarujá: Editora Científica Digital, 2021.

LONGAREZI, A. M.; PUENTES, R. V.; MARCO, F. F. de. (org.). *Teoria da atividade de estudo*: contribuições do Grupo de Moscou. Bauru: Mireveja, 2023.

LOPES, E. S. de L. *A periodização do desenvolvimento e a teoria da atividade de estudo de D. B. Elkonin*: uma análise à luz da teoria da subjetividade. 2020. 170 f. Tese (Doutorado em Educação) — Universidade Federal de Uberlândia, Uberlândia, 2020. Disponível em: http://doi.org/10.14393/ufu.te.2021.5503. Acesso em: 11 set. 2023.

MARCO, F. F.; CEDRO, W. L.; LOPES, A. L. R. V. Sistema Galperin-Talizina: princípios e orientações para o professor. *In*: LONGAREZI, A. M.; PUENTES, R. V. (org.). *Ensino desenvolvimental*: sistema Galperin-Talízinha. Guarujá: Editora Científica Digital, 2021.

MÁRKOVA, A. K. *Psicologia da aprendizagem do idioma como meio de comunicação*. Moscou: [*s. n.*], 1974.

MATVEEVA, N. I.; REPKIN V. V.; SKOTARENKO, R. V. Condições de domínio das formas independentes da atividade de estudo na escola. *Вестник*, Khorkov, Série Psicológica, v. 8, n. 122, p. 42-50, 1975.

MENDOZA, H. J. G.; TINTORER, O. D. Contribuições do sistema didático Galperin, Talízina e Majmutov para resolução de problemas. *In*: LONGAREZI, A. M.; PUENTES, R. V. (org.). *Ensino desenvolvimental*: sistema Galperin-Talízinha. Guarujá: Editora Científica Digital, 2021.

MOURA, M. O. de (org.). *A atividade pedagógica na teoria histórico-cultural*. 2. ed. Campinas: Autores Associados, 2016.

MOURA, M. O. de (org.); ARAUJO, E. S.; SERRAO, M. I. B. Atividade orientadora de ensino: fundamentos. *Linhas Críticas*, Brasília, UnB, v. 24, p. 339-358, 2019.

NÚÑEZ, I. B.; LEÓN, G. F.; RAMALHO, B. L. O sistema Galperin-Talízina na didática desenvolvimental: elementos iniciais de uma contextualização. *Obutchénie*: Revista de Didática e Psicologia Pedagógica, v. 4, n. 1, 2020.

PEREIRA, D. G.; RESENDE, M. R.; AQUINO, O.F. Pressupostos teóricos e metodológicos do sistema didático zankoviano. *Obutchénie*: Revista de Didática e Psicologia Pedagógica, v. 7, n. 2, 2023.

PUENTES, R. V. Didática desenvolvimental da atividade: o sistema Elkonin-Davidov (1958-2015). *Obutchénie*: Revista de Didática e Psicologia Pedagógica, v. 1, p. 20-58, 2017. DOI: https://doi.org/10.14393/OBv1n1a2017-2. Acesso em: 11 set. 2023.

PUENTES, R. V. A noção de sujeito na concepção da aprendizagem desenvolvimental: uma aproximação inicial à teoria da subjetividade. *Obutchénie*: Revista de Didática e Psicologia Pedagógica, v. 3, n. 1, p. 58-87, 2019. Disponível em: https://doi.org/10.14393/OBv3n1.a2019-50575. Acesso em: 9 mar. 2022.

PUENTES, R. V. A recepção e a renovação das teorias da aprendizagem desenvolvimental e da atividade de estudo na Alemanha Oriental: o Grupo de Berlim. *In*: PUENTES, R. V.; LONGAREZI, A. M.; MARCO, F. F. de (org.). *Teoria da atividade de estudo*: contribuições do Grupo de Berlim. Bauru: Mireveja, 2022.

PUENTES, R. V. V. V. Repkin: concepção de sujeito da atividade de estudo (1990-2021). *Obutchénie*: Revista de Didática e Psicologia Pedagógica, v. 7, p. 1-40, 2023a.

PUENTES, R. V. As teorias da aprendizagem desenvolvimental e da atividade de estudo na União Soviética: o Grupo de Moscou (1975-1983). *In*: LONGAREZI, A. M.; PUENTES, R. V.; MARCO, F. F. de (org.). *Teoria da atividade de estudo*: contribuições do Grupo de Moscou. Bauru: Mireveja, 2023b.

PUENTES, R. V.; AMORIM, P. A. P.; CARDOSO, C. G. C. *V. V. Repkin*: vida, pensamento e obra. Goiânia: Phillos, 2021.

PUENTES, R. V.; AQUINO, O. F. Ensino desenvolvimental da atividade: uma introdução ao estudo do sistema zankoviano (1957-1977). *Linhas Críticas*, v. 24, 2018. Disponível em: https://periodicos.unb.br/index.php/linhascriticas/article/view/20106. DOI: https://doi.org/10.26512/lc.v24i0.20106. Acesso em: 11 set. 2023.

PUENTES, R. V.; CARDOSO, C. G. C.; AMORIM, P. A. P. (org.). *Teoria da atividade de estudo*: contribuições de D. B. Elkonin, V. V. Davidov e V. V. Repkin. Curitiba: CRV; Uberlândia: Edufu, 2019.

PUENTES, R. V.; LONGAREZI, A. M. (org.). *Ensino desenvolvimental*: sistema Elkonin-Davidov. Campinas: Mercado de Letras; Uberlândia: Edufu, 2019.

PUENTES, R. V.; LONGAREZI, A. M. Sistemas didáticos desenvolvimentais. Precisões conceituais, metodológicas e tipológicas. *Obutchénie*: Revista de Didática e Psicologia Pedagógica, v. 4, n. 1, p. 201-242, 2020. Disponível em: http://www.seer.ufu.br/index.php/Obutchenie/article/view/57369. Acesso em: 11 set. 2023.

PUENTES, R. V.; LONGAREZI, A. M. Pesquisas histórico-culturais e desenvolvimentais realizadas no âmbito do Gepedi: estado da arte. *In*: PUENTES, R. V.; LONGAREZI, A. M. *Enfoque histórico-cultural e teoria da aprendizagem desenvolvimental*: contribuições teóricas e práticas na perspectiva do Gepedi. [S. l.: s. n.]: 2021. Livro I. https://phillosacademy.com/enfoque-historico-cultural-e-aprendizagem-desenvolvimental-contribuicoes-na-perspectiva-do-gepedi. Acesso em: 20 jun. 2023.

PUENTES, R. V.; LONGAREZI, A. M.; MARCO, F. F. de (org.). *Teoria da atividade de estudo. Contribuições do Grupo de Berlim*. Bauru: Mireveja, 2022.

PUENTES, R. V.; MELLO, S. A. (org.). *Teoria da atividade de estudo*: contribuições de pesquisadores brasileiros e estrangeiros. Uberlândia: Edufu, 2019.

REPKIN, V. V. *A fase inicial do desenvolvimento da aprendizagem da língua russa no nível médio*. Kharkiv: [s. n.], 1992.

REPKIN, V. V. *Dicionário educacional da língua russa*. Livro didático para os anos 2º-5º (problemas da aprendizagem desenvolvimental). Tomsk: [s. n.], 1993.

REPKIN, V. V. *Dicionário educacional de língua russa anos 2º-9º*. Tomsk: [s. n.], 1994.

REPKIN, V. V. A aprendizagem desenvolvimental da língua e o problema da alfabetização ortográfica. *Vestn*, Riga, n. 1, p. 36-42, 1996. Disponível em: http://bit.ly/2AN7gsE. Acesso em: 26 set. 2015.

REPKIN, V. V. Tipos de atividade de estudo e métodos de aprendizagem. *In*: REPKIN, V. V.; REPKINA, N. V. *Aprendizagem desenvolvimental*: teoria e prática. Tomsk: Peleng, 1997a. p. 3-47.

REPKIN, V. V. Aprendizagem desenvolvimental e atividade de estudo. *Вестник*, Riga, Centro Pedagógico "Experimentar", 1997b.

REPKIN, V. V. *Um aluno do primeiro ano precisa do fonema?* Notas sobre uma das versões do programa para a aprendizagem desenvolvimental da língua russa. Tomsk: Peleng, 1999. 48 p.

REPKIN, V. V.; DOROKHINA, V. T. O processo de "aceitação" da tarefa na atividade de estudo. *In*: REPKIN, V. V.; DOROKHINA, V. T. *Teoria dos problemas e métodos para sua solução*. Kiev: [s. n.], 1973.

REPKIN, V. V.; KRAMSKIKH, S. V. A formação de métodos científicos gerais de análise e generalização substantivas no processo de estudo da língua. *Journal of Kharkov University*, Kharkov: Escola Vishche, n. 155, p. 38-42, 1977.

REPKIN, V. V.; REPKINA, N. V. Modelo teórico da aprendizagem desenvolvimental. *In*: PUENTES, R. V.; LONGAREZI, A. M. (org.). *Ensino desenvolvimental*: sistema Elkonin-Davydov-Repkin. Campinas: Mercado de Letras; Uberlândia: Edufu, 2019. p. 27-76.

REPKIN, V. V.; ZHEDEK, P. S. Sobre as condições para a formação da capacidade generalizada de definir problemas ortográficos. *Вестник*, v. 3, n. 58, p. 55-63, 1970.

ROSA, J. E. da *et al*. Movimento do conhecimento matemático na história virtual. Verdim e seus amigos? *Perspectivas da Educação Matemática*, v. 6, p. 21-41, 2013.

SHERSTYUK, L.; JAKUSKO, J. P. G. K. Sereda (1915-1995): vida e feitos acadêmicos. *In*: PUENTES, R. V.; LONGAREZI, A. M. (org.). *Ensino desenvolvimental*: vida, pensamento e obra dos principais representantes russos. Campinas: Paco Editorial; Uberlândia: Edufu, 2019. p. 189-212.

VOSTORGOVA, E. V. Morreu Vladimir Vladimirovich Repkin: cientista, psicólogo, linguista, autor de livros didáticos sobre o idioma russo. *Prosv*, Moscou, 15 abr. 2022. Disponível em: https://prosv.ru/news/show/6743.html. Acesso em: 25 set. 2022.

ZANKOV, L. V. *Didáctica y vida*. Moscú: Editorial Ilustración, 1968.

ZANKOV, L. V. *Conversa entre professores* (Беседы с учителями). 2. ed. Moscou: Educação, 1975.

ZINCHENKO, V. P.; MESHERIAKOV, R. G. Piotr Ivanovich Zinchenko (1903-1969): sua vida e sua obra. *In*: PUENTES, R. V.; LONGAREZI, A. M. (org.). *Ensino desenvolvimental*: vida, pensamento e obra dos principais representantes russos. Uberlândia: Edufu, 2016. p. 165-196.

ZUCKERMAN, G. A. Uma criança em idade escolar pode se tornar sujeito da atividade de estudo? *Вестник*, Moscou-Riga, Associação Internacional "Aprendizagem Desenvolvimental", n. 2, 1997. Disponível em: http://old.experiment.lv/. Acesso em: 11 set. 2023.

ZUCKERMAN, G. A. Developmental education. A genetic modeling experiment. *Journal of Russian and East European Psychology*, v. 49, n. 6, p. 45-63, nov./dez. 2011.

CAPÍTULO 4

Didática histórico-crítica:
a ascensão do abstrato ao concreto no trabalho educativo

Lenilda Rêgo Albuquerque de Faria
Dermeval Saviani[1]

Introdução

Antes de qualquer formulação a respeito da Didática Histórico-Crítica, é imprescindível afirmarmos que os avanços, em termos de sua penetração no âmbito da prática pedagógica do conjunto dos professores, somente serão possíveis a partir do compromisso simultâneo com as lutas pela superação das relações sociais da ordem capitalista. A prática educativa se põe ao lado das outras esferas da atividade humana, comprometida com as lutas da classe trabalhadora, com a

---

1. Dividimos nossa tarefa da seguinte forma: o texto do corpo do capítulo é de autoria da Professora Lenilda. O Adendo contém a manifestação do Prof. Dermeval, baseada na parte final da longa entrevista que concedeu ao evento "Esquenta ENDIPE", preparatório do XXI ENDIPE realizado em novembro de 2022.

transformação das relações sociais de produção do capitalismo e com a conquista de novas relações sociais, nas quais o que é produzido socialmente é usufruído pelo conjunto do/as trabalhadores/as.

Aqui não há ingenuidade, por isso, é preciso fazer a crítica à escola burguesa, ao seu currículo, às suas práticas neotecnicistas, à avaliação meritocrática e de responsabilização docente, tendo em vista reorganizar o trabalho educativo na escola a partir do que lhe confere especificidade, qual seja, o saber sistematizado, portanto, metódico, rigoroso e crítico.

A Pedagogia Histórico-Crítica (PHC) é uma teoria pedagógica, seus fundamentos e teses apresentam contribuições para os vários campos da educação: para a didática, para o currículo, para as políticas educacionais, para os ensinos das ciências humanas ou para as ciências da natureza. É uma teoria, assim, que não se confunde com metodologias, muito menos se restringe a determinadas áreas, como a História da Educação e a Filosofia da Educação. É uma pedagogia e, assim, põe-se como ciência da educação, porque é uma ciência do *concreto*, do método verdadeiramente correto, científico, pois é síntese de múltiplas e numerosas determinações.

Antes de tudo, a Pedagogia Histórico-Crítica é uma pedagogia contra-hegemônica. Clarificando a concepção de contra-hegemonia no âmbito do pensamento pedagógico, Saviani (2008a, p. 170) assevera que pedagogias contra-hegemônicas são "orientações que não apenas não conseguiram tornar-se dominantes, mas que buscam intencional e sistematicamente colocar a educação a serviço das forças que lutam para transformar a ordem vigente visando instaurar uma nova forma de sociedade". E, claro está, a PHC, como uma pedagogia marxista, tem como forte compromisso forjar, criar, no interior da sociedade capitalista, as formas de superação dessa ordem social e, ao mesmo tempo, instaurar novas relações sociais — aquelas que estão no cerne da proposta da sociedade comunista.

Quando, a partir de nossas referências teóricas, empregamos a denominação pedagogias contra-hegemônicas, não significa que somos contra a *hegemonia*, mas sim que, no contexto da ordem social do capital, representam a luta por uma *nova hegemonia*. Uma hegemonia da autoatividade do homem, de sua autorrealização pela superação das condições de trabalho e de vida da forma capitalista. Entendida, assim, não apenas como direção política, mas também como direção moral, cultural, ideológica, nos termos das formulações gramscianas.

Para o pedagogo, a Pedagogia Histórico-Crítica, numa síntese muito apertada, "é tributária da concepção dialética, especificamente na versão do materialismo histórico, tendo fortes afinidades, no que se refere às suas bases psicológicas, com a psicologia histórico-cultural desenvolvida pela Escola de Vigotski" (SAVIANI, 2021, p. 421). Definindo e explicitando as bases ontológicas e gnosiológicas da PHC, Saviani (2019a, p. 29) a enraíza diretamente ao materialismo histórico-dialético:

> A fundamentação teórica da pedagogia histórico-crítica nos aspectos filosóficos, históricos, econômicos e político-sociais se propõe explicitamente a seguir as trilhas abertas pelas agudas investigações desenvolvidas por Marx sobre as condições históricas de produção da existência humana que resultaram na forma da sociedade atual dominada pelo capital. É, pois, no espírito de suas investigações que essa proposta pedagógica se inspira. Frise-se: é de inspiração que se trata e não de extrair dos clássicos do marxismo uma teoria pedagógica.

Na explicitação do nome atribuído a essa teoria pedagógica, seu expoente realiza um esforço teórico-conceitual de efetuar a crítica às teorias crítico-reprodutivistas, de modo a se diferenciar e a garantir a sustentação de sua crítica. Saviani (2005b, p. 140) afirma que "a expressão *histórico-crítica* traduzia de modo pertinente o que estava sendo pensado". O pensador segue explicitando sua opção ao afirmar: "exatamente o problema das teorias crítico-reprodutivistas era a falta de enraizamento histórico, isto é, a apreensão do movimento histórico que se desenvolve dialeticamente em suas contradições" (SAVIANI, 2005b, p. 141).

Enraizado no referencial teórico marxiano, Dermeval Saviani, parafraseando Lênin, segundo o qual "não há revolução educacional sem teoria educacional revolucionária" (SAVIANI, 2008b, p. 52-60), desenvolveu seus estudos e teorizações para o Brasil a partir dos teóricos Gramsci, Bogdan Suchodolski, Georges Snyders e Mario Alighiero Manacorda, dentre outros, como Pistrak e Makarenko, conduzindo, simultaneamente, estudos sobre História da Educação, Política Educacional, Filosofia da Educação e Teoria Didática.

Com a obra *Escola e democracia*, o autor vem provocando significativas mudanças no pensamento pedagógico nacional e, inegavelmente, no pensamento pedagógico latino-americano. Nessa obra, Saviani (2008b) evidencia e explicita, a partir de uma análise na qual a luta de classes mostra-se presente objetivamente na realidade e, em particular, na trama relativa aos fenômenos educacionais, o caráter ingênuo e conservador das teorias pedagógicas liberais, denominando-as de não críticas e de crítico-reprodutivistas. Dessa forma, busca dar um passo decisivo na superação delas, propugnando uma pedagogia revolucionária centrada na igualdade essencial entre os homens, igualdade essa em termos reais e não apenas formais; "busca, pois, converter-se, articulando-se com as forças emergentes da sociedade, em instrumento a serviço da instauração de uma sociedade igualitária" (SAVIANI, 2008b, p. 52), e considera a transmissão, a difusão de conteúdos vivos e atualizados uma das tarefas primordiais do processo educativo, em geral, e da escola, em particular.

Em se tratando do objeto da didática, o processo de ensino-aprendizagem, a contribuição da Pedagogia Histórico-Crítica se expressa, com toda a sua potência heurística e pedagógica, com a proposição do método que tem na prática social o seu ponto de partida e ponto de chegada. Assim, como um *détour*, o movimento do pensamento e pelo pensamento acessa a origem, o desenvolvimento e as tendências de transformação dos problemas da prática educativa. Dito de outro modo, trata-se de um movimento em que o pensamento se apropria do real pela abstração e, pela análise, chega-se à síntese, em um movimento que retorna para o concreto pelo caminho dialético, que se dá da *parte* para o todo e do *todo* para a parte.

Não é por demais insistir que, para a PHC, o homem não nasce homem, sua humanização é resultante do desenvolvimento histórico-objetivo da realidade. Na produção e reprodução de sua existência, em sua relação com a natureza, consigo mesmo e com os outros indivíduos, na satisfação de suas necessidades, o homem produz respostas e explicações diversas para os acontecimentos de sua vida. Produz, assim, instrumentos, saberes, conhecimentos de diferentes modalidades, "tais como: conhecimento sensível, intuitivo, afetivo, conhecimento intelectual, lógico, racional, conhecimento artístico, estético, conhecimento axiológico, conhecimento religioso e, mesmo, conhecimento prático e conhecimento teórico" (SAVIANI, 2005b, p. 7).

Com efeito, para as finalidades da formação humana, esses conhecimentos só interessam enquanto se traduzirem em elementos necessários ao indivíduo na produção de sua humanidade, uma vez que "ele não nasce sabendo ser homem, vale dizer, ele não nasce sabendo sentir, pensar, avaliar, agir. Para saber pensar e sentir; para saber querer, agir ou avaliar é preciso aprender, o que implica o trabalho educativo" (SAVIANI, 2005b, p. 7). Não se trata, portanto, de um saber qualquer, mas daquele resultante de um trabalho sistemático e que tem "como referência, como matéria-prima de sua atividade, o saber objetivo produzido historicamente" (SAVIANI, 2005b, p. 7). De fato, é preciso explicitar que, para esse pensador, no que se refere ao conhecimento, existe uma distinção entre elaboração e produção: "A produção do saber é social, ocorre no interior das relações sociais. A elaboração do saber implica expressar de forma elaborada o saber que surge da prática social. Essa expressão elaborada supõe o domínio dos instrumentos de elaboração e sistematização" (SAVIANI, 2005b, p. 77).

O método pedagógico da Didática Histórico-Crítica é o método concreto

A tarefa da escola consiste em garantir aos filhos da classe trabalhadora a apropriação desses instrumentos de elaboração e sistematização do conhecimento. Quando ela não faz isso, aqueles, mesmo continuando a contribuir pela prática social com a produção do saber, ficam sem o domínio dos instrumentos necessários à sua elaboração e reelaboração e, assim, desprovidos das possibilidades de agirem de modo transformador de suas condições de vida.

> [...] ao nos referirmos ao acervo cultural da humanidade, ao acervo histórico da produção humana, nós estamos nos referindo às formas elaboradas, as expressões mais avançadas, e aí, por uma economia de linguagem, nós temos nos referido a três grandes campos que são: a filosofia, a ciência e a arte. Então, as expressões mais avançadas, aquilo que se traduz no conceito de clássico abrange os campos da filosofia, da ciência e da arte que, de certo modo, formam um conjunto. Essa própria distinção faz sentido na linha do método, que para passar da síncrese, para passar do empírico, das impressões imediatas, do senso comum, à síntese, ao concreto, é necessária a mediação da análise que envolve, então, a identificação dos vários aspectos, das várias determinações que compõem o concreto como totalidade. Mas não são elementos que possam ser separados. Então é difícil, por exemplo, quando a gente penetra na filosofia, separar isso da arte e da ciência. Quando se aprofunda também a visão de ciência, separá-la da filosofia e da arte, o mesmo ocorrendo com o aprofundamento da arte (SAVIANI, 2015, p. 176)

Pelos pressupostos teóricos da PHC, o domínio dos conhecimentos científicos, filosóficos e artísticos pelos alunos não se faz de modo passivo, ou seja, sem questionamentos, sem problematizações de seus significados e validade em face dos problemas e dos desafios da vida social. Por essa condição, é colocada a necessidade de um método pedagógico que seja fomentador e instrumentalizador do pensamento teórico-científico.

Adverte-se, aqui, que o método pedagógico da Pedagogia Histórico-Crítica é expressão viva da dialética marxiana, portanto, é um método concreto, síntese de múltiplas determinações. É unidade do diverso. Assim não pode ser pensado esquematicamente, em uma sequência cronológica de um após o outro, como o faz parecer algumas tentativas de materialização do método da PHC na prática de ensino, confundindo-o e reduzindo-o a procedimentos de ensino. Ao pensar e agir assim, essas práticas acabam por engessar o método pedagógico formulado por Saviani, retirando "todo caráter de dialeticidade, processualidade, contradição e determinações recíprocas daquilo que se caracteriza como uma totalidade de elementos e momentos constitutivos da organização e do agir didático" (GALVÃO; LAVOURA; MARTINS, 2019, p. 122). Os autores expressam a potência pedagógica desse método ao afirmarem que o:

> [...] método pedagógico histórico-crítico, aquele que deve(ria) ser entendido como um *conjunto articulado de fundamentos lógicos, os quais alicerçam toda a organização e o desenvolvimento do trabalho educativo com vistas a orientar o agir de professores na apreensão das múltiplas determinações constitutivas da dinâmica, da processualidade e das contradições da relação entre ensino e a aprendizagem* (GALVÃO; LAVOURA; MARTINS, 2019, p. 122, grifos dos autores).

Decerto, os professores poderão extrair toda a fecundidade didático-metodológica do método da Pedagogia Histórico-Crítica, compreendida em sua base original, para pensar e organizar o trabalho pedagógico antes mesmo de entrar em sala de aula, que é o que lhe corresponde e lhe compete.

É preciso reiterar que a Pedagogia Histórico-Crítica está comprometida em contribuir com o desenvolvimento pleno dos estudantes, pois o "interesse é colocar a escola a serviço das necessidades da classe trabalhadora e, com isso, empenhar-se em pôr em ação métodos de ensino eficazes" (SAVIANI, 2008a; 2008b). Para tanto, esses métodos vão além dos tradicionais e dos novos, objetivando superar, por incorporação, as contribuições dessas duas concepções pedagógicas. O autor esclarece:

> Serão métodos que estimularão a atividade e iniciativa dos alunos sem abrir mão, porém, da iniciativa do professor; favorecerão o diálogo dos alunos entre si e com o professor, mas sem deixar de valorizar o diálogo com a cultura acumulada historicamente; levarão em conta os interesses dos alunos, os ritmos de aprendizagem e desenvolvimento psicológico, mas sem perder de vista a sistematização lógica dos conhecimentos, sua

ordenação e gradação para efeitos do processo de transmissão-assimilação dos conteúdos cognitivos (SAVIANI, 2008b, p. 56).

No correto entendimento do método, deve-se afastar toda e qualquer compreensão simplista, equivocada, superficial e incorreta do método pedagógico da PHC. Se pretendemos extrair chaves heurísticas, com efetiva contribuição didático-pedagógica, para uma didática da PHC, é imperativo que nos desvencilhemos das correntes de um pensamento fragmentário, estanque, mecanicista e tecnicista ao nos colocarmos a estudar e compreender com riqueza gnosiológica o método pedagógico sistematizado por Dermeval Saviani.

Pelo entendimento das finalidades do ensino, os passos são pensados como "momentos articulados num mesmo movimento, único e orgânico" (SAVIANI, 2008b, p. 60). Aqui, entra e se põe com força didático-pedagógica a complexa, rica e dinâmica relação conteúdo e forma. Definidos os fins, a partir dos fundamentos teórico-metodológicos da PHC, o professor se põe no trabalho de organizar e mobilizar as atividades, os meios, as formas e os procedimentos mais coerentes com as finalidades do ensino e da tarefa da escola. É, portanto, já com essa compreensão em movimento e materialização, o ponto de partida, assim como também de chegada, não sendo outro senão a *prática social*.

O primeiro momento: *a prática social* é o ponto de partida, comum ao professor e ao aluno, pois nela ambos estão igualmente inseridos. Como agentes individuais, podem-se posicionar de modo diferenciado em relação a essa prática comum. Há, no entanto, pedagogicamente, uma diferença essencial que não pode ser ignorada, por ser decisiva na compreensão dessa relação — o "professor de um lado, e os alunos, de outro, encontram-se em níveis diferentes de compreensão (conhecimento e experiência) da prática social. Enquanto o professor tem uma compreensão que poderíamos denominar de 'síntese precária', a compreensão dos alunos é de caráter sincrético" (SAVIANI, 2008b, p. 56). Mas o que significa esses níveis entre professor e aluno? O autor explica:

A compreensão do professor é sintética porque implica uma certa articulação dos conhecimentos e das experiências que detém relativamente à prática social. Tal síntese, porém, é precária uma vez que, por mais articulados que sejam os conhecimentos, a inserção de sua prática pedagógica como uma dimensão da prática social envolve uma antecipação do que lhe será possível fazer com alunos cujos níveis de compreensão ele não pode conhecer no ponto de partida, se não de forma precária (SAVIANI, 2008b, p. 56-57).

Sobre a compreensão sincrética do aluno, esclarece:

> Por seu lado, a compreensão dos alunos é sincrética uma vez que, por mais conhecimentos e experiências que detenham, sua própria condição de alunos implica uma impossibilidade, no ponto de partida, de articulação da experiência pedagógica na prática social de que participam (SAVIANI, 2008b, p. 57).

Professor e aluno, portanto, mesmo tendo como ponto de partida a prática social, do ponto de vista pedagógico encontram-se em situação de desigualdade, a qual se refere ao fato de que o professor, por ter as teses da PHC como fundamento de sua prática, em sua construção histórica, para além de dominar os conhecimentos científicos do seu campo de atuação, tem uma visão mais ampliada, aprofundada e alargada da prática social. O estudioso da PHC joga luzes sobre o entendimento da questão, ao afirmar que:

> [...] o professor tem uma visão sintética, os alunos uma visão sincrética. E advirto que se trata, aí, da prática social tal como se dá na sociedade contemporânea. Dizer, então, que o professor, para atuar eficazmente junto aos alunos, deve ter uma compreensão sintética da prática social, significa dizer que ele deverá ter uma compreensão articulada das múltiplas determinações que caracterizam a sociedade atual. Ou seja, se os alunos, situando-se no ponto de partida com uma visão sincrética, têm uma compreensão ainda superficial, marcada pelas vivências empíricas, presas às impressões imediatas, o professor já teria passado pela

análise, pela mediação do abstrato, ascendendo a uma compreensão concreta, isto é, apreendendo a realidade como síntese de múltiplas determinações, como unidade da diversidade (SAVIANI, 2015, p. 188).

Para evitar os mal-entendidos provenientes de uma visão precária da relação professor e aluno, insistimos que a desigualdade, aqui, em nada tem a ver com a condição necessária de indivíduos ativos no processo de ensino-aprendizagem, mas sim com uma desigualdade inicial no âmbito do ato pedagógico, em relação à prática social. Saviani (2015, p. 188) não deixa dúvidas ao tratar do que compete ao professor que se move pelas teses da Pedagogia Histórico-Crítica:

> Portanto, assumir essa orientação pedagógica na atividade educativa significa ter presente o modo como está estruturada a sociedade atual, no interior da qual os educandos nasceram. Cabe, portanto, educá-los para viver nessa sociedade, o que implica conhecê-la o mais profundamente possível. E conhecer significa não apenas deter informações, mas compreender as relações.

O segundo momento: *a problematização*. Constitui-se em um momento no qual, sempre pela condução do professor, os educandos são mobilizados para a aprendizagem. Ele e os alunos se colocam em situação de discussão, de questionamento, de reflexão a respeito dos problemas postos pela prática social — entendida como historicidade e efetivação humana; e do conteúdo a ser estudado, sua contribuição, validade e necessidade social, como também são identificados, estudados e discutidos pontos de vistas sob os quais são apreendidos na vida social.

Enfim, "trata-se de detectar que questões precisam ser resolvidas no âmbito da prática social e, em consequência, que conhecimento é necessário dominar" (SAVIANI, 2008b, p. 57). Por esse processo, os educandos identificam e reconhecem os motivos, o porquê da necessidade de estudar determinado conteúdo e, assim, são instigados, desafiados a incorporar os elementos propiciadores da superação dos problemas concretos vivenciados, que ganham sentido na vida dos alunos, não valem por si mesmos.

O sentido não é outro senão identificar, perceber as formas que tanto impedem o desenvolvimento da humanidade dos educandos, como daquelas que precisam ser mobilizadas para a construção de processos potentes à transformação das condições que emperram seu processo de formação humana. Desse modo, direções são tomadas e o professor que se propõe a organizar seu trabalho com base na PHC deverá se colocar o compromisso de discutir as finalidades do conhecimento na ordem burguesa.

Sobre a fecundidade política da problematização, Saviani (2010, p. 115-116) rebate a ideia de doutrinação:

> Na minha maneira de ver, a posição política crítica, transformadora, de esquerda, não precisa de doutrinação porque a verdade está de seu lado (já se disse que a verdade é sempre revolucionária). Portanto, aquilo de que se trata é de um trabalho de desvelamento, isto é, de mostrar a verdade em toda a sua força, ou, como se diz correntemente, a verdade nua e crua, doa a quem doer.

A verdade é sempre revolucionária, e o método da Pedagogia Histórico-Crítica se fundamenta e se expressa pelo método posto por Marx, o método *concreto*. E é concreto por ser síntese de múltiplas e variadas determinações. E assim, no caso do trabalho do professor no tratamento didático dos conteúdos, busca-se sua gênese, seu desenvolvimento, suas transformações e, ao fazê-lo, capta-se o modo de ser daquele fenômeno, daquele fato, daquele conteúdo escolar tratado. Desse modo, capta-se, compreende-se sua forma objetiva de ser, ou seja, compreende-se como se manifesta concretamente, abordando, portanto, como *é* e como pode deixar de *ser o que é*. O trabalho dos professores, a essência de seu trabalho consiste neste fato: na verdade, na ciência.

Pelos fundamentos da PHC, os processos didático-pedagógicos devem se constituir também por uma atmosfera de crítica às relações político-sociais dominantes.

[...] para que essa apropriação se constitua como instrumento de libertação da exploração, vale dizer, como instrumento da transformação, é necessário que intervenham outras mediações, ou seja, é necessário que se construa um contexto ou, dizendo de outro modo, que se crie uma atmosfera de crítica ao *status quo*, favorável à visão de mundo transformadora, socialista, de esquerda (SAVIANI, 2010, p. 115).

Sim, o compromisso do professor que se move pelos fundamentos da PHC e pela via da crítica transformadora é contribuir com a formação dos estudantes, tendo em vista o seu papel na transformação da ordem social capitalista. Nesse sentido, a ambiência pedagógica favorecedora é aquela que se organiza pela crítica às relações sociais de dominação e de exploração e, por consequência, de negação de humanização e emancipação dos indivíduos.

O terceiro momento: *a instrumentalização*. Os alunos, uma vez conscientes das razões e das necessidades da aprendizagem daquele conteúdo, dispõem-se, com suas energias físicas, psíquicas e emocionais, ao seu tratamento didático-pedagógico pela colaboração do professor. A instrumentalização consiste, assim, no processo de apropriação dos "instrumentos teóricos e práticos necessários ao equacionamento dos problemas detectados na prática social" (SAVIANI, 2008b, p. 57). A especificidade desse momento, a transmissão direta e indireta realizada pelo docente, é clarificada quando o autor assevera:

Como tais instrumentos são produzidos socialmente e preservados historicamente, a sua apropriação pelos alunos está na dependência da transmissão direta ou indireta por parte do professor. Digo transmissão direta ou indireta porque o professor tanto pode transmiti-los diretamente, como pode indicar os meios pelos quais a transmissão venha a se efetivar (SAVIANI, 2008b, p. 57).

Esse é um momento essencial e sensível do trabalho didático. Aqui, os educandos entram em contato com os conteúdos teórico-práticos na sua forma sistematizada, como um saber teórico-científico, pensados e tratados na sua forma didática e pedagógica. Constitui-se em uma situação privilegiada para a formação dos conceitos na mente dos educandos. Busca-se, pelo conjunto das atividades de estudo, apreender, captar as conexões e interconexões da relação do objeto com o universal e sua materialização no particular e no singular; compreendê-lo na sua integralidade, como um processo de ricas e variadas relações. Aqui, portanto, o pensamento é ampliado, alargado, aprofundado.

Para a Didática Histórico-Crítica, é central que compreendamos a relação conteúdo e forma, a partir das categorias da dialética marxiana, ao tratarmos da forma direta ou indireta de desenvolvimento e apropriação pelos estudantes dos conceitos que constituem os conteúdos, de modo que estes possam ter sua inteligibilidade materializada na prática social. Saviani (2005b, p. 144-145) esclarece:

> Trabalhei várias vezes a prioridade dos conteúdos sem perder de vista que a questão pedagógica, em sua essência, é a questão das formas. Estas, porém, nunca podem ser consideradas em si mesmas. E a diferenciação sempre se dará pelo conteúdo. Se for feita a abstração dos conteúdos fica-se com a pura forma. Aí ocorre a indiferenciação. É neste sentido que os conteúdos são importantes. Tratar as formas em concreto e não em abstrato é tratá-las pela via dos conteúdos.

Assim, na organização das atividades de ensino, a forma nunca pode ser pensada senão em correspondência com o conteúdo a ser ensinado. Pode-se dizer que o conteúdo sempre condiciona a forma. O filósofo Cheptulin (1982, p. 268) afirma que "toda forma está organicamente ligada ao conteúdo, é uma forma de ligação dos processos que o constituem. A forma e o conteúdo, estando em correlação orgânica, dependem um do outro". Com efeito, o pensador evidencia que o "papel determinante nas relações conteúdo-forma é desempenhado pelo conteúdo. Ele determina a forma e suas mudanças acarretam mudanças correspondentes da forma. Por sua vez, a forma reage sobre o conteúdo, contribui para seu desenvolvimento ou o refreia" (CHEPTULIN, 1982, p. 268).

Quando compreendido nesses termos, portanto, e corretamente desenvolvido pelo professor e pelos estudantes, o objeto se apresenta espelhado na mente do educando, pois ele compreendeu, apreendeu o seu desenvolvimento, seu método próprio de investigação, como também os processos cognitivos mais adequados ao modo de ser do objeto ou da matéria ensinada. A significação político-social dessa fase da formação do pensamento teórico é de extrema relevância, uma vez que: "trata-se da apropriação pelas camadas populares das ferramentas culturais necessárias à luta social que travam diuturnamente para se libertar das condições de exploração em que vivem" (SAVIANI, 2008b, p. 57).

O quarto momento: *catarse*. Ela é entendida na acepção gramsciana de "'elaboração superior da estrutura em superestrutura na consciência dos homens'. Trata-se da efetiva incorporação dos instrumentos culturais, transformados agora em elementos ativos de transformação social" (SAVIANI, 2008b, p. 57). Ainda sobre como se efetiva a relação da estrutura e superestrutura nos estudos de Gramsci, Saviani (2010, p. 118) esclarece:

> [...] a estrutura está referida à realidade enquanto a sua elaboração como superestrutura na consciência dos homens se refere à apropriação, pelos homens, da realidade convertida em conhecimento que os torna capazes de agir intencionalmente sobre a realidade conhecida (a estrutura) transformando-a de acordo com suas finalidades. Assim, no caso da pedagogia histórico-crítica, o momento catártico, mais do que um simples conhecimento que é atingido pelos alunos, significa a conversão do conhecimento objetivo em uma espécie de segunda natureza, isto é, sua incorporação ao sujeito que se afirma, ele próprio, como uma realidade objetiva capaz de uma ação transformadora.

Uma correta e adequada compreensão da *catarse* põe em relevo a objetividade subjetivada conquistada pelos indivíduos a partir do trabalho didático-pedagógico. Os estudantes ascendem a uma compreensão dos objetos de estudo, como concreto pensado, síntese de múltiplas e ricas determinações. Ascender a essa condição é possuir, é dominar as ferramentas culturais, que colocam os estudantes em melhores condições para operar, no plano individual e coletivo, as transformações da vida material, que é ela mesma carregada de suas intencionalidades ético-políticas. E, assim, distancia-se do entendimento reducionista de que esse momento se constituísse de uma imediata aplicação na resolução de problemas, dos exercícios, das atividades propostas pelo professor.

Duarte (2021), em seus estudos sobre a *catarse* a partir de Gramsci, apresenta dois sentidos para o seu entendimento: o primeiro é o de que a superação da ordem social burguesa "colocaria as forças econômicas a serviço de uma vontade coletiva organizada, invertendo-se a situação atual, na qual o capital domina todo o arcabouço político institucional" (DUARTE, 2021, p. 284). O "outro sentido é o de que os seres humanos, para se desenvolverem em direção à liberdade, precisam incorporar à sua individualidade as forças sociais objetivamente existentes do acúmulo de experiência histórica" (DUARTE, 2021, p. 284).

Assim, o autor, em sintonia com o materialismo histórico-dialético, compreende que "esses dois sentidos do processo de elaboração da infraestrutura em superestrutura não se excluem, sendo, pelo contrário, aspectos inseparáveis de uma mesma dinâmica simultaneamente coletiva e individual" (DUARTE, 2021, p. 284). Nesse sentido, para Gramsci, a catarse, é "um processo político, ético e transformador das relações entre a subjetividade individual e a objetividade sociocultural" (DUARTE, 2021, p. 284). Trata-se de cada indivíduo colocar o conhecimento científico a serviço das práticas e das lutas, por uma nova hegemonia econômica, política e cultural.

Estendendo um pouco mais, com a finalidade de aclarar a compreensão do momento da catarse, nos termos colocados por Saviani, acompanhamos Duarte (2021, p. 285) quando assevera: "o que permite adjetivar uma mudança como catártica não é sua intensidade emocional, porém o fato de que haja uma alteração qualitativa nas relações entre a subjetividade individual e a objetividade sociocultural". O autor segue explicitando que "uma transformação catártica ampla e profunda pode ser gerada por um processo constituído de mudanças pequenas e quase imperceptíveis, como é o caso, na maioria das vezes, das catarses produzidas pela atividade educativa escolar" (DUARTE, 2021, p. 285). O autor, citando Saviani, na explicitação da catarse como o "momento da expressão elaborada da nova forma de entendimento da prática social a que se ascendeu" (SAVIANI, 2008b, p. 57), afirma que, para o expoente da Pedagogia Histórico-Crítica, a catarse é "um momento no qual ocorre a ascensão da consciência a um nível superior de compreensão da prática social" (DUARTE, 2021, p. 286).

Assim, o "conhecimento que é ensinado sistematicamente ao aluno pelo processo educativo escolar não se agrega mecanicamente à sua consciência, mas transforma-a em graus maiores ou menores" (DUARTE, 2021, p. 286). O aluno, nessa condição, afirma o autor, é "capaz de compreender o mundo de forma relativamente mais elaborada, superando, ainda que parcialmente, o nível do pensamento cotidiano ou, em termos gramscianos, o nível do senso comum" (DUARTE, 2021, p. 286). E conclui, retomando a elaboração de Saviani (2008b, p. 57): "trata-se da efetiva incorporação dos instrumentos culturais, transformados agora em elementos ativos de transformação social" (DUARTE, 2021, p. 286).

A *catarse* se traduz, portanto, na expressão do pensamento que agora existe de modo orgânico, articulado em totalidade e em movimento. O conteúdo estudado se apresenta como síntese de ricas, variadas e complexas determinações e, como tal, é sintético, é catártico. É o momento culminante do processo didático. O esforço realizado tanto pelo aluno como pelo professor, desde a problematização, materializa-se como força teórico-prática, potente e ativa na resolução dos problemas levantados e estudados desde o momento inicial. É a passagem da síncrese à síntese. É o aluno manifestando em ato as suas capacidades intelectuais desenvolvidas no percurso do estudo. O aluno se encontra, agora, liberto, pois não só conhece sua realidade, como também tem disponíveis para si os elementos de sua transformação. E, dessa forma, está em condições de agir de modo intencional, sistemático e eficaz na direção da superação dos problemas que afligem a si e aos outros. Destarte, a catarse é "uma mudança qualitativa nas relações entre a subjetividade individual e a objetividade sociocultural, em direção à superação da cotidianidade fetichizada e à formação da consciência" (DUARTE, 2021, p. 286).

Ademais, insistimos que, para a Didática Histórico-Crítica, a apropriação do conhecimento científico, ético, político e estético está organicamente vinculada à construção de uma nova sociedade. Nesse sentido, não vale em si mesma, muito menos em uma postura individualista e egoísta. Mas, ao contrário, é comprometida com as lutas sociais, assume um posicionamento de classe e compromete-se com os reais problemas da classe trabalhadora, incorporando as lutas pela superação da ordem social capitalista (FARIA, 2011; 2022). Significa, todavia, que

> a catarse é um processo ao mesmo tempo individual e coletivo, pois o posicionamento ético-político envolve necessariamente a organização coletiva dos indivíduos para o enfrentamento de lutas e a efetivação de mudanças em direção a uma profunda transformação da sociedade e da vida humana (DUARTE, 2021, p. 286).

Duarte (2021, p. 268) explicita esse entendimento ao referir-se aos pensadores marxianos Gramsci e Saviani, reafirmando e esclarecendo "que nesses dois autores a formação ética do indivíduo não se separa do desenvolvimento de sua concepção de mundo, ou seja, da formação de seu posicionamento político em relação à sociedade, que, no caso do capitalismo, significa um posicionamento no que tange à luta de classes".

Eis por que **o quinto momento** é a *prática social*. No ponto de chegada, a prática social é "compreendida agora não mais em termos sincréticos pelos alunos. Neste ponto, ao mesmo tempo que os alunos ascendem ao nível sintético em que, por suposto, já se encontrava o professor no ponto de partida, reduz-se a precariedade da síntese do professor, cuja compreensão se torna mais e mais orgânica" (SAVIANI, 2008b, p. 58). Isso se dá especialmente porque se compreende e se apreende o desenvolvimento do processo ensino-aprendizagem em suas tensões, contradições, rupturas, novas elaborações e sínteses.

Já observamos que, para o método pedagógico da PHC, a *prática social* é ponto de partida e de chegada. Com efeito, por seu caráter orgânico, concreto e objetivo, no ponto de chegada a prática social *é e não é a mesma*. Mas o que significa pensar assim? Saviani (2008b, p. 58) esclarece por meio da dialética:

> É a mesma, uma vez que é ela própria que constitui ao mesmo tempo o suporte e o contexto, o pressuposto e o alvo, o fundamento e a finalidade da prática pedagógica. E não é a mesma, se considerarmos que o modo de nos situarmos em seu interior se alterou qualitativamente pela mediação da ação pedagógica; e já que somos, enquanto agentes sociais, elementos objetivamente constitutivos da prática social, é lícito concluir que a própria prática se alterou qualitativamente.

Vê-se, portanto, que com a conquista dos instrumentos teórico-práticos, o educando terá sua prática alterada em termos qualitativos, possuindo condições de se posicionar de modo crítico e criativo, uma vez que tem uma visão de como os fenômenos são na sua essência. Uma visão refletida, mediatizada, essencial e concreta. Pode-se dizer que essa compreensão qualitativamente superior da prática social permite ao aluno, ao estudante, posicionar-se de modo criador e dinâmico em face da realidade objetiva.

Todavia, do interior de uma didática científica, de uma Didática Histórico-Crítica, é preciso, pois, que o pensamento se coloque sempre no movimento objetivo da dialética marxiana, de maneira a evitar o equívoco colossal, porque não dialético, de considerar os momentos do método como cinco passos em que o primeiro seria a "prática social inicial" e o quinto seria a "prática social final", o que significa que se iniciaria pela prática social e se sairia dela para o processo pedagógico e, concluído este, se voltaria à prática social no quinto passo. Este é o um equívoco, próprio do modo de pensar que ainda não ascendeu à compreensão do movimento dialético de pensamento em face das formas de objetivação humana. Existimos, pois, no interior da prática social global, não há como sair dela. O pensador da Pedagogia Histórico-Crítica esclarece essa questão com a clareza e a precisão que lhe é peculiar.

> Aqui também é preciso manter sempre presente o caráter dialético do processo educativo em sua relação com a prática social. Sendo mediação no interior da prática social, isso significa que a educação se põe objetivamente como uma modalidade da própria prática social. É preciso, portanto, evitar a intepretação formal e mecânica dessa relação, ou seja, é uma leitura equivocada aquela que considera que a atividade educativa parte da prática social, no sentido de que os educandos se encontram atuando na prática social e diante dos problemas enfrentados (entenda-se aqui os problemas em sua acepção própria, isto é, algo que precisa ser resolvido) saem da prática e iniciam a atividade educativa para realizar os estudos necessários para compreendê-la após o que, uma vez tendo uma nova compreensão, voltam à prática para desenvolvê-la com uma nova qualidade. Na verdade, sendo a educação uma modalidade da própria prática social, nunca se sai dela. Assim, os educandos permanecem na condição de agentes da prática que, pela mediação da educação, logram alterar a qualidade de sua prática tornando-a mais consistente, coerente e eficaz em relação ao objetivo de transformação da sociedade na luta contra a classe dominante que atua visando à perpetuação dessa forma social. Trata-se, enfim, de um mesmo e indiviso processo que se desdobra em seus momentos constitutivos. Não se trata de uma sequência lógica ou cronológica, é uma sequência dialética. Portanto, não se age primeiro, depois se reflete e se estuda, em seguida se reorganiza a ação para, por fim, agir novamente. Trata-se de um processo em que esses elementos se interpenetram desenrolando o fio da existência humana na sua totalidade (SAVIANI, 2019a, p. 142).

Na sequência dialética e didática, retomamos aqui uma questão que se coloca de modo central para o correto entendimento da relação pedagógica, como também para a concepção de democracia própria à PHC. Conforme assinalado, inicialmente a compreensão que o professor tem da prática pedagógica se manifesta por uma *síntese precária*, enquanto o aluno, por essa condição, percebe-a de maneira sincrética.

A finalidade do processo educativo é elevar a compreensão do aluno ao nível da síntese. O alcance desse objetivo permite também a redução do nível da precariedade da síntese do professor, uma vez que terá uma visão do *todo* do trabalho pedagógico, afinal, a "educação é uma atividade que supõe uma heterogeneidade real e uma homogeneidade possível; uma desigualdade no ponto de partida e uma igualdade no ponto de chegada" (SAVIANI, 2008b, p. 58). Por esse caminho é que se materializa, de modo efetivo, a democracia nos termos da PHC, que se erige, simultaneamente, no cumprimento pela escola de sua tarefa social de garantir aos educandos a apropriação dos fundamentos essenciais do saber científico, como também da arte, da filosofia e da política.

Por identificarmos a pertinência teórico-científica da PHC, é que propugnamos pelo vigor e rigor objetivo de suas teses, portanto, por seu instrumental heurístico e pedagógico, na propositura de uma didática que prima pela formação humana, fundada na apropriação da riqueza material e espiritual produzida pela humanidade em sua história.

Afirmamos a possibilidade de uma ciência *da* e *para* a práxis educativa; de uma teoria do ensino — como reprodução ideal ativa do sujeito do modo de ser do objeto —; do papel de sujeitos ativos, críticos e criativos por parte do professor e do aluno no processo de ensino-aprendizagem; da possibilidade da antecipação ideal, dos objetivos de formação, embasados numa visão dinâmica do ensino, em suas finalidades, ações e estratégias.

Em particular, concernente à formação de professores, deverá zelar para que ela seja culta e plena, possibilitando o desenvolvimento de uma aguda consciência das finalidades da educação e da prática docente; e, ainda, dotando-os de uma formação teórico-científica potente, capaz de emancipá-los, uma vez que os deixa em condições de organizar e mediar o processo ensino-aprendizagem de modo sistemático, eficaz e coerente, com a finalidade educativa de libertação e emancipação.

À educação, portanto, "na medida em que é uma mediação no seio da prática social global, cabe possibilitar que as novas gerações incorporem os elementos herdados de modo que se tornem agentes ativos no processo de desenvolvimento e transformação das relações sociais" (SAVIANI, 2005b, p. 143). Os indivíduos, para se constituírem como seres singulares, precisam se apropriar dos resultados da história humana, de sua produção sociocultural. "O trabalho pedagógico se configura, pois, como um processo de mediação que permite a passagem dos educandos de uma inserção acrítica e inintencional no âmbito da sociedade a uma inserção crítica e intencional" (SAVIANI, 2005b, p. 143).

Saviani (2005b, p. 144-145), explicitando seu entendimento sobre o método pedagógico, põe ênfase nos fundamentos teórico-metodológicos da Pedagogia-Histórico-Crítica ao mencionar a necessidade imperativa da categoria da *mediação*, e nos dá indicações para pensarmos a organização do trabalho educativo em sala de aula, colocando em evidência a tríade pedagógica: o conteúdo, o conhecimento e a ação do professor, mediados pelas relações sociais. Nas palavras do autor:

> [...] a questão do método pedagógico é algo que procurei sempre explicar a partir dos próprios fundamentos teóricos da concepção do materialismo histórico. Aí aparecem outras questões como o conteúdo, o conhecimento e a ação do professor. Nesse caso faz-se necessário compreender o problema das relações sociais (SAVIANI, 2005b, p. 144-145).

Assim, a educação, que é mediação no seio da prática global e tem na prática social seu ponto de partida e ponto de chegada, pelos momentos intermendiários do método pedagógico (problematização, instrumentação e catarse) organicamente articulados, promove a elevação da consciência dos estudantes ao nível teórico, ao nível da síntese. A respeito desse movimento, Saviani (2005b, p. 142) assinala que "corresponde, no processo pedagógico, ao movimento que se dá, no processo do conhecimento, em que se passa da síncrese à síntese pela mediação da análise, ou dizendo de outro modo, passa-se do empírico ao concreto pela mediação do abstrato". Com esse entendimento, o pensador destaca o método dialético, tanto no processo de produção de conhecimento quanto no processo de apropriação pelos estudantes do saber sistematizado. Esse é um dos momentos da produção de Saviani que pensamos ser o caminho para a operacionalização de uma Didática Histórico-Crítica.

A finalidade do ensino é a apropriação da cultura clássica pelos estudantes, portanto, é razoável que a didática se atenha ao entendimento de quem é o aluno; que se volte para conhecê-lo na sua constituição histórico-social; para saber como ele aprende, como acontece a formação dos conceitos, quais são os seus reais interesses e necessidades. O imperativo da compreensão dessas questões se coloca, pois

"[...] o educador, o professor, defronta-se com o educando, com um aluno concreto, e não simplesmente com um aluno empírico". Isso significa "que o aluno, isto é, o indivíduo que lhe cabe educar, sintetiza em si as relações sociais próprias da sociedade em que vive e em que se dá o processo de sua educação (SAVIANI, 2004, p. 47).

Um dos desafios vividos pelo professor na sala de aula reside no fato de que: "o aluno depara-se diante dele vivo, inteiro, concreto. E é em relação a esse aluno que ele tem de agir. É esse aluno que ele tem de educar" (SAVIANI, 2004, p. 47). A superação de boa parte dos problemas enfrentados pelo professor em situação de ensino pode estar em uma didática "que leve em conta o indivíduo concreto e não apenas o indivíduo empírico" (SAVIANI, 2004, p. 47).

Com apoio em Saviani (2004), cabe-nos indagar: do aluno empírico ou do aluno concreto? Essa consciência é decisiva para a organização do trabalho educativo. O educando, tomado na sua individualidade imediata e abstrata, "tem determinadas sensações, desejos e aspirações que correspondem à sua situação empírica imediata" (SAVIANI, 2004, p. 47). É preciso, no entanto, atentar para o fato de que: "esses desejos e aspirações, esses seus interesses, não correspondem necessariamente aos seus interesses reais, definidos pelas condições sociais que o situam enquanto indivíduo concreto" (SAVIANI, 2004, p. 47). Considerando esse aluno concreto, o autor sinaliza, claramente, para o papel da educação escolar e para a ação do professor, asseverando:

> Cabe, portanto, educá-los para viver nessa sociedade, o que implica conhecê-la o mais profundamente possível. E conhecer significa não apenas deter informações, mas compreender as relações, compreender as determinações que se ocultam sob as aparências dos fenômenos que se manifestam empiricamente à nossa percepção. Conhecer implica, então, captar o movimento que nos permite entender como nasceu essa sociedade, de onde ela surgiu, como se encontra estruturada, quais as contradições que a movem definindo as tendências de seu desenvolvimento e apontando para as possibilidades de sua transformação numa nova forma superior, que somente poderá ser instaurada pela ação efetiva, intencional e organizada das forças sociais que hoje se encontram subjugadas e, por isso, têm todo o interesse e buscam lutar para mudar as condições vigentes e instaurar outro tipo de sociedade, em que as relações entre os homens encaminhem coletivamente o pleno desenvolvimento das forças produtivas humanas em benefício de toda humanidade (SAVIANI, 2019a, p. 130).

A necessidade da apropriação do conhecimento sistematizado pelos alunos de forma ativa e crítica é considerada central para que eles fiquem em condições de contribuir, de modo intencional, com a organização das forças sociais, para a instauração de uma nova ordem social, na qual os indivíduos compartilhem de maneira universal e singular da riqueza cultural mais avançada.

> [...] mas esse tipo de ação depende do conhecimento das possibilidades objetivas, o que só pode ser viabilizado pela educação. Esta, porém, só poderá cumprir o seu papel se os professores previamente compreenderem a historicidade do mundo atual, capacitando-se a identificar os componentes educativos nele albergados. A partir desse requisito estarão

qualificados a trabalhar com os educandos os problemas postos pela prática social, propiciando-lhes o acesso aos instrumentos por meio dos quais atingirão o momento catártico, em que os diferentes aspectos que compõem a estrutura social serão progressivamente elaborados na forma de superestrutura em sua consciência e incorporados como uma espécie de segunda natureza que conferirá uma nova qualidade à sua prática social (SAVIANI, 2019a, p. 130-131).

Aqui, fica muito clara a importância atribuída ao papel do professor, como também de sua necessária qualificação para que desenvolva de modo eficaz o método pedagógico, oportunizando ao estudante uma compreensão crítica da dinâmica social e de qual é o seu papel na transformação da realidade. Para tanto, o professor necessitará desenvolver uma aguda consciência pedagógica, de maneira a compreender a dinâmica social, identificando as diversas mediações que constituem o Estado brasileiro e suas implicações nas políticas sociais e educacionais, com repercussões importantes na organização do trabalho pedagógico na escola e na sala de aula.

Didática Histórico-Crítica: formação da consciência pedagógica do professor

Com efeito, é decisivo, para uma visão mais ampla e alargada desses estudos, que atentemos para a concepção de teoria com a qual trabalhamos nesta investigação. Teoria aqui significa a reprodução ideal do movimento real (contraditório, mediado) do objeto pelo pensamento, sem também deixar de se ater ao fato de que a reprodução à qual nos referimos não é tomar os fenômenos na sua aparência, na sua forma imediata apresentada aos homens, mas sim se apoderar da matéria, rastrear o seu movimento real, captar suas conexões íntimas. Do mesmo modo, é preciso ter a compreensão de que o movimento real ao qual nos referimos é real por ser contraditório, mediado e dinâmico em sua totalidade.

Ao asseverarmos, portanto, que a Didática Histórico-Crítica é teoria do ensino, é ciência do ensino como uma totalidade concreta. Que seu objeto é o ensino como prática social, estamos dizendo que a Didática se volta para o seu existir real — contraditório, mediado e em totalidade —, e se sua tarefa consiste em organizar de modo intencional a transmissão da cultura, estamos colocando aí algumas questões: *A quem educar? Com que fins? Quem educa? Por quais meios?*

Pensar essas questões é pensar por mediação, é concebê-las como unidade orgânica e em sua situação concreta, por isso, pensar a organicidade das questões supõe o entendimento da intervenção ativa do homem sobre a realidade e de seu simultâneo processo de educação. Com efeito, conforme já observado, para que a condição humana seja modificada, o processo não se faz de modo espontâneo, mas de maneira intencional e sistemática em face das opções de projetos sociais em conflito. Encontramos em Marx as bases dessa forma de pensar, na terceira tese de seu diálogo com Feuerbach:

> A teoria materialista de que os homens são produtos das circunstâncias e da educação e de que, portanto, homens modificados são produtos de circunstâncias diferentes e de educação modificada, esquece que as circunstâncias são modificadas precisamente pelos homens e que o próprio educador precisa ser educado. Leva, pois, forçosamente, à divisão da sociedade em duas partes, uma das quais se sobrepõe à sociedade [...]. A coincidência da modificação das circunstâncias e da atividade humana só pode ser apreendida e racionalmente compreendida como prática transformadora (MARX *apud* MÉSZÁROS, 2007, p. 195).

Extraímos do exposto a compreensão de que nos educamos em sociedade uns com os outros, e pelos conteúdos e interesses hegemônicos na vida social, daí a importância já mencionada da consciência crítica do educador e de suas orientações político-sociais e pedagógicas, mas, para existir essa consciência, há o pressuposto de que o educador seja educado.

A preparação do educador é permanente e não se confunde com a aquisição de um tesouro de conhecimentos que lhe cabe transmitir a seus discípulos. É um *fato humano* que se produz pelo encontro de consciências livres, a dos educadores entre si e destes com os educandos (VIEIRA PINTO, 2010, p. 51).

A conquista da autonomia intelectual passará, portanto, por uma rica formação cultural daquele que educa, pois ele precisa ser portador de uma consciência avançada e, sobretudo, "necessita possuir antes de tudo a noção crítica de seu papel, isto é, refletir sobre o significado de sua missão profissional, sobre as circunstâncias que a determinam e a influenciam, e sobre as finalidades de sua ação" (VIEIRA PINTO, 2010, p. 51-52).

Sobretudo porque as finalidades estão implícitas no conteúdo e na forma da ação, cabendo à compreensão crítica "fazer clara a finalidade" (VIEIRA PINTO, 2010, p. 52), uma vez que, na ordem do capital, essas são ocultadas, dissimuladas "sob os mais diversos e sutis disfarces" (VIEIRA PINTO, 2010, p. 52).

Sabemos que não se nasce professor, e que para nos tornarmos professores precisamos de formação teórico-prática, sólida e consistente. A contribuição da Didática Histórico-Crítica, portanto, deverá se pautar no entendimento de que a conquista do pensamento teórico requer que os indivíduos se apropriem da história de seu objeto de estudo, de sua gênese e de seu desenvolvimento, no interior do vivo movimento das relações sociais que se confrontam e se repelem na sociedade capitalista. Estamos dizendo com isso que o professor precisa entrar em contato com os clássicos que teorizaram sobre a educação, sobre a pedagogia, sobre o ensino e sobre a aprendizagem. Enfim, com os pensadores que se dedicaram a conhecer o processo da formação humana com base nos conhecimentos histórico-filosóficos e pedagógicos. A consciência livre e autônoma do educador o ajudará a não cair nos modismos pedagógicos, como também a agir de modo intencional por meios que viabilizem o alcance dos objetivos de formação desejados.

Com o propósito de evitar mal-entendidos, mas, também de chamar atenção para o histórico modismo, ou as flutuações do ideário pedagógico brasileiro a que estão submetidos os/as professores/as, Saviani (2005b, p. 101) se posiciona: "[...] tenho sido crítico dos chamados modismos na educação, porque aparecem como algo muito avançado, mas, na verdade, apenas elidem questões até certo ponto óbvias, que não podiam ser perdidas de vista e que dizem respeito ao trabalho escolar". Destarte, o pensador clarifica que "[...] tradicional é o que se refere ao passado, ao arcaico, ultrapassado, o que nos leva a combater a pedagogia tradicional e reconhecer a validade de algumas das críticas que a Escola Nova formulou à pedagogia tradicional" (SAVIANI, 2005b, p. 101).

Com efeito, para o pedagogo não se pode confundir e muitos menos deixar de ter atenção ao elemento clássico na educação, uma vez que este se distingue do tradicional. O clássico "é aquilo que resistiu ao tempo, logo sua validade extrapola o momento em que ele foi proposto. É por isso que a cultura Greco-romana é considerada clássica; embora tenha sido produzida na Antiguidade, mantém-se válida, mesmo para as épocas posteriores" (SAVIANI, 2005b, p. 101).

Assim, "os cursos de formação de professores devem garantir uma sólida cultura que lhes permita atingir uma aguda consciência da realidade em que vão atuar associada a um consistente preparo teórico-científico que os capacite à realização de uma prática pedagógica coerente e eficaz" (SAVIANI, 2010, p. 209).

A consciência avançada e aguda sobre a realidade, assim como o preparo teórico-científico do professor, por sua vez, implica outra política de formação, bem diferente daquela defendida hoje — traduzida nos cursos de curta duração e fora das universidades públicas.

> Isso significa, portanto, que os cursos de preparação de professores devem visar à formação de seres humanos plenamente cultos, profundos conhecedores da história concreta dos homens, em lugar da formação de indivíduos "curtos", preconizada pela atual política de formação de professores que vem incentivando os cursos de curta duração dos

institutos superiores de educação e suas escolas normais superiores (SAVIANI, 2004, p. 49).

A formação teórico-científica deverá colocar os educadores em condições de refletir e de se questionar sobre questões vitais *do* e *para* o exercício crítico da atividade docente. O educador deverá se perguntar em que consiste a sua atividade; qual é o sentido da docência; o que pensa da sociedade em que vive; o que sabe sobre sua profissão; o que ensina, como ensina e com que fins; o que precisa saber para realizar com coerência e eficácia a sua prática pedagógica; se conhece, tem domínio satisfatório dos conhecimentos de sua área de atuação e dos conhecimentos didático-pedagógicos; como entende a sua relação com o estudante e deste com o conhecimento; o que a forma como o aluno aprende demanda para seu trabalho e formação.

Os fundamentos pedagógicos de onde partem esses questionamentos não se confundem, no entanto, com as pedagogias que preconizam a reflexão-na-ação; muito ao contrário, as possibilidades da reflexão crítica demandam, como já observamos, uma consistente formação teórica. Essa possibilidade só é garantida "pela apropriação das objetivações humanas, isto é, o conjunto dos instrumentos materiais e culturais produzidos pela humanidade e incorporados à forma social de que [...] participa" (SAVIANI, 2004, p. 49). Não se reflete com radicalidade sobre aquilo que não se sabe.

Entendemos que a tarefa da didática na formação de professores consiste em se comprometer com o processo de desenvolvimento da consciência pedagógica deles. Com efeito, na esteira de Saviani (2004), entendemos que a formação do pensamento teórico do professor pressupõe três requisitos:

a) uma boa formação inicial provida nas universidades em cursos de longa duração; b) condições adequadas de trabalho que lhes permitam atualização constante, preparação consistente de suas atividades curriculares e atendimento às necessidades pedagógicas dos alunos, revendo e reelaborando os conteúdos e os métodos do ensino ministrado; c) participação na organização sindical dos docentes de modo que potencializem as lutas coletivas em torno dos aspectos envolvidos nos itens anteriores (SAVIANI, 2010, p. 209).

A sólida formação inicial, as condições de trabalho e a participação sindical como condição de potencialização das duas anteriores são imprescindíveis para o desenvolvimento de uma prática docente criativa, pois se deve ficar em condições de ensinar, porém não de qualquer modo, mas de ensinar de maneira intencional, com objetivos claros, definidos em curto, médio e longo prazos. Por conseguinte, mobilizar os alunos para a aprendizagem e a formação dos conceitos; organizar situações e procedimentos propiciadores de uma postura ativa do educando; repensar, selecionar e sequenciar os conteúdos relevantes; definir métodos de ensino coerentes; avaliar e reavaliar todos os elementos do processo com vista ao crescimento do aluno — tudo isso requer condições para uma formação comprometida com a consciência pedagógica do professor.

Contribuir com a formação omnilateral dos indivíduos na proposição da Didática Histórico-Crítica é compreender e trabalhar a partir da tese segundo a qual nascemos biofisicamente humanos, mas, para nos tornarmos humanos em essência, necessitamos nos apropriar das objetivações mais avançadas e mais desenvolvidas produzidas pelo gênero humano em sua radical historicidade. É compreender que a instituição escola, forma social historicamente dominante, é espaço privilegiado e estratégico de socialização dos conhecimentos científicos, filosóficos e artísticos, e que esses conhecimentos só interessam aos indivíduos quando tomados na sua forma escolar, ou seja, quando tratados pedagogicamente e postos em condições para que os estudantes venham a se apropriar e dispor deles como ferramentas culturais na crítica e na transformação da atual ordem social.

No modo de entender de Saviani (2016, p. 64), "da perspectiva da pedagogia entendida como ciência da educação, esses elementos interessam enquanto é necessário que os homens os assimilem, tendo em vista a constituição de algo como uma segunda natureza". Essa é uma necessidade posta para a existência humana, uma vez que "o que não é garantido pela natureza tem que ser produzido historicamente pelos homens; e aí se incluem os próprios homens." (SAVIANI, 2016, p. 63). Esta é a tarefa da educação e de seus sujeitos: produzir a humanidade de cada indivíduo. Todavia, o êxito dessa atividade depende de uma incursão ativa e crítica nas objetivações de gênero humano mais desenvolvidas, produzidas histórica e coletivamente, como nos referimos antes.

Destarte, retomamos, neste momento, a formulação que explicita de modo objetivo a definição do trabalho educativo, a partir da qual temos procurado erigir a Didática Histórico-Crítica: "o trabalho educativo é o ato de produzir, direta e intencionalmente, em cada indivíduo singular, a humanidade que é produzida histórica e coletivamente pelo conjunto dos homens" (SAVIANI, 2016, p. 63). Para essa tarefa é central o trabalho do professor, mas de igual importância é a necessidade dos conhecimentos pedagógicos e didático-curriculares, para que a aprendizagem desses conhecimentos necessários à humanização dos estudantes seja, de fato, fecunda. E, para essa atividade, entendemos, assim como Saviani (2016, p. 63), que o trabalho do professor consiste, por um lado, na identificação dos conteúdos a serem assimilados e necessários ao seu desenvolvimento como indivíduos da espécie humana, "e concomitantemente, à descoberta das formas mais adequadas para atingir esse objetivo" (SAVIANI, 2016, p. 63).

Os saberes essenciais ao trabalho docente na Didática Histórico-Crítica

Apresentamos os saberes estruturantes do trabalho docente, a partir de suas características compreendidas como "notas distintivas do fenômeno educativo [...] que, com uma boa margem de consenso, se entende que todo educador deve dominar e, por consequência, devem integrar o processo de sua formação" (SAVIANI, 2016, p. 65), quais sejam: o saber atitudinal, o saber crítico-contextual, os saberes específicos, o saber pedagógico, o saber didático-curricular.

O *saber atitudinal*: essa categoria refere-se diretamente ao "domínio dos comportamentos e vivências consideradas adequadas ao trabalho educativo" (SAVIANI, 2016, p. 65). Portanto, trata-se de "atitudes e posturas inerentes ao papel atribuído ao educador, tais como disciplina, pontualidade, coerência, clareza, justiça e equidade, diálogo, respeito às pessoas dos educandos, atenção às suas dificuldades etc." (SAVIANI, 2016, p. 65). Essas são "competências que se prendem à identidade e conformam a personalidade do educador, mas que são objeto de formação tanto por processos espontâneos como deliberados e sistemáticos" (SAVIANI, 2016, p. 65). Chamamos a atenção para o fato de que não trazemos aqui os estudos sobre os chamados saberes da experiência, largamente divulgados na literatura da formação de professores, visto que, na Didática Histórico-Crítica, a experiência não é separada da totalidade social e pedagógica constitutiva do ser do professor. O agente, o sujeito da prática pedagógica, é, simultaneamente, teórico-prático, é um ser de práxis.

O *saber crítico-contextual*: trata-se do saber relativo à compreensão das "condições sócio-históricas que determinam a tarefa educativa" (SAVIANI, 2016, p. 65). Entende-se que o professor necessita compreender e se posicionar criticamente em face da sociedade em que vive. Conhecer e compreender como essa sociedade está estruturada; quais os seus problemas, as contradições; e como é necessário agir e se posicionar, tendo em vista o desenvolvimento de uma prática pedagógica potente e rica culturalmente, uma vez que os estudantes "devam ser preparados para integrar a vida da sociedade em que estão inseridos de modo a desempenhar nela determinados papéis de forma ativa e, o quanto possível, inovadora" (SAVIANI, 2016, p. 65).

Destarte, impõe-se a necessidade de que "o educador saiba compreender o movimento da sociedade identificando suas características básicas e as tendências de sua transformação de modo a detectar as necessidades presentes e futuras a serem atendidas pelo processo educativo sob sua responsabilidade" (SAVIANI, 2016, p. 65). Para essa tarefa em especial, "a formação do educador envolverá, pois, a exigência de compreensão do contexto a partir do qual e para o qual se desenvolve o trabalho educativo, traduzida aqui na categoria do saber crítico-contextual" (SAVIANI, 2016, p. 65).

Quanto aos *saberes específicos*, diz-se dos conhecimentos próprios de cada ciência, das disciplinas nas quais os professores foram licenciados, em que se "recorta o conhecimento socialmente produzido e que integram os currículos escolares. Trata-se dos conhecimentos oriundos das ciências da natureza, das ciências humanas, das artes ou das técnicas" (SAVIANI, 2016, p. 66).

Como já observado, na Didática Histórico-Crítica, insista-se, esses conhecimentos não podem estar desvinculados das finalidades educativas e só têm validade "enquanto elementos educativos, isto é, que precisam ser assimilados pelos educandos em situações específicas" (SAVIANI, 2016, p. 66). E, nesse sentido, não é "licito ao educador ignorar esses saberes os quais devem, em consequência, integrar o processo de sua formação" (SAVIANI, 2016, p. 66). Entendidos assim, esses saberes envolvem não apenas o conhecimento dos conteúdos curricularmente selecionados, mas, notadamente, as suas formas de produção e de mediação no desenvolvimento das atividades medulares do ato de ensinar. Com efeito, a formação de educadores deverá dar atenção para as questões epistemológicas das disciplinas das ciências a serem ensinadas, vinculadas ao domínio científico do campo, de seu objeto de estudo, de suas categorias medulares, assim como dos métodos, das formas, de fontes, tecnologias e técnicas próprias de cada ciência. Insistimos, todavia, que esses conhecimentos estão subordinados à concepção ontológica e epistemológica com a qual o pesquisador trabalha.

O *saber pedagógico*: trata-se "dos conhecimentos produzidos pelas ciências da educação e sintetizados nas teorias educacionais visando a articular os fundamentos da educação com as orientações que se imprimem ao trabalho educativo" (SAVIANI, 2016, p. 66). É a pedagogia como ciência da educação que incorpora por superação, sintetiza, sistematiza e unifica pedagogicamente os conhecimentos advindos das referidas ciências. Essa compreensão é imprescindível, pois "em verdade esse tipo de saber fornece a base de construção da perspectiva especificamente educativa a partir da qual se define a identidade do educador como um profissional distinto dos demais profissionais, estejam eles ligados ou não ao campo educacional" (SAVIANI, 2016, p. 66). O alcance e a apropriação desse saber permitirá aos educadores desenvolverem práticas mais sintonizadas, mais adequadas e mais coerentes com as finalidades educativas da escola e do processo ensino-aprendizagem.

O *saber didático-curricular*: compreender em que consiste esse saber é muito importante, pois, aqui, materializamos em ato todos os demais saberes. Assim, em termos de uma Didática Histórico-Crítica, esse é o saber que tem centralidade. Como afirma Saviani (2016, p. 66): "sob essa categoria compreendem-se os conhecimentos relativos às formas de organização e realização da atividade educativa no âmbito da relação educador-educando". Importante ter sempre claro que, na perspectiva didática que estamos defendendo, essa relação somente tem sentido pela apropriação dos conhecimentos mais avançados produzidos histórica e coletivamente pelo conjunto dos homens (FARIA, 2022). Em sentido mais específico, o domínio do saber-fazer implica não apenas os procedimentos técnico-metodológicos, mas também a dinâmica do trabalho pedagógico como uma estrutura articulada de agentes, conteúdos, instrumentos e procedimentos que se movimentam no espaço e no tempo pedagógicos, visando atingir objetivos intencionalmente formulados (SAVIANI, 2016, p. 66).

Considerações finais

Ao trazermos essas categorias para o estudo que aqui realizamos, estamos colocando em relevo o trabalho docente, entendido, aqui, como o desenvolvimento de uma atividade realizada a partir de uma intencionalidade clara, conduzida, organizada, sequenciada, qual seja: a de contribuir com a construção da humanidade dos estudantes pela sua mobilização cognitiva e afetiva, para a compreensão e a solução dos problemas concretos da prática social.

Esse professor, como vimos, é um profissional. Logo, necessita ter uma boa formação, um bom preparo desenvolvido nas universidades públicas, seja nos termos de uma formação inicial, seja na necessária continuidade de estudos de aprimoramento. Todavia, reiteramos a necessidade de atenção permanente às condições de trabalho, como remuneração digna, equivalente à complexidade e à importância social dessa profissão, assim como uma carga horária equanimemente distribuída entre o tempo estrito de sala de aula, o necessário preparo pedagógico-didático, o acompanhamento do desenvolvimento e a avaliação dos alunos, além do tempo das atividades relacionadas à organização coletiva do trabalho escolar (FARIA, 2022).

A contribuição da Didática Histórico-Crítica na formação consistente do professor deverá considerar as necessidades teóricas de sua atividade (FARIA, 2022). Fazer a mediação didática da aprendizagem impõe que a didática, como área de conhecimento e disciplina de formação nos cursos de licenciaturas, sintetize e manifeste no trato teórico-prático do ensino as contribuições da teoria do conhecimento própria ao materialismo histórico-dialético e a suas inspirações mais potentes, quais sejam, a Pedagogia Histórico-Crítica e a teoria histórico-cultural, uma vez que nelas se encontram as teses, o método e as categorias propiciadoras da consciência teórica e, portanto, pedagógica do professor.

Referências

CHEPTULIN, A. *A dialética materialista*: categorias e leis da dialética. Tradução: Leda Rita Cintra Ferraz. São Paulo: Alfa-Ômega, 1982.

DUARTE, N. A catarse na pedagogia histórico-crítica. *In*: SAVIANI, D.; DUARTE. N. *Conhecimento escolar e lutas de classes*: a pedagogia histórico-crítica contra a barbárie. Campinas: Autores Associados, 2021.

FARIA, L. R. A. de. *As orientações educativas contra-hegemônicas das décadas de 1980-1990 e os rebatimentos pós-modernos na didática a partir da visão de estudiosos*. 2011. 342 f. Tese (Doutorado) — Faculdade de Educação, Universidade de São Paulo, São Paulo, 2011.

FARIA, L. R. A. de. A didática histórico-crítica: contribuições para o ato educativo. *Perspectiva*: Revista do Centro de Ciências da Educação, Florianópolis, v. 40, n. 3, p. 1-23, jul./set. 2022.

GALVÃO, A. C.; LAVOURA, T. N.; MARTINS, L. M. *Fundamentos da didática histórico-crítica*. Campinas: Autores Associados, 2019.

MANACORDA, M. A. *Marx e a pedagogia moderna*. Tradução: Newton Ramos-de--Oliveira. Revisão técnica: Paolo Nosella. São Paulo: Cortez; Autores Associados, 1991. (Biblioteca da Educação. Série 1 — Escola; v. 5).

MÉSZÁROS, I. *O desafio e o fardo do tempo histórico*: o socialismo no século XXI. Tradução: Ana Cotrim e Vera Cotrim. São Paulo: Boitempo, 2007. (Coleção Mundo do trabalho).

SAVIANI, D. Didattica: scienza dei processi educativi sistematici. *La Didattica*, Bolonha, ano I, n. 2, dez. 1994.

SAVIANI, D. Perspectiva marxiana do problema: subjetividade-intersubjetividade. *In*: DUARTE, N. (org.). *Crítica ao fetichismo da individualidade*. Campinas: Autores Associados, 2004. p. 21-52.

SAVIANI, D. Educação socialista, pedagogia histórico-crítica e os desafios da sociedade de classes. *In*: LOMBARDI, J. C.; SAVIANI, D. (org.). *Marxismo e educação*: debates contemporâneos. Campinas: Autores Associados; HISTEDBR, 2005a.

SAVIANI, D. *Pedagogia histórico-crítica*: primeiras aproximações. 9. ed. São Paulo: Autores Associados, 2005b.

SAVIANI, D. *A pedagogia no Brasil*: história e teoria. Campinas: Autores Associados, 2008a. (Coleção Memória da educação).

SAVIANI, D. *Escola e democracia*. ed. comemorativa. Campinas: Autores Associados, 2008b. (Coleção Educação contemporânea).

SAVIANI, D. *Interlocuções pedagógicas*: conversa com Paulo Freire e Adriano Nogueira e 30 entrevistas sobre educação. Campinas: Autores Associados, 2010. (Coleção Memória da educação).

SAVIANI, D. Marxismo, educação e pedagogia. *In*: SAVIANI, D.; DUARTE, N. (org.). *Pedagogia histórico-crítica e luta de classes na educação escolar*. Campinas: Autores Associados, 2012.

SAVIANI, D. *Pedagogia histórico-crítica, primeiras aproximações*. 11. ed. rev. Campinas: Autores Associados, 2013. (Coleção Educação contemporânea).

SAVIANI, D. Entrevista: catarse na pedagogia histórico-crítica: a concepção de Saviani. *In*: MARTINS, M. F.; CARDOSO, M. M. R. *Crítica Educativa*, Sorocaba, v. 1, n. 1, p. 163-217, jan./jun. 2015.

SAVIANI, D. Educação escolar, currículo e sociedade: o problema da Base Nacional Comum Curricular. *Movimento*: Revista de Educação, Niterói: Faculdade de Educação, Programa de Pós-Graduação em Educação, Universidade Federal Fluminense, ano 3, n. 4, 2016.

SAVIANI, D. *Pedagogia histórico-crítica. Quadragésimo ano*: novas aproximações. Campinas: Autores Associados, 2019a.

SAVIANI, D. Prefácio. *In*: GALVÃO, A. C.; LAVOURA, T. N.; MARTINS, L. M. *Fundamentos da didática histórico-crítica*. Campinas: Autores Associados, 2019b.

SAVIANI, D. *História das ideias pedagógicas no Brasil*. 6. ed. Campinas: Autores Associados, 2021.

SAVIANI, D.; DUARTE, N. A formação humana na perspectiva histórico-ontológica. *Revista Brasileira de Educação*, v. 15, n. 45. set./dez. 2010.

SAVIANI, D.; DUARTE. N. *Conhecimento escolar e luta de classes*: a pedagogia histórico-crítica contra a barbárie. Campinas: Autores Associados, 2021.

VIEIRA PINTO, Á. *Sete lições sobre educação de adultos. Introdução e entrevista de Dermeval Saviani e Betty Antunes de Oliveira*: versão final revista pelo autor. 16. ed. São Paulo: Cortez, 2010.

Adendo

Ao concluir este capítulo, observo que no atual contexto de crescente subordinação da educação, via políticas educativas, ao neoliberalismo nas versões do neoprodutivismo, neoescolanovismo, neoconstrutivismo e neotecnicismo, elevados à enésima potência com o mergulho do país num profundo retrocesso decorrente do golpe jurídico-empresarial-midiático-parlamentar de 2016, aprofundado com a eleição de Jair Bolsonaro, num verdadeiro suicídio democrático, impõe-se a exigência de um forte enfrentamento tanto teórico-político em termos globais como, especificamente, no campo educacional, em cujo âmbito cabe destacar a questão da didática e das práticas de ensino.

Politicamente, é necessário desencadear uma grande mobilização centrada nos movimentos populares, nos sindicatos das diferentes categorias de trabalhadores, entre os quais se situam os sindicatos dos profissionais da educação visando assegurar novas conquistas ao ensejo da posse do novo governo federal. No campo educacional, é necessário retomar as lutas em defesa da educação pública centradas nos Fóruns Municipais, Estaduais e Nacional em Defesa da Educação Pública, agora, porém, abrangendo, além dos profissionais da educação, os sindicados das diferentes categorias de trabalhadores e os movimentos sociais populares dos mais variados tipos.

Portanto, faz-se necessário o enfrentamento teórico-político especificamente no âmbito da didática e das práticas de ensino. Aqui penso que é importante retomar e aprofundar a compreensão teórica da didática tal como proposta pela pedagogia histórico-crítica, levando em conta a perspectiva didático-metodológica pela qual se busca orientar a prática de ensino na educação escolar em seus vários níveis e modalidades. Nessa direção, registro o que afirmei ao encerrar o artigo "Didattica: scienza dei processi educativi sistematici" (SAVIANI, 1994): na virada do século XX para o século XXI, a didática é, a meu ver, o ponto central da ciência da educação, pois a sociedade atual não pode mais satisfazer-se com uma educação difusa, assistemática e espontânea; requer, ao contrário, uma educação organizada na forma sistemática e deliberada, isto é, institucionalizada. Portanto, a didática, à qual cabe a sistematização dos processos formativos, deve também se tornar científica. Nessa condição, ela deve se configurar como o objetivo central dos estudos educativos no século atual, o século XXI. Assim, se o século XIX foi o século da infância e o século XX, o século da Pedagogia, auguramos que o século XXI venha a ser o século da Didática.

Finalmente, gostaria de encerrar minha manifestação dirigindo aos professores de Didática e aos estudantes de Pedagogia e, de modo geral, aos professores de nossas escolas, duas passagens que consignei na entrevista ao Prof. Newton Duarte, publicada como artigo e depois inserida no nosso livro *Conhecimento escolar e luta de classes: a pedagogia histórico-crítica contra a barbárie* (SAVIANI; DUARTE, 2021, p. 65-86).

Aos professores de Didática observo que, contra o dilema pedagógico expresso na contraposição entre teoria e prática, entre conteúdo e forma, entre conhecimento disciplinar e saber pedagógico-didático, entendo que sua solução demanda uma formulação teórica que supere as oposições excludentes. A orientação metodológica posta em movimento pela pedagogia histórico-crítica recupera a unidade da atividade educativa no interior da prática social, articulando seus aspectos teóricos e práticos sistematizados na pedagogia concebida, ao mesmo tempo, como teoria e prática da educação.

E aos estudantes de Pedagogia e de Licenciatura, assim como a todos aqueles que atuam como professores nas escolas de nosso país, dirijo a seguinte mensagem:

A vocês que, diante de tantas profissões glamorosas aclamadas pela mídia, optaram por se tornar profissionais da educação, o mais apaixonante de todos os ofícios, pois se dedica a produzir a humanidade em cada indivíduo singular integrante do gênero humano, desejo que se empenhem no estudo dos fundamentos teóricos da educação, visando adquirir pleno domínio das formas que possam garantir às camadas populares, por meio do trabalho pedagógico escolar, a apropriação dos conhecimentos sistematizados. Lembrem-se sempre de que o papel próprio de vocês será prover as escolas de uma organização tal que cada criança, cada educando, em especial aquele das camadas trabalhadoras, não vejam frustrada a sua aspiração a assimilar os conhecimentos metódicos, incorporando-os como instrumento irreversível que lhes permitirá conferir uma nova qualidade às suas lutas no âmbito da sociedade. Em vocês a nova geração de brasileiros deposita suas esperanças de frequentar uma escola preparada para conduzir as crianças e os jovens da classe trabalhadora ao domínio da cultura letrada, aquela que domina a sociedade em que vivemos.

Se tanto os estudantes como os professores estiverem imbuídos da perspectiva histórico-crítica que estamos procurando sistematizar e difundir, estarão sendo preenchidas as condições necessárias para a emergência de intelectuais orgânicos aptos a atuar nas escolas e nos movimentos sociais, engajando-se resolutamente na luta da classe trabalhadora por uma educação adequada às suas necessidades. Por fim, exorto-os a não desanimar jamais diante das enormes dificuldades que temos de enfrentar em consequência da ascensão ao governo do país de adeptos do obscurantismo beligerante, felizmente apeados do Executivo Federal, mas que ainda persistem nos governos da maioria dos estados e também no Congresso Nacional. Ao contrário, essa situação extrema, ao agudizar as contradições, desafia-nos a uma atuação ainda mais orgânica e aguerrida, à medida que avançamos na consciência de que é exatamente o aguçamento das contradições dessa forma social que nos impulsiona às ações necessárias para derrocar a (des)ordem atual e instaurar a nova ordem social de caráter socialista.

São Paulo, 8 de julho de 2023.

Dermeval Saviani

CAPÍTULO 5

Didática Crítica fundamentada na dialética materialista. Processo de ensino:
totalidade concreta

Maria Rita Neto Sales Oliveira

Introdução

Este texto tem por objetivo apresentar as linhas gerais de tratamento da Didática Crítica, na formação social brasileira dominante e predominantemente capitalista, de relações entre classes, grupos e culturas, com base na dialética materialista. Pretende-se contribuir com a intenção do presente livro, no sentido de ser uma fonte de estudo no ensino de Didática em cursos superiores de graduação e pós-graduação.

Tem-se como fonte primeira pesquisa integrativa, conduzida no início da década de 1990, que teve como objetivo:

> [...] sugerir elementos teórico-metodológicos para se reconstruir a Didática, com base numa concepção dialético-materialista do ensino

e numa direção de continuidade e ruptura com os trabalhos que vêm sendo conduzidos na área, no cerne do movimento de revisão crítica da Didática, nos últimos dez anos (OLIVEIRA, 1992a, p. 13[1]).

A essa fonte acrescentam-se outras relativas a sínteses das conclusões da pesquisa e de construções posteriores referentes ao tratamento de aspectos ligados à área da Didática. Elas foram construídas e divulgadas em diferentes momentos e espaços de trabalho na área, tendo-se como pano de fundo fundamentos e concepções da dialética materialista, tratada ou não de forma explícita.

Pelo seu caráter de síntese ou de foco em um ou outro âmbito da área — no caso, curricular ou investigativo-teórico — ou, ainda, pela continuidade da sua divulgação em diferentes momentos históricos, cumpre indicar algumas dessas construções relativas de forma mais predominante:[2] sínteses da abordagem (OLIVEIRA, 1991; 1992a, 1992b; 2003); âmbito curricular (OLIVEIRA, 2013; 2014; 2020; 2021); âmbito investigativo-teórico (OLIVEIRA, 2011); ou âmbito geral da Didática (OLIVEIRA, 2015; 2023).

Em atendimento ao objetivo deste texto, o tratamento do seu conteúdo será descritivo-explicativo. Assim, sintetizam-se fundamentos e concepções da dialética materialista na Didática Crítica, explicitam-se as concepções de Didática e de ensino orgânicas à abordagem em pauta e discutem-se dimensões características do conhecimento didático, cujo tratamento crítico é essencial na construção/reconstrução da área. Na sequência, trata-se de outros aspectos na área da Didática Crítica, à luz da dialética materialista, cujas reflexões vêm sendo demandadas em diferentes momentos e espaços teórico-práticos em que se trabalha com o conhecimento em pauta, em contínua construção. Para concluir, afirma-se posição acerca da contribuição da Didática Critica na formação de professores, não se esquecendo com Lefebvre (1979, p. 73): "o devir da ciência é um devir social".

---

1. Primeira edição do livro, seguida de outras nas décadas de 1990 e 2000.
2. Essa indicação vai ao encontro da intenção do livro expressa no início deste texto.

A abordagem da dialética materialista na didática crítica

Validade e necessidade dessa abordagem

Em primeiro lugar, importa lembrar o fato de que naquela pesquisa integrativa, conduzida no início da década de 1990, partiu-se do conhecimento didático construído no Brasil, na década de 1980, tendo-se por pressuposto que ele continha por inclusão ou exclusão os germes para a continuidade daquele movimento, dirigido à construção de uma nova Didática.

Em seus aspectos gerais, nesse movimento pelo qual o conteúdo da Didática predominante em décadas anteriores a de 1980 veio sendo criticado,[3] nega-se, sobretudo, uma Didática instrumental e supostamente neutra, própria do tecnicismo pedagógico, e afirma-se:

- tratamento do ensino, em suas múltiplas dimensões, como prática sócio-histórica, intencional, relacionando-se com outras práticas sociais, sendo mais determinada do que determinante no contexto histórico em que se situa; prática social não neutra, porquanto não se caracterizando como atividade meramente técnica;

- o repensar da Didática — conhecimento de mediação — numa perspectiva de transformação social, comprometida com um projeto de sociedade libertador;

- reconhecimento do caráter dialético das relações entre teoria e prática pedagógicas, o qual pressupõe a autonomia e a dependência simultâneas e recíprocas entre elas. Nessas condições, entende-se que as teorias têm a sua origem e o seu fundamento nas práticas existentes, sendo tão mais potentes quanto mais preveem e antecipam novas práticas. Por sua vez, as práticas

---

3. Ver textos que indicam as características gerais desse movimento o qual tem o I Seminário: A Didática em Questão, ocorrido em 1982, como um dos seus marcos históricos (por exemplo: CANDAU, 1984; OLIVEIRA,1988).

implicam afirmação ou negação das teorias existentes, sendo também fonte para novas teorias;

- compromisso com a democratização da educação na luta pela transformação social, possibilitando às classes populares o acesso à escola e a permanência escolar o mais tempo possível;
- condução de pesquisas na área, a partir da prática pedagógica, articulando-se a didática vivida com a didática pensada, e reforçando-se a competência do profissional da educação e do ensino, além da luta por melhoria das condições de trabalho desse profissional.

A despeito de diferentes ênfases em relação a um ou outro dos aspectos mencionados, na produção teórico-prática na área em seu desenvolvimento histórico, pode-se afirmar que eles constituem características essenciais da Didática Crítica. A eles se acrescenta a explicitação contundente de outros, como: a importância da valorização didático-pedagógica do saber de classe das camadas populares;[4] o reconhecimento da funcionalidade dos processos de educação e de ensino no fortalecimento das características dominantes do contexto social mais amplo, as quais reforçam e dissimulam, embora esses processos contenham a possibilidade de transformar esse mesmo contexto; e o entendimento do ensino como trabalho humano que se articula às bases materiais da sociedade.

A análise dos aspectos em pauta evidencia que eles sinalizam a dialética materialista como um referencial teórico-metodológico potente para a construção de uma nova Didática e a sua contínua reconstrução.

Além disso, tem-se que, de fato, a área científico-tecnológica da Didática, em sua condição teórico-prática, não pode prescindir daquele referencial na compreensão e na realização do fenômeno do ensino, considerado o objeto de estudo da área. Isso pelas características

---

4. Neste caso, é evidente a influência do pensamento de Paulo Freire quanto ao respeito à cultura dos oprimidos, tal como expresso em Freire (1969; 1975).

desse fenômeno. Ele é um trabalho concreto de formação do ser humano pelo ser humano, o qual exerce um papel ativo, material e espiritualmente, sobre o contexto em que esse processo se produz e que também o determina.

Assim, e com base em Vieira Pinto (1979): o ensino envolve o caráter de processo; no seu tratamento, tem-se o interesse pela sua explicação e não apenas descrição, em que o novo é fruto de contradições e não de determinações cronológicas ou de relações causais. Em síntese, o ensino conta com características que extrapolam a possibilidade de ser tratado nos limites da lógica formal, a qual é, no entanto, legítima e apropriada para a expressão linguística da concretitude do processo de ensinar.

Dentro disso, a abordagem em pauta foi e vem sendo utilizada para a consideração de elementos teórico-metodológicos na construção/reconstrução crítica da área da Didática e para o contínuo tratamento teórico-prático dessa área, em seus âmbitos curricular, investigativo-teórico e profissional.

Posto isso, importa afirmar o fato de que a dialética materialista é aqui assumida em suas relações estreitas com o materialismo histórico, evitando-se o viés do *metodologismo* pelo qual se formaliza a dialética, descaracterizando-a na direção do pensamento metafísico. Como alerta Vieira Pinto (1979, p. 73): "Se a escolha de uma filosofia impõe a lógica que lhe corresponde, esta por sua vez condicionará a teoria da ciência, a metodologia da pesquisa científica que inspirará".[5] E como registra Kopnin (1978, p. 116): "Expor a dialética como lógica não significa pairar sobre o mundo no espaço do pensamento puro, sem qualquer contato com a realidade concreta, com a vida das categorias dialéticas".

---

5. A Didática Crítica fundamentada na dialética materialista, não desvinculada do materialismo histórico, é uma opção que implica a concordância com os princípios e os conceitos desse materialismo, então dialético. No entanto, isso não implica o desconhecimento dos limites da obra marxiana, como o não tratamento de questões ecológicas que se situam fora do conteúdo do materialismo histórico.

Fundamentos e concepções teórico-metodológicas da dialética materialista

Na discussão de aspectos teórico-metodológicos da dialética materialista neste texto, teve-se como critérios tratar de forma sintética aqueles que se consideram minimamente necessários como fundamentais para uma abordagem diferencial da Didática Crítica, tal como vem sendo defendida nos últimos anos em seus âmbitos curricular, investigativo-teórico e profissional.

De início, conforme Oliveira (2003), a dialética materialista envolve a afirmação de uma dada concepção de ser humano, de conhecimento e de sociedade. Por essa concepção:

- o ser humano relaciona-se com o mundo, totalidade concreta em movimento, pelo trabalho em seus aspectos laborativo — processos e recursos operacionais — e teleológico — objetivos e fins educacionais com os quais o trabalhador se compromete;

- o conhecimento é o reflexo da realidade objetiva no pensamento, fruto da apreensão subjetiva do real concreto — porquanto fruto de múltiplas determinações — pelo ser humano, por um movimento da aparência fenomênica para a sua essência e desta para a aparência, sem se deixar de considerar que a totalidade do real é inexaurível ao entendimento humano;

- na sociedade, ou, melhor, numa dada formação social, conta-se com condições objetivas e subjetivas, no contexto das quais um dado fenômeno é construído em suas propriedades, e movimentos particulares que se expressam pelo que se denomina de categorias e contradições internas ao fenômeno e externas, em suas relações com o contexto social mais amplo.

Coerentemente, além de prático, o conhecimento é social e histórico, uma vez que é construído, conquistado pelos seres humanos em suas relações sociais, pelas quais eles também trocam entre si um saber já adquirido. Segundo Lefebvre (1979, p 50): "o imenso labor do pensamento humano consiste num esforço secular para passar da ignorância ao conhecimento. A verdade não está feita previamente; não é revelada integralmente num momento predestinado".

Além dessas concepções, pela dialética materialista, em Marx (1989) e Marx e Engels (1989), defende-se: a transformação do mundo e do próprio ser humano pela sua atividade, como um imperativo, como a força que move a história, entendida como *práxis* revolucionária; a ideia de que o próprio educador deve ser educado; o ser humano como produto das relações sociais; a própria importância da transformação do mundo para além da sua interpretação; a revolução e não a crítica como a força motriz da história e de qualquer teoria.

Importa reforçar o fato de que nessa abordagem a *práxis* revolucionária é um conceito central. Conforme Kosik (1986, p. 202), ela "é a revelação do segredo do homem como ser ontocriativo, como ser que cria a realidade (humano-social) e que, portanto, compreende a realidade (humana e não humana, a realidade na sua totalidade)".

Isso não implica o reducionismo do voluntarismo pelo qual a transformação social é fruto da vontade humana. A propósito, defendem-se como princípios explicativos da transformação social os fatores subjetivos e também os objetivos. Assim, embora se possa ler em Marx (1983) e Marx e Engels (1987) ora a ênfase nos primeiros (contradições no cerne de interesses opostos entre classes sociais antagônicas), ora a ênfase nos segundos (contradição entre forças produtivas e relações de produção), a obra marxiana permite a interpretação conciliatória do motor da transformação social. Nessa condição, o motor primário dessa transformação seria a contradição entre forças produtivas e relações de produção, então resolvida pela ação humana. Fica claro que essa posição vai de encontro a outros reducionismos, como a naturalização da transformação social, numa visão evolucionista-determinista.

Cabe lembrar ainda as três leis fundamentais da dialética materialista: a interpenetração dos opostos ou unidade e luta dos contrários, com a existência de contradições presentes no real; a conversão da quantidade em qualidade, pela qual as transformações do real implicam mudanças lentas e bruscas, estas quando as contradições se intensificam; e a negação da negação, pela qual o movimento do real envolve afirmações, negações e superações ou sínteses, as quais envolvem nova(s) afirmação(ões) em um processo contínuo de transformação. No entendimento dessas leis, fica clara a importância central de se captarem as contradições presentes em um dado fenômeno, como os processos educacional e de ensino, para se compreendê-los e transformá-los com o compromisso com uma sociedade humanizadora.

Finalmente, na dialética materialista, é essencial a concepção de *práxis* como fundamento e critério de verdade do conhecimento, e o entendimento de que o conhecimento produzido num dado momento histórico, também por aquela relação entre teoria e prática, é o que foi possível no contexto das práticas sociais vigentes, mas contém os germes de uma nova prática. Assim, segundo Marx (1983, p.25), "a humanidade só levanta os problemas que é capaz de resolver e assim, numa observação atenta, descobrir-se-á que o próprio problema só surgiu quando as condições materiais para o resolver já existiam ou estavam, pelo menos, em vias de aparecer".

Para terminar, entende-se que pela Didática Crítica fundamentada na dialética materialista:

- o conhecimento didático teórico-prático está sempre em contínuo movimento, em torno do seu objeto de estudo — o ensino — em seus aspectos de fins e meios, conteúdo e forma, daí a importância de o abordarmos pela expressão construção/reconstrução, em um processo histórico, contextual e epistemológico de construção teórico-prática;

- esse conhecimento é uma construção do trabalho humano, numa dada formação social. Por ser construído por seres humanos, numa relação dialética entre sujeito e estrutura, natureza e história, o conhecimento didático afirma, mas também nega, ao mesmo tempo, as características da formação social em que se situa. Isso orienta os educadores e os profissionais da área a não prescindirem, em seu trabalho, do reconhecimento das suas dimensões antropológica e ideológica;

- o ensino tem como finalidade a *práxis* revolucionária, na direção de um projeto de formação social humanizador, em que os próprios educadores se transformam, como produto que são das relações sociais das quais participam; o trabalho de ensinar tem um caráter teleológico, envolvendo objetivos que permeiam a relação conteúdos-métodos;
- as construções/reconstruções da Didática, a partir da prática profissional de educadores e professores, devem voltar a ela, reconhecendo-se o fato de que a teoria só transforma a realidade quando se realiza na prática. Há que se retomar o *alerta* final daquela pesquisa integrativa, mencionada no início deste texto, ou seja: "as questões da educação e do ensino, na escola brasileira que se comprometa com os interesses das classes populares, não serão resolvidas pela simples menção às teses de Marx" (OLIVEIRA, 1992a, p. 138).

Pelo exposto, a Didática Crítica fundamentada na dialética materialista é tratada tendo-se em vista a necessária definição das finalidades e dos objetivos com os quais se compromete numa condição de atenção àquelas dimensões, o que se detalhará no próximo tópico.

As propriedades da Didática Crítica fundamentada na dialética materialista

O caráter substantivo da Didática

Pela origem etimológica da palavra didática como um adjetivo, ouve-se com frequência o seu uso no sentido de uma qualidade atribuída a uma dada situação de ensino. A isso se acrescenta o reducionismo de se entender a área da Didática nos limites dos métodos e das técnicas de ensino ligados a outras áreas de conhecimento ou disciplinas curriculares que teriam, estas sim, um caráter substantivo.

Assim, nas pautas de estudo e discussões sobre a Didática, surge a questão acerca da natureza do conhecimento didático para além dos métodos e das técnicas de ensino particularmente vinculados às denominadas Didáticas Especiais ou Práticas de Ensino. No tratamento dessa questão, salientam-se os estudos de Libâneo (por ex.: LIBÂNEO, 2013), pelos quais se pode concluir sobre a realidade do conhecimento didático na escola não restrito ao trabalho de ensinar uma dada disciplina curricular.

Dentro disso, de um lado, o conhecimento didático é amplo o suficiente para não se restringir às condições do ensino de uma matéria escolar, mas, de outro, não se identifica com um método geral de ensino. O conhecimento científico-tecnológico da Didática é um conhecimento mediador e prático relacionado a demandas societárias à educação intencional sistematizada — o ensino — conduzida particularmente na escola.

Na relação forma-conteúdo, o conhecimento didático não se reduz aos métodos de ensinar os conteúdos das disciplinas curriculares, porquanto a totalidade do fenômeno do ensino implica esses conteúdos e métodos em interação recíproca, juntamente a outras práticas escolares, incluindo, por exemplo, as formas de organização do trabalho pedagógico, com as quais interagem na direção de um dado projeto societário. E esse então conteúdo geral do fenômeno do ensino, em suas regularidades presentes na escola, como prática social em estreita relação com outras práticas na formação social em que se constroem, é o objeto de estudo da Didática Crítica tal como defendida neste texto.

Nessas condições, na Didática Crítica, com base na dialética materialista, busca-se desvelar as contradições internas do fenômeno do ensino em seus *subprocessos e elementos*, ou seja, planejamento, relação professor-aluno, avaliação e objetivos, conteúdos e métodos, interconectados em um todo estruturado em que a negatividade está presente. Busca-se também desvelar as relações contraditórias do ensino referidas à correspondência e à continuidade simultâneas à oposição e à ruptura das condições do contexto social mais amplo, na direção de um projeto de formação social fundada em novas relações de trabalho. Um projeto de formação social e de educação democrático, porquanto ético e justo.

Assim, o educador/professor/pesquisador na Didática Crítica deve investigar categorias, consideradas intermediárias, que explicam a realidade do ensino em seus aspectos internos e, ao mesmo tempo, possibilitam a compreensão do movimento de relações entre a prática didático-pedagógica escolar, o sistema educacional e o sistema social mais amplo. O conhecimento didático é um saber de mediação.

Em todo esse contexto, importa deixar explícito o fato de que as áreas de conhecimento não têm materialidade própria e não são, portanto, independentes dos sujeitos que as constroem. Nessas condições, não há como desconsiderar as diferenças teórico-conceituais entre os sujeitos da Didática e que envolvem, inclusive, compromissos teleológicos que podem diferir uns dos outros. No entanto, tem-se como razoável a compreensão de que os sujeitos da Didática Crítica se comprometem com as características daquele projeto de formação social fundada em novas relações de trabalho.

O ensino como uma totalidade concreta

Dentro do exposto, com base na dialética materialista, entende-se que o ensino é uma realidade em movimento, uma totalidade concreta, porquanto fruto de múltiplas determinações. O ensino é trabalho "produzido socialmente pelo homem, como *práxis*, articulada às bases materiais da sociedade que se pretende transformar e que possui sua expressão nuclear na sala de aula" (OLIVEIRA, 2003, p. 66).

Aprofundando essa concepção e especificando os objetivos que lhe são próprios, mais próximos do seu espaço privilegiado da sala de aula, defende-se que o processo do ensino é:

> [...] um trabalho humano ou atividade de trabalho. Neste, os sujeitos do ato pedagógico — aluno, professor —, que são uma construção

social diferenciada em função do seu caráter de ensino e aprendizagem sistematizados, relacionam-se entre si. O objetivo do ensino, tal como aqui defendido, é a aprendizagem crítica e criativa de conhecimentos científico-tecnológicos e culturais que fazem parte do patrimônio da humanidade. E isso em interconexão com as práticas e vivências de diferentes classes, grupos e culturas, tendo-se em vista a formação omnilateral de pessoas autônomas, críticas e propositivas, nos âmbitos individual e coletivo, na direção daquele projeto mencionado. Projeto que inclui a defesa da educação como direito inegociável em uma formação social humanizadora, porquanto comprometida também com o desenvolvimento com sustentabilidade socioeconômica e responsabilidade ambiental (OLIVEIRA, 2023, n. p.).

Com isso, negam-se posições de defesa da exclusividade do conhecimento sistematizado ou do denominado saber da prática como conteúdo do processo de ensino, as quais não salientam a necessária síntese entre o que, com frequência, a escola não faz e o que ela faz. Em outras palavras, na perspectiva da distribuição justa e igualitária dos bens sociais, dos quais o conhecimento científico-tecnológico e cultural conquistado como patrimônio da humanidade faz parte, há, sim, que se defender a necessária aprendizagem crítica e criativa desse conhecimento por parte dos estudantes. Mas isso nem sempre se contempla na escola, na medida em que os tempos e os espaços escolares são muitas vezes preenchidos com práticas discriminatórias e de reforço a separações; por exemplo, entre trabalho manual e trabalho intelectual, entre ciência e técnica, entre teoria e prática, o que é funcional para a manutenção das relações sociais de produção. Assim, o trabalho do ensino envolve afirmar a importância do conhecimento sistematizado, mas, ao mesmo tempo, negar aquelas práticas. Ensinar envolve afirmações e negações na busca de sínteses que expressem transformações comprometidas com aquele projeto.

Ao exposto, acrescenta-se o reforço ao fato de que o conhecimento científico-tecnológico não é neutro. A ciência não é desinteressada, ela faz parte de um dado tempo e espaço históricos, sendo comprometida com os interesses hegemônicos. Assim, por exemplo, o caráter fragmentado da ciência atual atende ao interesse de se falsear a realidade fragmentada das formações sociais predominantemente capitalistas. Nesse contexto, o objetivo do ensino, expresso neste texto, envolve necessariamente aquele caráter crítico do conhecimento ao qual se refere, de forma que os sujeitos escolares participem de práticas que viabilizem a compreensão da complexidade da realidade com as suas contradições.

Com tudo isso, a diversidade de posições na área da Didática não se vincula a vontades individuais, mas são determinadas por fatores internos e externos à área, expressando o contexto em que se constroem, envolvendo também relações de poder entre os seus sujeitos entre si e em interação com os sujeitos de outras áreas de conhecimento.

Dimensões do conhecimento didático teórico-prático

De início, o tratamento do conhecimento didático, que tem por objeto o fenômeno do ensino com sua centralidade na sala de aula, não pode ser entendido, equivocadamente, pela sua identificação como um método geral de ensino ou, também, como todo o conhecimento pedagógico. Neste último caso, há que se diferenciar a Didática da Pedagogia. Conforme Pimenta (2011), a Didática é uma área da Pedagogia e esta é considerada a ciência da prática da educação.

A rigor, o que se defende na Didática Crítica com base na dialética materialista é o tratamento teórico-prático do trabalho do ensino pelo seu caráter de totalidade concreta, em que os elementos e os subprocessos do ato pedagógico em sala de aula não sejam tratados de forma fragmentada, desarticulada em seus aspectos internos e externos, no contexto social mais amplo em que se situam.

A partir das discussões anteriores, fica bastante claro o fato de que, na área da Didática fundamentada na dialética materialista, há que se tratar o conteúdo da área, tendo-se como pano de fundo as dimensões mencionadas neste texto, em estreita interação entre si. Em relação a cada uma delas, que não são, de fato, mutuamente excludentes, importa completar algumas afirmações, ou seja:

- dimensões histórico e contextual — o conteúdo da área da Didática Crítica, em seus aspectos objetivo e subjetivo de realidade histórica e de concreto pensado, não pode ser tratado de *forma congelada* ou numa perspectiva da sua naturalização. Assim, nessa área, tem papel importante, sim, a pesquisa e o ensino do conhecimento didático estreitamente relacionado e em interação com teorias e tendências pedagógicas. No entanto, este deve ser referido ao contexto social mais amplo, tendo-se em vista a intencionalidade com a qual essas teorias e tendências foram construídas. Nessas condições, o estudo do ideário pedagógico brasileiro é importante por evidenciar:

    > [...] a evolução histórica do tratamento da educação, salientando, na realidade presente do ensino, resíduos de propostas que perduram na teoria e na prática pedagógica, e que devem ser analisados criticamente, discutindo-se as condições objetivas e subjetivas do contexto atual da escola brasileira, que os mantém; e aspectos teórico-práticos que se mostram consentâneos com o objetivo já expresso de atendimento, por parte da escola, dos interesses das camadas populares (OLIVEIRA, 1992a, p. 134).

- dimensão epistemológica — a abordagem da dialética materialista na Didática Crítica implica a necessidade de se discutirem as relações entre método de ensinar, método de aprender e método de organização da matéria de estudo, na pesquisa e no ensino do conhecimento didático. Assim, a contribuição das áreas de conhecimento da Psicologia e da Filosofia é fundamental, no contexto das relações da área da Didática com outras áreas de conhecimento, particularmente nos cursos de formação de professores. Isso evidencia a importância do estudo teórico-prático das relações conteúdo-forma, sem o reducionismo do *pedagogismo*, no tratamento das relações entre as disciplinas escolares e no trabalho na sala de aula;

- dimensão antropológica — na posição defendida, é essencial a concepção do ensino como trabalho humano em seus aspectos laborativo e intencional. Em primeiro lugar, pelo trabalho do ensino, os sujeitos escolares relacionam-se entre si, com a natureza e os demais seres humanos, numa condição particular de transmissão e assimilação crítico-criativa de conhecimentos. Nesse entendimento, o conhecimento didático inclui o estudo sobre a condição docente[6] pela qual o professor é considerado/tratado como profissional (?), trabalhador do ensino (?), ou, ainda, como alguém que exerce uma atividade humana por vocação (?). Ao lado disso, é importante a abordagem da organização do trabalho na formação social brasileira, dominante e predominantemente capitalista, em sua articulação com o âmbito da produção material;

- dimensão ideológica — todo o exposto direciona a pesquisa e o ensino na Didática Crítica para a negação do tecnicismo, particularmente quanto à concepção de neutralidade pedagógica e científica. Por esta se desconhece aquele caráter histórico-contextual do conhecimento didático sem a exploração das contradições presentes no processo de ensino, as quais reforçam as condições necessárias para a manutenção das características dominantes da formação social brasileira. No entanto, o reconhecimento da dimensão ideológica na área da Didática não autoriza a sua descaracterização em termos de objetividade científica. Vale lembrar:

> [...] a questão da neutralidade (ou não neutralidade) é uma questão ideológica, isto é, diz respeito ao caráter interessado ou não do

---

6. A concepção de condição docente vem sendo objeto de estudo do Grupo de Pesquisa sobre Profissão Docente (Prodoc) do qual a autora deste texto participa. O grupo está registrado no Diretório dos Grupos de Pesquisa do CNPq, e integra professores, pesquisadores e alunos de diferentes instituições de educação, estando diretamente vinculado à Faculdade de Educação da Universidade Federal de Minas Gerais (FaE-UFMG), na condução de estudos e pesquisas sobre temas ligados à docência, desde 1997.

conhecimento, enquanto que a objetividade (ou não objetividade) é uma questão gnosiológica, isto é, diz respeito à correspondência ou não do conhecimento com a realidade à qual se refere (SAVIANI, 1983, p. 137).

- dimensão teleológica — finalmente, a abordagem defendida desvela o caráter teleológico do conhecimento teórico-prático da Didática, defendendo-se o ensino comprometido com os interesses das camadas populares, na direção da transformação de teorias e práticas escolares dirigidas à manutenção da estrutura de dominação e exploração na formação social brasileira. Trata-se o ensino como *práxis* social transformadora.

Algumas outras questões a serem consideradas na abordagem em pauta

A seguir, abordam-se questões postas para a área da Didática, tratadas à luz da dialética materialista. Uma delas refere-se à compreensão de quem são os sujeitos escolares. Tal como vem sendo discutido em estudos conduzidos por aquele Grupo de Pesquisa sobre Profissão Docente (Prodoc), de forma resumida, os sujeitos escolares são construções em/de um dado contexto societário em termos histórico, geográfico, econômico-financeiro, cultural, político-ideológico, jurídico e psicológico. É evidente, por exemplo, o fato de que ninguém nasce professor ou aluno, além do fato de que os sujeitos escolares pertencem a diferentes classes, grupos ou culturas.

Outra questão, ligada a método, objetivo e conteúdo de ensino, no contexto atual da contemporaneidade, tal como abordada pela categoria da sociedade da informação, tem a ver com a utilização das denominadas tecnologias digitais da informação e comunicação (TDICs) no ensino. Estas vêm sendo consideradas recursos inovadores, sobretudo a partir da sua presença intensa e extensa na educação escolar, motivada pela pandemia pelo coronavírus, no país.[7]

A propósito dos denominados recursos inovadores no ensino, cabe lembrar o fato de que:

> [...] a ideia de inovação como tem sido concebida por muitos se origina no mundo da empresa, da produção, de espaço mercadológico onde inovar tem a ver com sobrevivência, com manter-se em sintonia com o desejo do cliente ou do consumidor. O conceito de inovação já foi pensado por Adam Smith em meados do século XVIII, momento em que o mesmo analisou a relação existente entre a mudança da técnica moderna e o acúmulo de capital, ocasionando a divisão do trabalho e competição. A partir destas análises, a inovação consistiu em um novo método de produção, abrindo espaço para o novo, gerando uma nova estrutura organizacional. Daí que há maior propensão de assumi-la ou identificá-la como técnica, o que a distanciaria de uma compreensão de educação cuja perspectiva é a formação do todo do sujeito (do alemão *bildung*) (NOGARO; BATTESTIN, 2016, p. 359-360).

Na área da educação, conforme Oliveira (2021), no Brasil a ideia de inovação teria surgido no contexto da Escola Nova, na direção de mudança na educação escolarizada, ao encontro das propriedades da sociedade moderna. A partir de então, recursos didáticos com base escolanovista foram sendo criados numa perspectiva considerada inovadora. Isso, no entanto, sem se discutir o significado de inovação, no contexto educacional, cuja diversidade polissêmica se liga a diferentes propostas nesse contexto. Dentro disso, a posição de Saviani (1995) é esclarecedora.

Para o autor, há distintos níveis de inovação na área educacional, defendidos por diferentes concepções filosóficas. Eles variam

---

7. A partir dos últimos três anos, o tema das TDICs tem invadido as pautas de discussão e estudos sobre elas na área educacional, como evidenciam, por exemplo, na área específica da Didática, *lives* que podem ser acessadas no *site* da Associação Nacional de Didática e Prática de Ensino (Andipe). Disponível em: https://www.andipe.com.br. Acesso em: 14 jun. 2023.

de mudanças nos métodos (visão tradicional ou escolanovista) a alterações nas finalidades educacionais, a serviço da transformação social (visão dialética), passando pelas mudanças ligadas aos avanços tecnológicos. Obviamente, a visão dialética é a que é assumida pela Didática Crítica fundamentada na dialética materialista, no cerne da qual se pergunta sempre sobre os interesses em jogo na implantação de um novo recurso didático no ensino.

Nessas condições, defende-se o uso das TDICs como recurso didático ou conteúdo de ensino, mas com o reconhecimento da simultânea negatividade e positividade desse recurso na direção de um projeto de formação social democrático.

Neste texto, não cabe retomar discussões que vêm sendo amplamente construídas e divulgadas na área da Didática no país,[8] evidenciando-se, pelas contradições societárias, a negatividade, mas, também, a positividade do uso de recursos metodológicos das TDICs no ensino, aliado com o estudo desses recursos como um dos conteúdos da área. E isso com o objetivo de se contemplar a inclusão digital dos sujeitos escolares não restrita à alfabetização tecnológica. Vale afirmar com Lemos e Costa (2005, p. 113): "Incluir não deve ser apenas uma simples ação de formação técnica dos aplicativos, [...] mas um trabalho de desenvolvimento das habilidades cognitivas, transformando informação em conhecimento, transformando utilização em apropriação".

Em síntese, a discussão anterior indica novos temas para o ensino e a pesquisa na área da Didática, envolvendo a inserção das TDICs, simultaneamente, como recurso didático e conteúdo de ensino. Obviamente, reitera-se o fato de que o tratamento das TDICS, nessa área, supõe a compreensão do contexto social mais amplo em que elas se situam e que limitam as suas possibilidades formativas,

---

8. A partir dos últimos três anos, o tema das TDICs tem invadido as pautas de discussão e estudos sobre elas na área educacional, como evidenciam, por exemplo, na área específica da Didática, lives que podem ser acessadas no site da Associação Nacional de Didática e Prática de Ensino (Andipe). Disponível em: https://www.andipe.com.br Acesso em 14/06/2023.

embora dentro de contradições passíveis de serem superadas por uma contradição maior.

Por esta, inerente ao próprio capitalismo informacional, é possível lidar com as TDICs no tratamento teórico-prático na Didática Crítica, em prol daquele projeto de educação e de sociedade. Isso pelo fato de que os conhecimentos científico-tecnológicos são forças produtivas. Estas, uma vez apropriadas pelos próprios trabalhadores, particularmente pela educação escolar, contradizem princípios e valores das relações de produção próprias da acumulação privada de capital, podendo, assim, contribuir para a materialização de uma formação social humanizadora.

Finalmente, outra questão a ser abordada na área da Didática com base na dialética materialista é a discussão sobre a própria constituição do conhecimento científico-tecnológico da área. Neste caso, conforme estudo de Oliveira (2023), importa que se identifiquem movimentos históricos nessa constituição, considerando a sua determinação pelo contexto social mais amplo, e as contradições e as mediações que lhes são presentes.

Pelo estudo realizado, identificam-se três grandes movimentos na constituição histórica da área, que se entrelaçam entre si. No período de 1970 a 2020 e em termos de focos de atenção, pelo trabalho dos sujeitos sócio-históricos da área, têm-se: (a) construção da identidade da Didática, em seu caráter científico, legal e legítimo em relação com outras áreas de conhecimento; (b) diálogo crítico com as políticas educacionais, envolvendo o reconhecimento da diversidade e das diferenças culturais e a defesa da inclusão societária; e (c) defesa da escola pública, laica, gratuita e de qualidade.

Tendo-se em vista a abordagem da dialética materialista vale lembrar que, do ponto de vista histórico, a qualidade da educação escolar vem sendo muito discutida na literatura da área (por exemplo, CANDAU, 2013). Na abordagem em pauta, defende-se a qualidade da educação e do ensino nas condições da inclusão societária e, com isso, uma educação escolar para todos, com excelência acadêmica.

Os movimentos indicados constroem-se com reforço àquelas dimensões do conhecimento teórico-prático da Didática, e que estão presentes nos âmbitos da área — curricular, investigativo-teórico e profissional. Além disso, pela análise desses movimentos, constata-se a existência de um conjunto de outros, considerados mediadores, num dado contexto histórico, o qual é ele mesmo um fator de mediação. Eles expressam relações recíprocas entre as características internas e externas do processo de constituição do saber didático.

Entre os movimentos mediadores, cumpre mencionar um deles, pela sua característica de se referir às relações do âmbito curricular com o âmbito investigativo-teórico da área da Didática. Isso com base nas categorias da contradição e da mediação, próprias da abordagem da dialética materialista no tratamento teórico-prático da realidade. Assim:

> [...] a ampliação do âmbito curricular da Didática na direção da construção de um campo de conhecimento investigativo-teórico próprio vai se concretizando, evidenciando afastamentos nos cursos de formação de professores, a despeito da influência recíproca entre esses âmbitos. Além disso, a construção da Didática envolve a discussão das suas relações de divergências e confluências com o campo do Currículo (OLIVEIRA, 2023, n. p.).

Conforme a autora, quanto às relações da área da Didática com a área do Currículo, pela lei dialética da unidade e luta dos contrários, pode-se considerar a ocorrência de uma contradição na constituição histórica dessas áreas, ou seja, simultaneamente: a luta individual por legitimidade científico-acadêmica e a luta conjunta por ações emancipatórias na educação. Assim:

> [...] no âmbito da **singularidade** de cada campo [...] mais diferenças e divergências do que semelhanças ou, até mesmo, disposição para convergência; [...] mais afastamento do que aproximação, nas condições de luta pela identidade e hegemonia particular de cada um.

De outro lado, em um âmbito de **totalidade dessas relações**, por envolverem, conjuntamente, a crítica ao contexto social mais amplo e a contextualização dos seus objetivos e intenções vinculados a uma escola e sociedade democráticas, constata-se o contrário (OLIVEIRA, 2020, p. 221-222, destaque da autora).

Já quanto às relações, a rigor, de intermediações entre as áreas da Didática e da Formação de Professores, tem-se, de um lado, o trabalho de ressignificação da Didática por demandas da formação de professores; e, de outro, o papel do conhecimento didático científico-tecnológico nessa formação, mediada pela disciplina de Didática nos cursos de formação docente.

Fica uma pergunta de fundo: quais as características desejadas para um profissional docente e pelas quais se luta, na Didática Crítica fundamentada na dialética materialista, na área da educação em geral e, particularmente, nos cursos de formação do professor?

À guisa de conclusão

Para terminar, defende-se que a Didática Crítica, fundada na dialética materialista, contribua: para a valorização da profissão docente, a despeito das precárias condições gerais de trabalho nas/das escolas brasileiras; e com a luta pela formação do professor com sensibilidade, para o reconhecimento das condições socioeconômicas e culturais do aluno, com que interage e precisa respeitar. Um professor que ensina e pesquisa com base em:

- rigoroso domínio teórico-prático na área profissional específica em que o docente trabalha, integrada com a área pedagógica;
- características de um profissional trabalhador, cidadão crítico que domina os fundamentos científicos e sócio-históricos do trabalho docente, e que é solidário na construção de um projeto educativo mediador das relações entre trabalho e educação na perspectiva

emancipatória. Projeto este relacionado à educabilidade dos que vivem do trabalho e comprometido com a ética, com o desenvolvimento sustentável, com a superação das desigualdades e da exploração e da dominação econômica, e, assim, com a superação do par categorial inclusão-exclusão (OLIVEIRA, 2014, p. 22).

Referências

CANDAU, V. M. (org.). *A didática em questão*. Petrópolis: Vozes, 1984. 114 p.

CANDAU, V. M. Introdução. Currículo, didática e formação de professores: uma teia de ideias, força e perspectivas de futuro. *In*: OLIVEIRA, M. R. N. S.; PACHECO, J. A. (org.). *Currículo, didática e formação de professores*. Campinas: Papirus, 2013. p. 7-19.

FREIRE, P. *Educação como prática de liberdade*. 2. ed. Rio de Janeiro: Paz e Terra, 1969. 150 p.

FREIRE, P. *Pedagogia do oprimido*. 3. ed. Rio de Janeiro: Paz e Terra, 1975. 220 p.

KOPNIN, P. V. *A dialética como lógica e teoria do conhecimento*. Rio de Janeiro: Civilização Brasileira, 1978. 354 p.

KOSIK, K. *Dialética do concreto*. 4. ed. Rio de Janeiro: Paz e Terra, 1986. 230 p.

LEMOS, A.; COSTA, L. F. Um modelo de inclusão digital: o caso da cidade de Salvador. *Revista de Economía Política de las Tecnologías de la Información y Comunicación*, v. 8, n.6, p. 104-119, set-dez 2005. Disponível em: http://www.eptic.com.br. Acesso em: 15 set. 2023.

LEFEBVRE, H. *Lógica formal/lógica dialética*. 2. ed. Rio de Janeiro: Civilização Brasileira, 1979. 301 p.

LIBÂNEO, J. C. Didática como campo investigativo e disciplinar e seu lugar na formação de professores no Brasil. *In*: OLIVEIRA, M. R. N. S.; PACHECO, J. A. (org.). *Currículo, didática e formação de professores*. Campinas: Papirus, 2013. p. 131-166.

MARX, K. *Contribuição à crítica da economia política*. 2. ed. São Paulo: Martins Fontes, 1983. 351 p.

MARX, K. Teses sobre Feuerbach. *In*: MARX, K.; ENGELS, F. *A ideologia alemã*. 7. ed. São Paulo: Hucitec, 1989. p. 11-14. I. Feuerbach.

MARX, K.; ENGELS, F. *Manifesto comunista*. 7. ed. São Paulo: Ched, 1987.

MARX, K.; ENGELS, F. *A ideologia alemã*. 7. ed. São Paulo: Hucitec, 1989. 138 p. I. Feuerbach.

NOGARO, A.; BATTESTIN, C. Sentidos e contornos da inovação na educação. *Holos*, Natal, ano 32, v. 2, p. 357-372, 2016.

OLIVEIRA, M. R. N. S. A didática e seu objetivo de estudo. *Educação em Revista*, Belo Horizonte, n. 8, p. 36-41, dez. 1988.

OLIVEIRA, M. R. N. S. Elementos teórico-metodológicos na construção e reconstrução da didática. *Educação em Revista*, Belo Horizonte, n. 14, p. 40-47, dez. 1991.

OLIVEIRA, M. R. N. S. *A reconstrução da didática*: elementos teórico-metodológicos. Campinas: Papirus, 1992a. 169 p.

OLIVEIRA, M. R. N. S. Elementos metodológicos para uma nova didática. *Dois Pontos*: Teoria e Prática em Educação, Belo Horizonte, n. 12, p. 53-54, ago. 1992b.

OLIVEIRA, M. R. N. S. (org.). *Didática*: ruptura, compromisso e pesquisa. 4. ed. Campinas: Papirus, 2003. 141 p.

OLIVEIRA, M. R. N. S. A pesquisa em didática no Brasil — da tecnologia do ensino à teoria pedagógica. *In*: PIMENTA, S. G. (org.). *Didática e formação de professores*: percursos e perspectivas no Brasil e em Portugal. 6. ed. São Paulo: Cortez, 2011. p. 131-157.

OLIVEIRA, M. R. N. S. Algumas ideias-força e pontos de tensão relacional em didática, currículo e formação de professores. *In*: LIBÂNEO, J.C.; SUANNO, M. V. R.; LIMONTA, S.V. (org.). *Qualidade da escola pública*: políticas educacionais, didática e formação de professores. Goiânia: Ceped Publicações; Gráfica e Editora América: Kelps, 2013. p. 131-148.

OLIVEIRA, M. R. N. S. A formação de professores e a sua centralidade em didática e currículo. *In*: OLIVEIRA, M. R. N. S (org.). *Professor*: formação, saberes e problemas. Porto: Porto Editora, 2014.

OLIVEIRA, M. R. N. S. Desafios na área da didática. *In*: ANDRÉ, M. E. D. A.; OLIVEIRA, M. R. N. S. (org.). *Alternativas no ensino de didática*. 12. ed. Campinas: Papirus, 2015. p. 129-143.

OLIVEIRA, M. R. N. S. Didática, currículo e formação de professores: relações históricas e emancipadoras. *In*: CANDAU, V. M.; CRUZ, G. B.; FERNANDES, C. (org.). *Didática e fazeres-saberes pedagógicos*: diálogos, insurgências e políticas. Petrópolis: Vozes, 2020. p. 213-229.

OLIVEIRA, M. R. N. S. Inovação educacional e recursos didáticos no trabalho docente. *Trabalho & Educação*, Belo Horizonte: UFMG, v. 30, n. 1, p. 177-190, jan./abr. 2021.

OLIVEIRA, M. R. N. S. A constituição do campo da didática em seus âmbitos curricular, investigativo-teórico e profissional. *In*: ENDIPE, 21., 2023, Uberlândia. *Anais* [...]. Uberlândia: [s. n.], 2023. (No prelo).

PACHECO, J. A.; OLIVEIRA, M. R. N. S. Os campos do currículo e da didática. *In*: OLIVEIRA, M. R. N. S.; PACHECO, J. A. (org.). *Currículo, didática e formação de professores*. Campinas: Papirus, 2013. p. 21-44.

PIMENTA, S. G. Para uma re-significação da didática — ciências da educação, pedagogia e didática (uma revisão conceitual e uma síntese provisória). *In*: PIMENTA, S. G. (org.). *Didática e formação de professores*: percursos e perspectivas no Brasil e em Portugal. 6. ed. São Paulo: Cortez, 2011. p. 19-76.

PINTO, A. V. *Ciência e existência*: problemas filosóficos da pesquisa científica. 2. ed. Rio de Janeiro: Paz e Terra, 1979. 537 p.

SAVIANI, D. Competência política e compromisso técnico ou o pomo da discórdia e o fruto proibido. *Educação & Sociedade*, n. 15, p, 111-143, ago. 1983.

SAVIANI, D. A filosofia da educação e o problema da inovação em educação. *In*: GARCIA, W. E. (org.). *Inovação educacional no Brasil*: problemas e perspectivas. 3. ed. São Paulo: Cortez, 1995. p. 15-29.

CAPÍTULO 6

Didática Crítica Intercultural e Decolonial:
uma perspectiva em construção

Vera Maria Candau

Introdução

A década dos anos 80 do século passado foi marcada no nosso país pelo processo de superação do período da ditadura cívico-militar e pela afirmação da democracia nos diversos âmbitos da vida social, política, econômica, cultural e educacional.

Neste cenário, emerge um amplo movimento no campo educacional de revisão da Didática, orientado pela superação do tecnicismo e de uma visão instrumental, características que informavam suas principais realizações e produções. Foram anos de intensa discussão, reflexão e pesquisa, inspiradas na perspectiva crítica da educação. Enfoques plurais alimentaram seu desenvolvimento, que mobilizou tanto professores e professoras universitários, quanto docentes do ensino fundamental e médio.

Neste contexto, estruturei uma proposta que chamei de "Didática Fundamental", sinteticamente assim formulada:

> A perspectiva fundamental da didática assume a multidimensionalidade do processo de ensino-aprendizagem e coloca a articulação das três dimensões, técnica, humana e política, no centro configurador de sua temática.
> Procura partir da análise da prática pedagógica concreta e de seus determinantes.
> Contextualiza a prática pedagógica e procura repensar as dimensões técnica e humana, sempre "situando-as".
> Analisa as diferentes metodologias explicitando seus pressupostos, o contexto em que foram geradas, a visão de homem, de sociedade, de conhecimento e de educação que veiculam.
> Elabora a reflexão didática a partir da análise e reflexão sobre experiências concretas, procurando trabalhar continuamente a relação teoria-prática.
> Nesta perspectiva, a reflexão didática parte do compromisso com a transformação social, com a busca de práticas pedagógicas que tornem o ensino eficiente (não se deve ter medo da palavra) para a maioria da população. Ensaia. Analisa. Experimenta. Rompe com uma prática profissional individualista. Promove o trabalho em comum de professores e especialistas. Busca formas de aumentar a permanência das crianças na escola. Discute a questão do currículo em sua interação com uma população concreta e suas exigências, etc. (CANDAU, 1983, p. 21).

Esta proposta tem inspirado minha trajetória e produção acadêmica no âmbito da Didática, sempre procurando articulá-las às questões educacionais emergentes, e aos diferentes contextos socioculturais e políticos vividos no país.

O presente texto pretende apresentar uma síntese deste processo, caracterizando suas principais etapas, a partir de produções e pesquisas realizadas pelo Grupo de Estudos sobre Cotidiano, Educação e

Culturas (GECEC)[1] que coordeno, orientadas a aprofundar e discutir aspectos relevantes para a Didática. Analisa como tem sido construída e trabalhada a perspectiva da Didática Crítica Intercultural e Decolonial, com a qual atualmente me identifico.

Diferenças culturais e práticas educativas

Um primeiro componente que orientou nossa reflexão sobre o desenvolvimento da Didática, a partir principalmente dos anos 1990, foi o aprofundamento na temática das relações entre diferenças culturais e educação, sua importância e incidência no cotidiano escolar.

Com a década dos 1990, emerge um cenário sociopolítico e cultural em que se acentuam, entre outros aspectos, o processo de globalização, a hegemonia neoliberal, a deterioração dos processos democráticos, o desenvolvimento de novas formas de exclusão e desigualdade, a violência urbana e a cultura digital. Esses anos também estiveram marcados por uma forte valorização da educação, por mais contraditórios que fossem os discursos configuradores das políticas educacionais. É importante assinalar que, junto à matriz oficial das reformas educativas que, com pequenas variantes, seguia o mesmo esquema das orientações de caráter neoliberal dos organismos internacionais nos diferentes países do continente, desenvolveram-se também no período reformas baseadas em outras matrizes político-pedagógicas, não se podendo ter uma visão reducionista e uniforme das experiências realizadas.

A padronização presente, em geral, na organização e na dinâmica pedagógica escolares, assim como o caráter monocultural da cultura escolar, constituía a perspectiva dominante. Na realidade, é possível

---

1. Grupo de pesquisa vinculado ao Programa de Pós-Graduação — Mestrado e Doutorado — do Departamento de Educação da PUC-Rio.

afirmar que a cultura escolar se configurou a partir da ênfase na questão da igualdade, o que significou, na prática, a sua redução a processos de uniformização e a afirmação da hegemonia de um determinado modo de concebê-la, eurocêntrico, considerado universal. Assim, a pluralidade de vozes, estilos e sujeitos socioculturais ficou minimizada ou silenciada.

A temática das diferenças não deixou de estar presente na reflexão pedagógico-didática através do seu desenvolvimento histórico, particularmente a partir do século XX. No entanto, predominaram os aportes da psicologia que favoreceram uma importante produção sobre a diversificação dos processos de ensino-aprendizagem do ponto de vista do indivíduo, reconhecendo os diferentes modos e ritmos de aprendizagem, características de personalidade, habilidades cognitivas etc. Salta aos olhos, contudo, a ausência da dimensão sociocultural nessas abordagens.

Para aprofundar nesta reflexão, consideramos importante distinguir diversidade e diferença, muitas vezes empregadas como termos sinônimos. Assumimos a diferenciação que faz Silva (2000, p. 44-45):

> Em geral, utiliza-se o termo [diversidade] para advogar uma política de tolerância e respeito entre as diferentes culturas. Ele tem, entretanto, pouca relevância teórica, sobretudo por seu evidente essencialismo cultural, trazendo implícita a ideia de que a diversidade está dada, que ela pré-existe aos processos sociais pelos quais — numa outra perspectiva — ela foi, antes de qualquer outra coisa, criada. Prefere-se, neste sentido o conceito de "diferença", por enfatizar o processo social de produção da diferença e da identidade, em suas conexões, sobretudo com relações de poder e autoridade.

A partir, principalmente, das reivindicações de diferentes movimentos sociais que defendiam o direito à diferença e emergiam com forte visibilidade na dinâmica social dos anos 1990, a exigência de uma cultura educacional mais plural, que questionasse estereótipos sociais e culturais, e promovesse uma educação verdadeiramente comprometida com a realidade dos diferentes sujeitos socioculturais, foi adquirindo cada vez maior visibilidade.

Trabalhar a partir desta abordagem colocava muitas questões para a Didática. Supunha repensar temas que iam da seleção dos conteúdos escolares e do modo de se conceber a construção do conhecimento à dinâmica do cotidiano de escolas e salas de aula, incluindo-se o tipo de trabalhos e exercícios propostos, os processos avaliativos, a construção de normas etc., assim como a formação inicial e continuada de professores e de educadores em geral.

Com a intenção de aprofundar nesta problemática, desenvolvemos um projeto de pesquisa institucional, através do Grupo de Estudos sobre Cotidiano, Educação e Culturas (Gecec), de 1996 a 1998, com o apoio do CNPq, intitulado "Cotidiano escolar e cultura(s): desvelando o dia a dia...". Essa pesquisa teve como objetivo geral compreender como se davam no cotidiano escolar as relações entre educação e cultura(s), como se expressavam as diferentes dimensões dessa problemática no dia a dia das escolas. O estudo se caracterizou por seu caráter exploratório, procurando enfatizar uma visão ampla e geral da temática.

A escolha de se trabalhar com duas escolas obedeceu ao desejo de investigar as relações entre escola e cultura(s) em contextos escolares que lidam com diferentes tipos de sujeitos sociais. O trabalho de campo foi realizado em uma escola pública e outra privada que, situadas no mesmo contexto geográfico, dirigiam-se a populações provenientes de universos sociais e culturais diferenciados. O estudo focalizou turmas de primeiro e segundo ano do ensino médio. Procurou penetrar no cotidiano de cada uma das escolas de modo progressivo, intensivo e abrangente; nas salas de aula e nas chamadas atividades extraclasse, sempre atentos às diversas dimensões da prática pedagógica. O "olhar" de inspiração antropológica foi privilegiado. Em relação às atividades extraclasse, procuramos participar de atividades distintas, desde o corredor e o recreio, até as diferentes comemorações e festas, assim como os conselhos de classe, reunião de professores/as de reflexão pedagógica, de planejamento etc.

A pesquisa nos permitiu penetrar nos meandros e na complexidade dos processos que constituíam a cultura escolar. Consideramos a sala de aula o espaço privilegiado de expressão dessa cultura. Nesse sentido, constatamos que nesta se manifestava, com força, uma dinâmica de normatização e rotinização que lhe dava uma acentuada rigidez e pouca permeabilidade a aspectos relacionados à cultura social de referência, assim como a interesses mais conjunturais e contextualizados que emergiam no seu dia a dia. Essa realidade nos fez refletir sobre a natureza da cultura escolar e sua relação com o contexto sociocultural em que se situa. A tendência evidenciada, no nível da sala de aula, privilegiava a distância, a ruptura e, em alguns casos, a negação explícita dos saberes sociais. "Dar aula" e "cobrar o conteúdo da aula" constituíam as principais preocupações da grande maioria dos professores. Assim, estava-se longe de conceber a aula como um fórum aberto e democrático de diálogo, contraste de abordagens, assim como de se ter presente as diferentes perspectivas culturais que integram nossa sociedade. No entanto, é necessário afirmar que as situações vivenciadas não foram uniformes, admitindo uma gama que ia desde a ênfase numa visão da prática pedagógica centrada na avaliação, em que o conhecimento se situava de modo funcional e uniformizado em relação a esta, até práticas com maior apelo à criatividade e à construção dos conhecimentos, em que os processos avaliativos se situavam de modo subordinado e eram abordados de forma mais ampla.

Como síntese do mergulho que realizamos no cotidiano das escolas que participaram desta pesquisa, foi possível afirmar que havia modos diversificados de trabalhar a relação escola-cultura(s), indo de um extremo de acentuada ruptura a outro de intensa busca de articulação. No entanto, predominava uma perspectiva uniformizadora e monocultural. A urgência de se trabalhar essa relação se fez evidente.

Enfoque multicultural e educação

Para continuar aprofundando na temática das relações entre diferenças culturais e processos educativos, pareceu-nos importante, especialmente a partir do final dos anos 1990 e início dos anos 2000, aprofundar na perspectiva multicultural, abordagem que foi adquirindo nesse período cada vez maior visibilidade na nossa sociedade.

Nesse sentido, consideramos fundamental analisar as diferentes abordagens do multiculturalismo, assim como explicitar a nossa opção ao tratar das questões por ele suscitadas.

Um primeiro passo nessa direção foi distinguir duas abordagens fundamentais: uma descritiva e outra propositiva. A primeira afirma ser o multiculturalismo uma característica das sociedades atuais. Vivemos em sociedades multiculturais. Podemos afirmar que as configurações multiculturais dependem de cada contexto histórico, político e sociocultural. A configuração do multiculturalismo na sociedade brasileira é certamente diferente daquela das sociedades europeias ou da sociedade estadunidense. Nesta concepção, enfatizam-se a descrição e a compreensão da construção da configuração multicultural de cada contexto específico. Quanto à perspectiva propositiva, entende o multiculturalismo não simplesmente como um dado da realidade, mas como uma forma de atuar, de intervir, de transformar a dinâmica social. Trata-se de um projeto político-cultural, de um modo de se trabalhar as relações socioculturais numa determinada sociedade, de conceber políticas públicas na perspectiva da afirmação da democracia, assim como de construir estratégias pedagógicas adequadas ao seu desenvolvimento.

Na perspectiva propositiva, identificamos diferentes concepções que podem inspirar esta construção. Muitos têm sido os autores, como Banks (1999) e McLaren (1997), que têm enumerado um grande número de modalidades de abordagens multiculturais. No contexto das pesquisas que realizamos, privilegiamos três abordagens que consideramos fundamentais: o multiculturalismo assimilacionista;

o multiculturalismo diferencialista ou monoculturalismo plural; e o multiculturalismo interativo, também denominado interculturalidade.

A abordagem assimilacionista parte da afirmação de que vivemos numa sociedade multicultural, no sentido descritivo. Nessa sociedade multicultural, não existe igualdade de oportunidades para todos/as. Há grupos, como indígenas, negros, homossexuais, pessoas oriundas de determinadas regiões geográficas do próprio país ou de outros países e de classes populares, e/ou com baixos níveis de escolarização, que não têm o mesmo acesso a determinados serviços, bens, direitos fundamentais que outros grupos sociais, em geral, de classe média ou alta, brancos, considerados "normais" e com elevados níveis de escolarização, possuem. Uma política assimilacionista — perspectiva prescritiva — vai favorecer que todos/as se integrem na sociedade e sejam incorporados à cultura hegemônica. No entanto, não se mexe na matriz da sociedade, procura-se integrar os grupos marginalizados e discriminados a valores, mentalidades, conhecimentos socialmente valorizados pela cultura hegemônica. No caso da educação, promove-se uma política de universalização da escolarização, todos/as são chamados a participar do sistema escolar, mas sem que se coloque em questão o caráter monocultural e homogeneizador presente na sua dinâmica, tanto no que se refere aos conteúdos do currículo quanto às relações entre os diferentes atores, às estratégias utilizadas nas salas de aula, aos valores privilegiados etc. Simplesmente, procura-se que os que não tinham acesso a esses bens e a essas instituições sejam nelas incluídos tal como se configuram. Estratégias de caráter compensatório são implementadas para efetivar estas políticas. Essa posição defende o projeto de afirmar uma cultura comum, a cultura hegemônica, de caráter eurocêntrico, e, em nome dela, deslegitima dialetos, saberes, línguas, crenças, valores "diferentes", pertencentes aos grupos subordinados, considerados inferiores, explícita ou implicitamente.

Uma segunda concepção pode ser denominada de multiculturalismo diferencialista ou, segundo Amartya Sen (2006), *monocultura plural*. Esta abordagem parte da afirmação de que quando se enfatiza a assimilação termina-se por negar a diferença ou por silenciá-la. Propõe, então, colocar a ênfase no reconhecimento das diferenças. Para garantir a expressão das diferentes identidades culturais presentes num determinado contexto, afirma ser necessário garantir espaços próprios e específicos em que estas se possam expressar com liberdade, coletivamente. Somente assim os diferentes grupos socioculturais poderão manter suas matrizes culturais de base. Algumas das posições nesta linha terminam por ter uma visão estática e essencialista da formação das identidades culturais. É, então, enfatizado o acesso a direitos sociais e econômicos e, ao mesmo tempo, é privilegiada a formação de comunidades culturais homogêneas com suas próprias organizações — bairros, escolas, igrejas, clubes, associações etc. Na prática, em muitas sociedades atuais, terminou-se por favorecer a criação de verdadeiros *apartheids* socioculturais.

Foi possível identificarmos essas duas posições como as mais presentes nas sociedades atuais, especialmente a primeira. No entanto, nos situamos numa terceira perspectiva, que propõe um multiculturalismo aberto e interativo, que acentua a interculturalidade, por considerá-la mais adequada para a construção de sociedades, democráticas, pluralistas e inclusivas, que articulem políticas de igualdade com políticas de identidade.

Neste sentido, a partir deste momento, passamos a privilegiar em nossas pesquisas a perspectiva da educação intercultural.

A perspectiva intercultural e decolonial

Algumas características assumimos como fundamentais nesta perspectiva. Uma primeira, que consideramos básica, é a promoção deliberada da inter-relação entre diferentes grupos socioculturais presentes em uma determinada sociedade. Nesse sentido, essa posição se situa em confronto com todas as visões diferencialistas que favorecem processos radicais de afirmação de identidades culturais específicas, assim como com as perspectivas assimilacionistas que não valorizam a explicitação da riqueza das diferenças culturais.

Por outro lado, rompe com uma visão essencialista das culturas e das identidades culturais. Concebe as culturas em contínuo processo de elaboração, de construção e reconstrução. Certamente cada cultura tem suas raízes, mas estas são históricas e dinâmicas. Não fixam as pessoas em determinado padrão cultural engessado.

Uma terceira característica está constituída pela afirmação de que nas sociedades em que vivemos os processos de hibridização cultural são intensos e mobilizadores da construção de identidades abertas, em construção permanente, o que supõe que as culturas não são "puras". A hibridização cultural é um elemento importante para se levar em consideração na dinâmica dos diferentes grupos socioculturais.

A consciência dos mecanismos de poder que permeiam as relações culturais constitui outra característica desta perspectiva. As relações culturais não são relações idílicas, não são relações românticas, elas estão construídas na história e, portanto, estão atravessadas por questões de poder, por relações fortemente hierarquizadas, marcadas pelo preconceito e pela discriminação em relação a determinados grupos socioculturais.

Uma última característica que gostaríamos de assinalar diz respeito ao fato de não desvincular as questões da diferença e da desigualdade presentes hoje, de modo particularmente conflitivo, tanto no plano mundial quanto em nossa sociedade. Afirmar esta relação, complexa e que admite diferentes configurações em cada realidade, sem reduzir um polo ao outro, é um componente especialmente significativo.

A perspectiva intercultural que defendemos quer promover uma educação para o reconhecimento do "outro", para o diálogo entre os diferentes grupos sociais e culturais. Uma educação para a negociação cultural, que enfrenta os conflitos provocados pela assimetria de poder entre os diferentes grupos socioculturais na nossa sociedade e é capaz de favorecer a construção de um projeto comum, no qual as diferenças sejam dialeticamente incluídas.

Para Catherine Walsh (2001, p. 10-11), a interculturalidade é:

— Um processo dinâmico e permanente de relação, comunicação e aprendizagem entre culturas em condições de respeito, legitimidade mútua, simetria e igualdade.

— Um intercâmbio que se constrói entre pessoas, conhecimentos, saberes e práticas culturalmente diferentes, buscando desenvolver um novo sentido entre elas na sua diferença.

— Um espaço de negociação e de tradução onde as desigualdades sociais, econômicas e políticas, e as relações e os conflitos de poder da sociedade não são mantidos ocultos e sim reconhecidos e confrontados.

— Uma tarefa social e política que interpela ao conjunto da sociedade, que parte de práticas e ações sociais concretas e conscientes e tenta criar modos de responsabilidade e solidariedade.

— Uma meta a alcançar.

Esta professora da Universidad Andina Simón Bolívar (com sede no Equador) vem desenvolvendo trabalhos significativos e inovadores sobre a questão intercultural hoje na América Latina, especialmente a partir da experiência dos países andinos. Afirma que:

> O conceito de interculturalidade é central à (re)construção de um pensamento crítico-outro — um pensamento crítico de/desde outro modo —, precisamente por três razões principais: primeiro porque está vivido e pensado desde a experiência vivida da colonialidade [...]; segundo, porque reflete um pensamento não baseado nos legados eurocêntricos ou da modernidade e, em terceiro, porque tem sua origem no sul, dando assim uma volta à geopolítica dominante do conhecimento que tem tido seu centro no norte global (WALSH, 2005, p. 25).

Para esta autora, a interculturalidade crítica está intrinsecamente relacionada à perspectiva decolonial, e deve ser compreendida como um processo e projeto intelectual e político orientado à construção de modos outros de poder, saber e ser. Assim define o que entende por decolonialidade:

> É assinalar a necessidade de visibilizar, enfrentar e transformar as estruturas e instituições que posicionam de modo diferenciado grupos, práticas e pensamentos dentro de uma ordem e lógica que, ao mesmo tempo ainda é racial, moderna e colonial. Uma ordem da qual todos de alguma forma participamos. Assumir esta tarefa implica um trabalho decolonial, dirigido a romper cadeias e desescravizar as mentes (como afirmavam Zapata Olivella e Malcolm X); a desafiar e destruir as estruturas sociais, políticas e epistêmicas da colonialidade — estruturas até agora permanentes que mantêm padrões de poder enraizados na racialização, no conhecimento eurocêntrico e na inferiorização de alguns seres como menos humanos. É isto a que me refiro quando falo da *decolonialidade* (WALSH, 2007, p. 9).

A perspectiva decolonial vem se desenvolvendo no continente americano, a partir dos anos 2000, cada vez com maior força. Promovida pelo grupo conhecido como "Modernidade-Colonialidade", formado por especialistas em filosofia, ciências sociais, semiótica, linguística e educação, é um movimento epistemológico e político-social complexo que se distribui de modo muito heterogêneo pelos diferentes países americanos.

No nosso país, esta perspectiva vem se afirmando, inúmeros grupos de pesquisa vêm aprofundando suas diferentes dimensões e cresce a produção sobre esta temática, especialmente nas áreas de ciências sociais e educação.

Fleury (2017, p. 183) também afirma a necessária articulação entre perspectiva decolonial e educação intercultural crítica:

> A interculturalidade crítica aponta, pois, para um projeto necessariamente decolonial. Pretende entender e enfrentar a matriz colonial do poder, que articulou historicamente a ideia de "raça" como instrumento

de classificação e controle social com o desenvolvimento do capitalismo mundial (moderno, colonial, eurocêntrico), que se iniciou como parte da constituição histórica da América.

Assim, é possível afirmar que a perspectiva decolonial permite radicalizar a proposta da educação intercultural crítica. Propõe que nos situemos a partir dos sujeitos sociais inferiorizados e subalternizados, que são negados pelos processos de modernidade-colonialidade hegemônicos, mas resistem e constroem práticas e conhecimentos insurgentes numa perspectiva contra-hegemônica.

Para a educação intercultural crítica, um aspecto básico é desvelar as formas de colonialidade presentes no cotidiano de nossas sociedades e escolas. Reconhecê-las e nomeá-las, como afirma Maldonado-Torres (2007, p. 131), "nos textos didáticos, nos critérios para o bom trabalho acadêmico, na cultura, no sentido comum, na autoimagem dos povos, nas aspirações dos sujeitos e em muitos outros aspectos de nossa experiência moderna".

Estamos imersos em processos de colonialidade que estão naturalizados e profundamente introjetados no nosso imaginário individual e coletivo, nas nossas mentalidades e nos juízos de valor que atribuímos a diferentes grupos socioculturais, nos conhecimentos que privilegiamos e nos nossos comportamentos. Os processos educacionais, em geral, reforçam a lógica da colonialidade, promovendo a homogeneização dos sujeitos neles implicados, reconhecendo um único tipo de conhecimento como válido e verdadeiro, aquele produzido a partir do referencial construído pela modernidade europeia. Se não questionarmos o caráter único do que consideramos desenvolvido, moderno, civilizado, verdadeiro, belo, não podemos favorecer processos em que se promova o diálogo intercultural. Desnaturalizar os processos de colonialidade constitui um desafio fundamental para o desenvolvimento da educação intercultural crítica e decolonial.

Outro grande desafio é a superação dos dualismos que, articulados com a colonialidade, estão fortemente arraigados em nossas sociedades.

Esses dualismos priorizam um polo da relação — o europeu, civilizado, masculino, moderno, racional —, negando as contribuições dos grupos socioculturais e epistemologias que são consideradas pertencentes ao passado ou que são reduzidas a crenças que devem ser superadas pela lógica moderna eurocêntrica. Somente promovendo o diálogo intercultural é possível construir uma nova perspectiva mais holística e plural, em que todos os sujeitos socioculturais sejam reconhecidos como atores sociais e produtores de conhecimento.

Caminhar nesta direção exige reafirmar o aspecto processual e permanente, tanto da desnaturalização da colonialidade como da construção de dinâmicas outras que promovam o diálogo intercultural, a partir do reconhecimento dos diversos grupos socioculturais, como sujeitos e atores sociais e produtores de conhecimentos.

Desconstruir e reconstruir as culturas escolares, nesta perspectiva do desenvolvimento de uma educação intercultural crítica e decolonial, supõem desafios postos por novas questões que enriquecem e tencionam o debate educacional na atualidade.

Por uma didática crítica intercultural e decolonial

Um primeiro movimento que fizemos para trabalhar esta perspectiva aconteceu no contexto da pesquisa "Ressignificando a Didática na perspectiva multi/intercultural". Realizamos uma pesquisa-ação, no período de março de 2003 a fevereiro de 2006, com o apoio do CNPq, voltada à implementação de um curso de Didática para alunos do curso de Pedagogia, numa abordagem crítica e intercultural (CANDAU; LEITE, 2007).

O curso foi desenvolvido em 60 horas, através da metodologia de oficinas pedagógicas (CANDAU, 2000), e abordou os seguintes temas: (1) Quem somos, nossas leituras do mundo e nossas buscas como educadores/as; (2) Educação escolar ontem e hoje; (3) Do sonho de Comênio à perspectiva crítica; (4) Didática e interculturalidade:

ampliando a perspectiva crítica; (5) Professores/as e alunos/as: sujeitos socioculturais; (6) Cotidiano escolar: as múltiplas manifestações da diferença; (7) A sala de aula: encontros e desencontros; (8) Cotidiano escolar e educação em valores; (9) Cotidiano escolar e cruzamento de saberes; (10) Planejamento didático e dispositivos de diferenciação pedagógica; (11) Avaliação e reconhecimento das diferenças; (12) Didática e perspectiva multi/intercultural.

Foram vários os desafios enfrentados, mas a experiência nos confirmou na relevância de continuar no caminho iniciado. Passamos, então, a uma nova etapa, tendo como objetivo a construção de um mapa conceitual (NOVAK; CAÑAS, 2004) sobre educação intercultural. Para tel, consideramos necessário construímos coletivamente um conceito de educação intercultural que ficou assim formulado:

> A Educação Intercultural parte da afirmação da diferença como riqueza. Promove processos sistemáticos de diálogo entre diversos sujeitos — individuais e coletivos —, saberes e práticas na perspectiva da afirmação da justiça — social, cognitiva e cultural —, assim como da construção de relações igualitárias entre grupos socioculturais e da democratização da sociedade, através de políticas que articulam direitos da igualdade e da diferença (CANDAU, 2010, p. 1).

Tendo como referência esse conceito, o passo fundamental para a construção do mapa conceitual consistiu em definir as categorias básicas. Depois de vários encontros do grupo de pesquisa, através do trabalho coletivo, realizado durante um semestre, chegamos a assumir consensualmente que eram as seguintes: sujeitos e atores, conhecimentos, práticas socioeducativas e políticas públicas. Estabelecemos subcategorias para cada uma delas, passamos a propor palavras de ligação entre elas. Uma vez construídas as categorias e as subcategorias, foi montada a síntese do mapa conceitual (em anexo). Certamente, esse mapa conceitual pode ser expandido, discutido e complexificado. Convém ter presente que essas categorias estão inter-relacionadas e concebidas de modo articulado.

A primeira categoria, *sujeitos e atores*, refere-se à promoção de relações, tanto entre sujeitos individuais quanto entre coletivos integrantes de diferentes grupos socioculturais. A interculturalidade crítica e decolonial fortalece a construção de identidades dinâmicas, abertas e plurais, assim como questiona uma visão essencializada de sua constituição. Potencializa os processos de empoderamento, principalmente de sujeitos e atores inferiorizados e subalternizados, e a construção da autoestima, assim como estimula a construção da autonomia num horizonte de emancipação social.

Quanto à categoria *conhecimentos*, sem dúvida, tem uma especial importância para os processos educativos. Os conhecimentos escolares tendem a ser concebidos como vinculados a conceitos, ideias e reflexões sistemáticas que guardam vínculos com as diferentes ciências, e são considerados universais, assim como a apresentar um caráter monocultural e eurocêntrico. Em geral, não se reconhece a existência de outros saberes, produções de diferentes grupos socioculturais, referidos às suas práticas cotidianas, tradições e visões de mundo. Estes são concebidos como particulares e assistemáticos, e não são valorizados pelas práticas escolares.

Partimos da afirmação da ancoragem histórico-social dos diferentes conhecimentos e de seu caráter dinâmico, o que supõe analisar suas raízes históricas e o desenvolvimento que foram sofrendo, sempre em íntima relação com os contextos nos quais este processo se vai dando e os mecanismos de poder nele presentes. Afirmamos a importância de reconhecer a existência de diversos conhecimentos no cotidiano escolar e procurar estimular o diálogo entre eles, assumindo os conflitos que emergem desta interação. Trata-se de uma dinâmica fundamental para que sejamos capazes de desenvolver currículos que incorporem referentes de diferentes universos culturais, coerentes com a perspectiva intercultural crítica. Este cruzamento de culturas e conhecimentos se dá de diferentes maneiras, algumas vezes, de modo confluente ou complementário, e outras de interação tensa, chegando mesmo a um confronto entre diferentes posições. As tensões entre universalismo e relativismo, no plano epistemológico e pedagógico em geral, fazem-se especialmente presentes. O que consideramos importante na perspectiva intercultural crítica e decolonial é estimular o diálogo, o respeito mútuo e a construção de pontes e conhecimentos presentes no cotidiano escolar e nos processos de ensino-aprendizagem desenvolvidos nas salas de aula, valorizando-se os conhecimentos próprios de diversos grupos socioculturais.

A categoria *práticas socioeducativas* exige colocar em questão as dinâmicas habituais dos processos educativos, em geral padronizadores e uniformes, desvinculados dos contextos socioculturais dos sujeitos que deles participam e baseados no modelo frontal de ensino-aprendizagem. Favorece dinâmicas participativas, processos de diferenciação pedagógica, a utilização de múltiplas linguagens e tecnologias, e estimula a construção coletiva.

A quarta categoria, *políticas públicas*, aponta para as relações dos processos educacionais e o contexto político-social em que se inserem. A perspectiva intercultural crítica e decolonial reconhece os diferentes movimentos sociais que veem se organizando em torno de questões identitárias, defende a articulação entre políticas de reconhecimento e de redistribuição, e apoia políticas de ação afirmativa orientadas a fortalecer processos de construção democrática que atravessem todas as relações sociais, na perspectiva de sua radicalização.

Este mapa conceitual tem orientado, nos últimos anos, nossas pesquisas e práticas educativas.

Principais características de uma didática crítica intercultural e decolonial

Neste item, assinalamos alguns aspectos que consideramos fundamentais para construir práticas educativas interculturais e decoloniais, que foram evidenciados através das pesquisas que desenvolvemos. São eles:

- Mudar de ótica: pré-requisito imprescindível.

É imprescindível superar uma visão que considera as diferenças culturais um obstáculo e algo a ser superado nas práticas pedagógicas. Para o desenvolvimento de uma didática crítica, intercultural e decolonial, é necessário trabalhar o próprio 'olhar' do/a educador/a, de cada um, de cada uma de nós, para as questões suscitadas pelas diferenças culturais, como as encaramos, questionar nossos próprios limites e preconceitos, e provocar uma mudança de postura.

Sem esta mudança de ótica, a interculturalidade e a decolonialidade ficam reduzidas a práticas pontuais e superficiais.

- Desnaturalizar o caráter monocultural e homogeneizador da cultura escolar.

A cultura escolar, ou melhor, as culturas que em geral configuram nossas escolas tendem a homogeneizar comportamentos, saberes e práticas, a partir de um único padrão cultural que pretende expressar o comum, o desejável, o adequado para uma educação de qualidade, tal como presente nas políticas públicas vigentes. No entanto, esse "comum", em geral, expressa as características de um determinado grupo social hegemônico — branco, de classe média, masculino e cristão. Desnaturalizar essa visão, evidenciando como foi historicamente construída e seus pressupostos, constitui um componente orientado a construir culturas escolares mais plurais, que incorporem contribuições de diferentes origens epistemológicas e histórico-culturais.

- Reconhecer e empoderar os sujeitos socioculturais presentes no cotidiano escolar, especialmente os inferiorizados e silenciados.

A perspectiva da didática crítica, intercultural e decolonial reconhece a diversidade de sujeitos presentes nos processos educativos em suas especificidades étnico-raciais, de gênero, de orientação sexual, religiosas etc. Promove relações, tanto entre sujeitos individuais quanto entre grupos sociais integrantes de diferentes culturas. Para sermos capazes de relativizar nossa própria maneira de nos situar diante do mundo e atribuir-lhe sentido, é necessário que experimentemos uma intensa interação com diferentes modos de viver e expressar-se. Não se trata de momentos pontuais, mas da capacidade de desenvolver projetos que suponham uma dinâmica sistemática de diálogo e construção conjunta entre diferentes pessoas e grupos de diversas procedências sociais, étnico-raciais, religiosas etc. Um elemento fundamental nessa perspectiva é a socialização das histórias de vida pessoais e da construção das diferentes comunidades socioculturais em que a escola está inserida. É importante que se opere com um conceito dinâmico e histórico de cultura, capaz de integrar as raízes históricas e as novas configurações, evitando-se uma visão das culturas como universos fechados e em busca do "puro", do "autêntico" e do "genuíno". Exige potenciar processos de empoderamento, principalmente de sujeitos inferiorizados e subalternizados, e estimular processos de construção da autonomia num horizonte de emancipação social, de construção de sociedades em que sejam possíveis relações igualitárias entre diferentes sujeitos socioculturais. O "empoderamento" começa por liberar a possibilidade, o poder, a potência que cada pessoa tem para que ela possa ser sujeito de sua vida e ator social. O "empoderamento" tem também uma dimensão coletiva, trabalha com grupos sociais discriminados e marginalizados, favorecendo sua organização e participação ativa na sociedade civil.

- Promover a ecologia de saberes.

Uma questão central nos processos de ensino-aprendizagem escolares refere-se aos conhecimentos a serem trabalhados.

Boaventura de Sousa Santos (2010), ao longo de sua ampla produção bibliográfica, faz uma consistente crítica ao modelo de racionalidade ocidental dominante, pelo menos durante os últimos duzentos anos. Esse modelo é o inspirador da concepção de conhecimento privilegiada nas nossas escolas. Entre as questões que esse autor suscita, inerentes a essa racionalidade, a que considera a mais poderosa é a *monocultura do saber e do rigor do saber.*

Para ele, questionar essa lógica supõe a identificação de outros saberes e critérios de rigor que operam em contextos e práticas sociais não hegemônicas. Saberes estes que têm legitimidade para participar de debates epistemológicos com os conhecimentos considerados científicos, pois todos os saberes, inclusive os científicos, devem ser considerados incompletos. Daí decorre a possibilidade de diálogo entre saberes, o que exige substituir a monocultura do saber científico por uma ecologia de saberes.

> A ecologia de saberes capacita-nos para uma visão mais abrangente daquilo que conhecemos, bem como do que desconhecemos, e também nos previne para que aquilo que não sabemos é ignorância nossa, não ignorância em geral (SANTOS, 2010, p. 66).

Essa perspectiva nos desafia a problematizar o conhecimento escolar; a reconhecer os diversos conhecimentos produzidos pelos diferentes grupos socioculturais e os saberes tradicionais; a promover uma ecologia de saberes no âmbito escolar, favorecendo o diálogo entre o conhecimento escolar socialmente valorizado e dominante e esses saberes. Essa interação pode se dar por confronto ou enriquecimento mútuo, e supõe ampliar a nossa concepção de quais conhecimentos devem ser objeto de atenção, entre confluências e tensões, e ser trabalhados na escola, assumindo-se os possíveis conflitos que emergem da interação entre eles.

- Construir práticas educativas diferenciadas.

No que diz respeito às práticas socioeducativas, a perspectiva intercultural e decolonial exige colocar em questão as dinâmicas habituais dos processos educativos, em geral, padronizadores e uniformes, desvinculados dos contextos dos sujeitos que deles participam e baseados no modelo frontal de ensino-aprendizagem. Destacamos dois aspectos a serem trabalhados: a diferenciação pedagógica e a utilização de múltiplas linguagens e mídias no cotidiano escolar.

Trabalhar os dispositivos de diferenciação no cotidiano escolar é um componente fundamental para enfrentar a realidade das escolas hoje. Exige administrar a heterogeneidade presente na sala de aula — estimular a participação, realizar tarefas diferenciadas, acolher iniciativas de alunos e alunas, organizar grupos de trabalho, utilizar diferentes linguagens etc. — e ampliar a gestão da sala de aula para um espaço mais vasto — trabalho cooperativo entre colegas, articulação com atividades plurais promovidas pela escola, aproveitamento das experiências de alunos/as e suas famílias, estabelecimento de relações com as questões presentes na sociedade, entre outros aspectos.

Além disso, exige incorporar também a utilização de distintas expressões culturais. A construção de materiais pedagógicos nessa perspectiva e a criação de condições concretas nas escolas que permitam uma efetiva diferenciação são outras exigências. Supõe "desengessar" a sala de aula, multiplicar espaços e tempos de ensinar e aprender. Experiências que vêm sendo desenvolvidas através da metodologia de projetos que têm propiciado essa diferenciação, assim como o emprego de diversas linguagens e mídias.

Quanto ao que diz respeito a linguagens e mídias, trabalhadas em articulação com o já afirmado, trata-se de conceber a escola como um centro cultural em que diferentes linguagens e expressões culturais estão presentes e são produzidas. Não se trata simplesmente de introduzir as diversas tecnologias de informação e comunicação, mas de dialogar com os processos de mudança cultural, presentes em toda a população, tendo, no entanto, maior incidência entre os jovens e as crianças, configurando suas subjetividades.

Estes são apenas alguns dos desafios que somos chamados a enfrentar. No entanto, se estivermos atentos à realidade, se formos capazes de desconstruir o *daltonismo cultural* (CORTESÃO; STOER, 1999) que nos configura, evidenciaremos a emergência cada vez mais forte nos cenários públicos dos diversos grupos socioculturais.

Considerações finais

Da Didática fundamental à Didática crítica intercultural e decolonial: uma trajetória com muitos desafios e buscas, vivida em coletivo com os integrantes do Grupo de Estudos Cotidiano, Educação e Culturas(s) (GECEC). A perspectiva da didática crítica, intercultural e decolonial é um processo em construção. No entanto, é possível identificar experiências "insurgentes" que apontam nesta direção. Insurgir supõe desestabilizar. Desconstruir. Criar. Construir. Propor. Identificar perspectivas teórico-práticas que apontem para outro horizonte de sentido, para outras formas de desenvolver processos educacionais que se confrontem com as tendências dominantes.

Saberes e ações, muitos dos quais já presentes no cotidiano de nossas escolas e em outros espaços educativos que provocam a emergência de dinâmicas outras, que apontam para processos educativos que rompem com a homogeneização, o eurocentrismo e a colonialidade, e favorecem o protagonismo de sujeitos sociais silenciados. Neles, são construídas outras formas de organizar os currículos, os espaços e os tempos, o trabalho docente, o empoderamento de sujeitos socioculturais subalternizados, as relações com a comunidade; de conceber a gestão de modo participativo, enfatizando as práticas coletivas, utilizando múltiplas linguagens e tecnologias, assumindo um conceito amplo e plural de sala de aula etc. Reconhecê-las, visibilizá-las e apoiá-las é uma tarefa urgente se quisermos construir processos educativos significativos para os desafios que enfrentamos na atualidade e contribuir para a afirmação da democracia em todas as suas dimensões.

Referências

BANKS, J. *Introduction to multicultural education*. Boston: Allyn and Bacon, 1999.

CANDAU, V. M. (org.). *A didática em questão*. Petrópolis: Vozes, 1983.

CANDAU, V. M. *Cotidiano escolar e cultura(s):* desvelando o dia a dia. Rio de Janeiro: CNPq/PUC-Rio, 1996. Projeto de pesquisa.

CANDAU, V. M. et al. *Oficinas pedagógicas de direitos humanos*. Petrópolis: Vozes, 2000.

CANDAU, V. M. *Ressignificando a didática na perspectiva multi/intercultural*. Rio de Janeiro: CNPq/PUC-Rio, 2003. Projeto de pesquisa.

CANDAU, V. M. *Educação intercultural*: mapa conceitual. Rio de Janeiro: Departamento de Educação, PUC-Rio, 2010. Documento de trabalho.

CANDAU, V. M. et al. *Oficinas pedagógicas de direitos humanos*. Petrópolis: Vozes, 2000.

CANDAU, V. M.; LEITE, M. A didática na perspectiva multi/intercultural: construindo uma proposta. *Cadernos de Pesquisa*, Fundação Carlos Chagas, v. 37, n. 132, set./dez. 2007.

CORTESÃO, L.; STOER, S. *"Levantando a pedra"*: da pedagogia inter/multicultural às políticas educacionais numa época de transnacionalização. Porto: Afrontamento, 1999.

FLEURY, R. *Educação intercultural e movimentos sociais*. João Pessoa: Editora do CCTA, 2017.

MALDONADO-TORRES, N. Sobre la colonialidad del ser: contribuciones al desarrollo de un concepto. *In*: CASTRO-GÓMEZ, S.; GROSFOGUEL, R. (org.). *El giro decolonial. Reflexiones para una diversidad epistémica más allá del capitalismo global*. Bogotá: Universidad Javeriana-Instituto Pensar; Universidad Central-IESCO; Siglo del Hombre Editores, 2007.

MCLAREN, P. *Multiculturalismo crítico*. São Paulo: Cortez, 1997.

NOVAK, J.; CAÑAS, A. Building on new constructivist ideas and map tools to create a new model for education. *In*: NOVAK, J.; CAÑAS, A.; GONZÁLES, F. M. (eds.). *Proceedings of the First International Conference on Concept Mapping*. Pamplona: [s. n.], 2004.

SANTOS, B. de S. Para além do pensamento abissal: das linhas globais a uma ecologia de saberes. *In*: SANTOS, B. de S.; MENESES, M. P. (org.). *Epistemologias do Sul*. São Paulo: Cortez, 2010.

SEN, A. O racha do multiculturalismo. *Folha de S.Paulo*, São Paulo, 17 set. 2006. Suplemento Mais.

SILVA, T. T. da. *Teoria cultural e educação*: um vocabulário crítico. Belo Horizonte: Autêntica, 2000.

WALSH, C. *La educación intercultural en la educación*. Lima: Ministerio de Educación, 2001. Documento de trabalho.

WALSH, C. (ed.). *Pensamiento crítico y matriz (de)colonial:* reflexiones latinoamericanas. Quito: Universidad Andina Simón Bolívar; Abya-Yala, 2005.

WALSH, C. *Memorias del Seminario Internacional "Diversidad, interculturalidad y construcción de ciudad"*. Bogotá: Universidad Pedagógica Nacional, 17-19 abr. 2007.

Anexo

EDUCAÇÃO INTERCULTURAL: MAPA CONCEITUAL (2010)

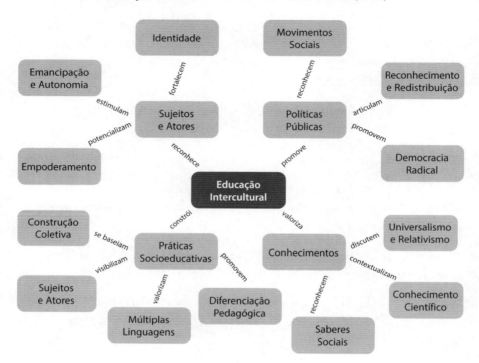

CAPÍTULO 7

Didática sensível:
sentir-pensar-agir no processo de ensino e aprendizagem

Cristina d'Ávila

> *Lembra o tempo que você sentia e*
> *sentir era a forma mais sábia de saber*
> *e você nem sabia...*
>
> (Alice Ruiz, 2008).

Introdução

Sentir é a forma mais sábia de saber...

Os poetas encantam verdades, enquanto os cientistas as atestam. Por muito tempo no campo científico, a racionalidade abstrata dominou o mundo das ideias. O racionalismo cartesiano dominante desde século XVII, o Iluminismo, o Enciclopedismo e o mito da ciência positiva que marcaram a modernidade, habitaram e habitam ainda o nosso modo de pensar e produzir conhecimentos. Essas correntes de pensamento travaram fortes batalhas contra o poderio do saber sacrossanto e monárquico, lançando luzes sobre a "ignorância" humana. O alcácer da verdade científica, a Universidade, reproduziu e talvez reproduza ainda esse *modus cogitandi,* até que ventos contrários a desafiassem.

A ciência moderna, hiperespecializada, trouxe soluções para muitos males que abateram a humanidade, mas já não consegue responder isoladamente às preocupações planetárias, como as questões climáticas, éticas, sanitárias, o que faz emergir a dança dos contrários dos valores humanos antes concebidos como incontestáveis. Tomemos como exemplo o que foi a pandemia pela covid-19 no ano de 2020, e a luta pela cura e a descoberta de vacinas capazes de conter o mal, em tempo recorde. Alianças entre amplos setores da sociedade e do mundo científico, e cientistas provindos de diferentes países e ramos da ciência conseguiram combater a chaga de um vírus desconhecido até então. Estudos interdisciplinares se tornaram cada vez mais necessários. A física conclamada com os estudos sobre a microscopia eletrônica, a ciência computacional que permitiu a visualização, estudos prototípicos e testagens virtuais com os componentes do vírus, a biologia, a epidemiologia e os diversos campos da ciência estiveram envolvidos nesta tarefa hercúlea. O mundo ganhou, ainda que a distribuição das vacinas não tenha sido tão democrática quanto a sua produção.

Assim, a interdisciplinaridade faz nascer ciências novas que se reorquestram numa imensa rede de saberes, conhecimentos e técnicas. Por exemplo, a neurociência, como ciência interdisciplinar, abrange, para além da biologia, outras ciências como a neuropsicologia, a neuroantropologia, a neuroetologia. Na área médica, para além da neurologia, a neuro-ortopedia, a neuropsiquiatria. Áreas cientificas se interconectam como a psicobiologia ou a psicofisiologia.

A neurociência cognitiva, especialmente a neuropsicologia, tem sido cada vez mais associada a estudos pedagógicos. Há décadas atesta a importância das emoções, por exemplo, na composição da inteligência humana, em capacidades fundamentais da nossa existência, como a tomada de decisões, assunção de posicionamentos e respostas a grandes e pequenas indagações da vida. A exemplo, um grupo de investigadores da Fiocruz, da Universidade Federal do Rio de Janeiro (UFRJ) e do Unifeso estudou sobre a neurobiologia das emoções e investigou as vias pelas quais as informações adquirem significado emocional (ESPERIDIÃO *et al.*, 2008). Desde Papez (1937 *apud* ESPE-RIDIÃO *et al.*, 2008), verificou-se zonas específicas de processamento das emoções. No entanto, as informações que chegam ao cérebro percorrem um determinado trajeto ao longo do qual são processadas. Em seguida, direcionam-se para as estruturas límbicas e paralímbicas, ou por outras vias, para adquirirem significado emocional, dirigindo-se, ato contínuo, para determinadas regiões do córtex cerebral, permitindo que sejam tomadas decisões e desencadeadas ações — função geralmente dependente do córtex frontal ou pré-frontal. Brevemente, é possível propor uma "neuroanatomia" da tomada de decisão envolvendo o córtex pré-frontal (ESPERIDIÃO *et al.*, 2008).

Que se diga, nossa vida é plena de significados que resultam de escolhas que fazemos, a maioria delas, senão todas, guiadas principalmente pelas emoções. É sobre isso que nos fala António Damásio, médico e neurocientista português, que há anos tenta religar os fios entre a neurobiologia e as ciências humanas. Damásio (2006), depois de anos de investigação junto a pacientes que sofreram acidentes cerebrais com lesões que os tornavam incapazes de sentir emoções, constatou que essas pessoas se tornavam incapazes também de tomar decisões a longo termo ou de desenvolver projetos de vida, apesar de terem o raciocínio lógico matemático preservado em perfeito estado. Assim, concluiu Damásio (2006, p. 9): "a capacidade de exprimir e sentir emoções é indispensável para colocar em prática os comportamentos racionais". Ou seja, não há disjunção possível entre razão e emoção quando pensamos e assumimos posições. Estão em jogo, sempre, o valor moral e o contexto. Em outras palavras, na maior parte de nossas vidas, pensamos com o sentimento, antes de agirmos.

Poderíamos ter começado este capítulo por nossas motivações didático-pedagógicas, mas instigadas pela necessidade de responder aos que ainda duvidam da sabedoria do sentir, nos emaranhamos pelas vias históricas, ainda que brevíssimas, do conhecimento cientifico em perspectiva interdisciplinar. Assim, nos permitimos enlaçar a pedagogia com a neurociência, com a filosofia, com a sociologia, com a antropologia, a política e a história.

A Didática sensível e, por suposto, a Pedagogia do sensível são elaborações multirreferenciais (construídas a partir de múltiplas referências), complexas e raciovitalistas no campo didático-pedagógico. A Didática sensível está fundada em paradigmas emergentes, como a epistemologia complexa (MORIN, 1999) e a teoria raciovitalista (MAFFESOLI, 2005), além de fundamentos psicopedagógicos que compreendem a inteligência humana a partir da integralidade entre cognição, corporeidade e emoções (DAMÁSIO, 2006; GARDNER, 1994).

Neste capítulo, traremos à baila estes fundamentos a fim de desnudar a teoria e a prática da Didática sensível (DS). A DS busca estabelecer uma relação profunda entre o educador, o educando e o conhecimento, levando em consideração as dimensões emocionais, cognitivas e corporais presentes no processo de ensino e aprendizagem. Com isso, une os aspectos racionais e subjetivos (suscetíveis e apropriados), dicotomizados em outras perspectivas. Sob essa premissa, a DS busca promover um processo educativo reflexivo, inclusivo e afetivo.

No campo filosófico, as origens da Didática sensível

Todo conhecimento novo está ancorado em conhecimentos anteriores. A teoria da Didática sensível não foge à regra. Inicialmente, partimos da Educação do sensível, uma formulação realizada por Duarte Jr. (2004). O autor propunha uma educação dos sentidos, principalmente no que tange ao ensino das Artes. A Didática sensível compreende, de modo similar, que o conhecimento, em amplo espectro e provindo de distintas áreas do saber, é apreendido pelos sentidos e elaborado mentalmente, sem cisão entre sensibilidade e racionalidade, postulando-se, assim, como cunhou Michel Maffesoli (2005), uma razão sensível.

A teoria raciovitalista (razão vital) de Maffesoli (2005) nos concede a régua e o compasso para compreendermos o conceito fundante do saber sensível como um saber ancestral, primaz, que rege nossa existência e funde-se com a racionalidade intelectual. O autor apregoa a não dicotomização entre racionalidade e sensibilidade, entre ciência e saber popular, entre arte e ciência, mito e religião, teoria e prática. Como método sociológico, assume a fenomenologia compreensiva.

A Didática sensível está em busca do "religare" entre fenômenos e conhecimentos. O postulado da didática sensível não provém do empirismo, nem do racionalismo cartesiano, mas da visão fenomenológica que supera os paradigmas racionalistas e empiristas, entendendo que não há uma separação entre o sujeito e o objeto, ou seja, entre a consciência e a coisa percebida, mas uma correlação entre eles.

Raciovitalismo e o saber sensível presentes na Didática

A racionalidade funcional ou instrumental privilegia as leis gerais aplicáveis aos fenômenos sociais, conceitos estritos e fechados em si. Ao contrário disso, Maffesoli (2005) propõe uma racionalidade mais larga nascida de um pensamento audacioso e inventivo que carrega consigo um sentimento precário, aleatório e submetido ao instante. Não há uma verdade única, geral e aplicável a todos os contextos, mas uma variedade de valores que se relativizam, misturam-se, combatem-se e são válidos em todas as situações, fenômenos e experiências que se exprimem. Isso exige um espírito menos dogmático, claro.

Para engendrar a teoria raciovitalista, o autor parte, portanto, da crítica sobre a razão moderna que relegou os afetos à sombra, tanto ao nível individual como coletivo — era a égide da razão pura e abstrata —, e propõe o "élargissement de la conscience" (alargamento da consciência) como um processo epistemológico capaz de apreender a globalidade social no todo e em suas partes constituintes. Nesse sentido, alargar a consciência visa conferir um campo de ação mais vasto à compreensão de domínios até então interditados: os caminhos do não racional, do não lógico.

Distinguindo-a do racionalismo moderno, a racionalidade aberta, vital, deseja apreender a realidade em sua totalidade, enquanto a razão instrumental se contenta em analisar o mundo real em fatias de conhecimento. A lógica moderna deita à sombra o imaginário, o delírio coletivo (percepção onírica) e o lúdico. Mas esses elementos estão mais do que nunca presentes em nossa realidade atual; assim, superando o racionalismo instrumental ou funcional, pretende-se apreender a razão interna das coisas, aí onde se exprime o vitalismo. Maffesoli (2005, p. 76) assevera:

> É tudo isso que nos ensina uma racionalidade aberta e plural. À imagem do poema baudelaireano, os sons, as cores, os odores se correspondem. Do mesmo modo, a natureza e a cultura entram em interação, o microcosmo e o macrocosmo se correspondem, e no interior do mundo social cada um, segundo seus títulos e suas qualidades, encontra seu lugar na sinfonia humana.[1]

A ideia do raciovitalismo está em que é necessário conhecer e compreender a vida (as emoções, os sentimentos partilhados das culturas comuns) que está no entorno e dentro dos fenômenos — "não negligenciar nada do que nos entorna, do mundo de onde pertencemos, e que é, de uma só vez, sentimento e razão" (MAFFESOLI, 2005, p. 76).

Assim, compreendendo a sala de aula como um microcosmo do macrocosmo que nos entorna, percebemos que também as emoções, os

---

1. "C'est tout cela que nos enseigne une racionalité ouverte et pluriel. À l'image du poème baudelairien, les sons, les couleurs les odeurs se répondent. De même la nature et la culture entrent en interaction, le microcosme et le macrocosme se répondent, et à l'intérieur du monde social chacun, selon ses titres et ses qualités, trouve sa place dans la symphonie humaine." (MAFFESOLI, 2005, p. 76, tradução da autora).

sentimentos e as sensações estão presentes nas relações estabelecidas entre professores e alunos, alunos e alunos e alunos e conhecimento. Não há como negar que carregamos um espectro de emoções onde quer que estejamos, e que na sala de aula a relação com os estudantes não pode ser estabelecida como se fôssemos enciclopédias ambulantes e os alunos, receptáculos vazios. A perspectiva da pedagogia bancária foi, há muito, denunciada e superada, desde Paulo Freire.

O raciovitalismo maffesoliano traz para nós, também, um conceito-chave que é o do saber sensível. Como afirmamos anteriormente, um saber ancestral que está na base de nossas relações com o mundo e a vida. O mundo como é apreendido por nós, na sua globalidade, com toda sua sensualidade. É um saber intuitivo e dificilmente explicável em palavras. É uma racionalidade sensível que nos impulsiona comportamentos resolutivos diante das indagações que a vida nos impõe a todo momento. Assim como um músico quando compõe ou quando simplesmente executa, no instrumento, uma música — sua sabedoria se espraia do cérebro para todo seu corpo e as notas musicais fluem em acordes que se combinam fazendo entoar melodias. Ou como uma cozinheira quando prepara os alimentos com arte, ou como um grande atleta, como Pelé, ao fazer seus esplêndidos gols.

O saber sensível guia nossa inteligência prática no cotidiano e está presente como base ou ponto de chegada nas formulações de teorias científicas em áreas distintas do saber. Que recorramos ao exemplo do maior cientista do século XX, Albert Einstein, que além de físico era um excelente músico. O cientista relatou que muitas vezes pensava longamente sobre um assunto do conhecimento físico-matemático usando o raciocínio lógico sem conseguir resultados. Precisava dormir para que, em sonho, vislumbrasse a resolução para as equações propostas, como aconteceu com a principal delas, a famosa Equação da Relatividade — $E = mc^2$ — que pairava no espaço em suas visões intuitivas. O saber sensível está presente em muitas situações pedagógicas, também, em resoluções que adotamos na sala de aula, desde a resolução de conflitos, harmonização da sala de aula às questões de replanejamento que se realizam na dinamicidade da ação didático-pedagógica.

É importante notar que, como apregoa Maffesoli, também o pensamento complexo em Edgar Morin (1990) compreende o conhecimento a partir de uma trama hologramática em que as partes são constituintes de uma totalidade e também contêm essa totalidade. Com efeito, o sentido da palavra *Complexus* não se confunde com a concepção de algo complicado, mas com a ideia do que é tecido em conjunto, fazendo-nos compreender, pelo princípio da recursividade, que somos ao mesmo tempo, como seres históricos, produtos e produtores de nossa história, de nossa cultura, de nossa sociedade. Não estamos alheios a isso. Nesse sentido, ensinar e educar, a partir de valores humanísticos, conjuntamente, é o lema ao qual nos dedicamos com a abordagem sensível, valendo afirmar que pretendemos ir além do ensino disciplinar específico, sinalizando aos estudantes o que há nas relações entre os conhecimentos provindos de diferentes "áreas" e o real situado em distintos contextos.

O pensamento complexo e a relação com o pensar orgânico da Didática sensível

Edgar Morin também é um autor crítico à hiperespecialização das ciências que deixam de se comunicar entre si, perdendo, assim, a visão global da realidade. Para Morin, religar os conhecimentos dispersos é fundamental para compreensão dos fenômenos naturais e fenômenos humanos. Morin (1990) fala de abertura epistemológica necessária à construção de uma nova ciência e tece uma crítica feroz à disciplinarização, advogando a transdisciplinaridade.

Os macroprincípios da Complexidade podem ser sintetizados em uma tríade:

a) O princípio dialógico: aquele que permite a compreensão da dualidade muitas vezes contraditória inerente aos fenômenos.

A capacidade de associar, pois, dois termos complementares e antagonistas (por exemplo, a ordem e a desordem podem suprimir um ao outro, mas ao mesmo tempo colaboram e produzem a visão complexa das coisas — são princípios complementares, mas também antagônicos).

b) O segundo princípio seria o da recursividade organizacional (MORIN, 1990, p. 100): "Um processo recursivo é um processo onde os produtos e os efeitos são ao mesmo tempo causas e produtores do que os produz". Tomam-se como exemplos o indivíduo e a espécie. Somos ao mesmo tempo produto e nos tornamos produtores do mesmo processo de reprodução. Socialmente, a mesma coisa, somos seres sociais e produzimos a sociedade que nos produz. Isso rompe com a ideia de causa-efeito tão cara ao pensamento racionalista cartesiano.

c) E o terceiro princípio, hologramático: não somente a parte está no todo, mas também o todo está nas partes. Tal princípio está presente, do mesmo modo, no mundo natural e no mundo social. No mundo biológico, por exemplo, cada célula contém a totalidade de informação genética do organismo. É necessário, pois, para se conceber o todo, conceber as partes e vice-versa. A ideia hologramática é a síntese desses princípios e ela mesma está ligada à ideia de recursividade que é, por sua vez, ligada à ideia de dialogicidade (MORIN, 1999).

Precisamos desses princípios para pensarmos a educação numa dimensão sensível. O conhecimento é visto holisticamente. A didática, por exemplo, como campo de saberes especializados para a docência, está inapelavelmente ligada ao psicopedagógico, ao sociopedagógico, à neurociência e às demais ciências da educação.

A relação, pois, que o docente mantém com o saber, nessa perspectiva, é uma relação dinâmica, dialógica, imbricada e, de modo similar, também os alunos devem ser educados nessa perspectiva.

Não há uma relação de causa e efeito entre os fenômenos a partir de uma lógica polarizada. A dialogicidade e a recursividade permitem perceber um mundo intricado a partir de múltiplas associações. O mundo complexo, fenomenal, inclui os sujeitos como sujeitos da história, como partes integrantes desse incomensurável holograma. O local e o global que se associam para as explicações daquilo que já foi, daquilo que está sendo e se tecendo para adiante.

Assim, na DS, trata-se de operar com um pensar orgânico fundado numa racionalidade aberta, a um só tempo intelectual, emocional, libidinal. Requer reconhecer nos indivíduos as suas subjetividades, fazer emergir os seus quereres, e não os pensares como recipientes vazios a serem preenchidos com informações. As informações são o nível mais superficial dos conhecimentos. Precisamos superar esse nível informacional e trabalharmos com a dimensão formacional, acreditando no ser humano a partir da integralidade: sentir-pensar-agir. A continuarmos com a pedagógica conteudista-transmissional na sala de aula, o resultado será o de obtermos mentes cheias e não "cabeças bem-feitas", como afirmou Edgar Morin no seu livro *A cabeça bem-feita: repensar a reforma, reformar o pensamento*, dedicado a professores e a alunos (MORIN, 2006). Assim:

> A missão desse ensino é transmitir não o mero saber, mas uma cultura que permita compreender nossa condição e nos ajude a viver, e que favoreça, ao mesmo tempo, um modo de pensar aberto e livre. Kleist tem muita razão: "O saber não nos torna melhores nem mais felizes". Mas a educação pode ajudar a nos tornarmos melhores, se não mais felizes, e nos ensinar a assumir a parte prosaica e viver a parte poética de nossas vidas (MORIN, 2006, p. 13).

Esta última frase de Morin resume um dos objetivos fundamentais da Didática sensível: para além da vida considerada em prosa, ou seja, na sua regularidade previsível, irmos além e considerarmos a vida vista na sua poética, ou seja, de modo criativo, prazenteiro, instigante.

Como reger a orquestra do sensível do ponto de vista didático

Bem, trilhamos o quanto pudemos, neste capítulo, as bases filosóficas da Didática sensível. Consideraremos agora princípios psicopedagógicos que sustentam seu *modus operandi*. Iniciemos com António Damásio em seu livro *O erro de Descartes* (2006, p. 5):

> O tema principal de *O erro de Descartes* é a relação entre emoção e razão. Com base no estudo neurológico de pacientes que sofrem tanto de distúrbios quanto à tomada de decisão, quanto de distúrbios emocionais, formulei a hipótese, chamada de marcadores somáticos, segundo a qual a emoção participa da razão e ela pode auxiliar no processo de raciocínio...

Queremos remarcar que o autor não fala em substituição da racionalidade lógica pelas emoções, mas de uma relação de complementaridade. No entanto, existem situações na vida em que a emoção pode até mesmo substituir uma decisão racional, como afirma Damásio (2006, p. 11): "essa é a beleza da emoção na evolução". A emoção concede aos seres vivos "a capacidade de agir de forma inteligente sem pensar de forma inteligente" (DAMÁSIO, 2006, p. 11) — significa dizer, de modo racionalmente lógico.

Neste tópico e como nossa abordagem é multirreferencial, incluiremos um conceito importante na epistemologia sociointeracionista vygotskyana, o de mediação simbólica e mediação cognitiva (VYGOTSKY, 1984). Segundo o autor, entre os mais importantes sistemas simbólicos mediadores que possibilitam a comunicação, a produção da cultura e da educação, está a linguagem. A linguagem é um sistema simbólico extremamente importante para estabelecer uma relação dialética entre o sujeito e os objetos de conhecimento. Assim, as apreensões inteligíveis dos objetos de conhecimento, segundo Vygotsky, não são imediatas, mas mediadas pela cultura.

Argumentamos, no entanto, que essa apreensão dos objetos de conhecimento deva ser, ao mesmo tempo, sensível e inteligível. É uma apreensão mediada pela cultura e, portanto, mediada pela linguagem, mas inclui também, a nosso ver, as emoções e a corporeidade — inclui, pois, uma apreensão sensível dos conhecimentos, no sentido de considerarmos a subjetividade dos sujeitos e as percepções sensoriais.

Desse modo, ensinar pressupõe antes de tudo uma aprendizagem já mediada em si mesma. Assim, ensinar é uma ação mediadora — mediação didática — sobre a capacidade de compreensão do sujeito (mediação cognitivo-sensível). Essa dupla mediação constitui a essência da ação de ensinar e aprender. Além disso, a mediação didática compreende o compartilhamento de indagações e respostas entre os estudantes, pela qual o docente não constitui o mediador exclusivo do conhecimento.

Considerando o reconhecimento das dimensões emocionais e corporais no processo de ensino como fundamentais na didática sensível, a Teoria das inteligências múltiplas de Howard Gardner (1994) fornece conceituações significativas para nossa elaboração. O autor reconhece a importância da epistemologia construtivista piagetiana, mas aponta a insuficiência de tais interpretações, considerando-as monolíticas. O autor entende que, além da inteligência matemática, existem várias inteligências, por exemplo, inteligência musical, inteligência interpessoal e intrapessoal (que podem ser resumidas como inteligência emocional), inteligência corporal e outras. Gardner (1994) argumenta que as inteligências são interdependentes, e funcionam de acordo com sua própria natureza e bases.

Na DS, focamos o sujeito que aprende e traz consigo múltiplas características e diferentes formas de aprender. Acreditamos que os professores devem reconhecer essas diferenças em seus alunos. Mas não se trata apenas de aprender diferentes estratégias de ensino. Nossa elaboração leva em consideração a necessária transformação de paradigmas na forma como os professores sentem-pensam-agem.

Coreografia da Didática sensível

Os fundamentos filosóficos e psicopedagógicos dão surgimento aos princípios operacionais — uma forma de realizar a teoria na prática.

Antes de mais nada, gostaríamos de exprimir aqui nossa desmotivação diante de crenças pedagógicas que veem o ensino como mera repetição de informações, reprodução de valores, e anestesia, inclusive, social. Vamos por partes.

Com efeito, as informações fazem parte do fazer pedagógico, ninguém pode ser professor se não contar com as informações, mas elas só fazem sentido se associadas e capazes de gerar interpretações, compreensões, sentidos. Aprender é compreender; é emprestar sentido às coisas, aos fenômenos, aos conceitos, às teorias. Assim, vamos além desse nível superficial do conhecimento e trabalhamos com o conhecimento e seus saberes, procurando entender os processos de intepretação dos conhecimentos, conhecendo mais as relações que os estudantes estabelecem com o saber e as possibilidades de mobilização desses saberes na vida corrente.

Além disso, no ensino e aprendizagem de qualquer que seja a disciplina, muito além das informações vazias de sentidos, reconhecemos no processo de ressignificação dos conteúdos (conjunto de conhecimentos, saberes e valores) pelos estudantes um processo mediacional que inclui, além da dimensão cognitiva, as emoções e a corporeidade — o que fica gravado na memória afetiva e na memória da pele —, fontes às quais recorremos sempre para emprestarmos significado às coisas.

Assim, pretende-se acordar da anestesia — que significa o não sentir — para buscar a estesia e a estética dos conhecimentos na sala de aula. A mediação didática, a que procedemos — para permitir a mediação cognitivo-sensível pelos estudantes, — parte da estesia até alcançar o estético. E do estético ao sentido racional dos objetos do conhecimento. O que vem em primeiro lugar nessa coreografia didática? Tendemos a considerar que o sentir, pois as sensações são primazes no processo de conhecimento. Assim, na Didática sensível, o princípio inicial é o da sensibilização (ou o sentir).

a) **Sensibilização.** Pelo sentir o que se deseja é caminhar do estésico (o sensível) ao estético (linguagem artística); e da expressão estética à racionalidade dos conhecimentos. Estesia vem da palavra grega *aiesthesis* que significa sentir. Assim, seu contrário — **Anestesia** (do grego antigo αν-, an-, "ausência"; e αἴσθησις, aisthēsis, "sensação") — significa o não sentir. A ciência e os enunciados científicos e, também, a educação em seus processos pedagógicos podem e devem despertar sensações, sentimentos e inteligibilidades. O sentimento estético, tão caro aos artistas e tão controvertido conceito, é aplicável a todas as áreas do saber (científico, filosófico, artístico). Todo cientista é movido por sensibilidade estética, e todo artista não pode abrir mão de seu pensar racional, necessário à materialidade da própria arte. Como afirmou Duarte Jr. (2004, p. 157): adotar o sensível como fundamento didático pedagógico "não tem a ver apenas com os níveis elementares da educação, mas pode se estender ao longo de toda vida adulta, com significativo incremento na qualidade de vida dos indivíduos e da sociedade como um todo".

b) **Metaforização e imaginação.** Propugnamos um adentrar pelas metáforas. Criativas, as metáforas são um caminho instigante para alcançarmos a dimensão estética e, assim, aproximarmos os estudantes dos objetos de conhecimento pelo que ele pode oferecer de belo, de instigante ou de comovente. Atenção e não confundir comovente com sentimento piegas, mas como sentimento que move, que mobiliza e desperta o querer saber. Por isso colocamos como subtítulo desse capítulo o *sentir-pensar-agir* como a tríade presente nos processos do *saber-sentir* para o *pensar-agir*. As metáforas lúdicas e artísticas abrem caminhos para a imaginação e o pensamento criativo. Eles afrouxam os laços do pensamento rígido e das emoções paralisadas. Morin (2016) afirma que a estética é um dado fundamental da sensibilidade humana antes de ser o caráter próprio da arte. Para ele, reside na emoção estética a impressão de beleza, e essa emoção é universal. O que não é universal e depende do nascedouro em cultura singulares é a ideia de beleza. Efetivamente, quando propomos o trabalho pedagógico-didático com metáforas criativas (lúdicas ou artísticas) na formação de professores e na educação universitária, pretendemos resgatar o elo do sensível, do estésico e do estético no pensar inteligível. O uso das metáforas criativas é mobilizador de aprendizagens, posto que provocam nos partícipes do processo educativo um elã, uma abertura para o processo do conhecimento e sensação de encantamento ou de deslocamento para uma outra esfera que não apenas a racional.

As metáforas permitem a imaginação que é, em síntese, o início do pensar criativo. Imaginar está para além de observar tão simplesmente. Imaginar depende de contemplar, pensar-sonhar, ou fruir. O ensinar-aprender na Didática sensível permite esse movimento da fruição à imaginação, à ressignificação de conceitos à sua recriação — o momento de pôr em prática os conhecimentos não como uma repetição de modelo, mas como exercício de autoria.

c) **Problematização.** As problematizações, um outro princípio operacional, partem da vivência dos dilemas das contradições, de conflitos e dúvidas que portam os aprendentes. Estes relatam suas questões — dilemas e contradições, conflitos — que são dramatizadas, refletidas e evocadas em discussões coletivas. Dilemas são trabalhados, primeiro individualmente e depois transformados em polêmicas coletivas. Os dilemas são problematizações da práxis, e este trabalho oferece, assim, uma oportunidade importante para a ressignificação da práxis. Problematizamos sempre a partir da experiência do aprendente, ou da experivivência (LOPES, 2014). A experivivência problematizadora parte da problematização do conhecimento a partir da experiência pregressa do educando, aliando o saber previamente construído ao novo conhecimento. Aguça o pensamento lógico, cria nexos, redes amplas de significados. Uma só pergunta já mobiliza o estudante na tentativa de responder a ela. Tal qual enigma, a problematização do conhecimento mobiliza o raciocínio lógico, diverte, e conduz cada sujeito a sua própria caminhada intelectual em direção a possíveis soluções postas.

d) **Ressignificação de saberes e criação.** Quando chegam à escola ou à universidade, os estudantes são pessoas plenas de valores, histórias de vida, saberes. Este cabedal construído ao longo da vida, desde a mais tenra idade, precisa ser reconhecido para ser ressignificado.

O grau de elaboração no processso de ressignificação vai depender da capacidade de revisão, diferenciação, de coordenação, e pertinência na vinculação entre o que se sabe e o que se pode aprender, e a progressão das aprendizagens. A modificação dos esquemas de conhecimento precisa ser provocada pelos professores. Daí a etapa que assinalei antes da experivivência problematizadora. Com base na experiência, fazer esta imersão e ser provocado intelectualmente, também, a atribuir um sentido próprio ao novo conhecimento que está chegando.

A dimensão sensível da aprendizagem não acontece separadamente da dimensão cognitiva. O importante aqui é a mediação docente. Cabe ao professor, condutor da coreografia didática, explorar o conhecimento através de métodos sensíveis e que visem à apreensão dos objetos de conhecimento numa perspectiva global, que passe pela experiência sensorial estésica, estética, lúdica. Poderá, portanto, lançar mão de técnicas lúdicas, jogos, dinâmicas, métodos criativos que levem à compreensão do conhecimento à luz de sua experivivência individual, cultural e social.

Esta etapa visa estimular e permitir o emergir de novas compreensões e condutas, e criação autoral de um pensamento próprio, autônomo: um conceito, uma teoria, um processo ou um produto. A criação no ato didático pedagógico são construções autônomas, plenas de autoria, só realizáveis em contextos onde haja entrega ao processo e trabalho intenso pelos discentes e docente.

Interessante mencionar a ideia da ressignificação, pois a criação não é originária de um vazio, mas de um conhecimento preexistente. Assim, Kneller (1987, p. 16) assinala: "a novidade criadora emerge em grande parte do remanejo do conhecimento existente — remanejo que é, no fundo, acréscimo ao conhecimento". E o autor traz o exemplo das metáforas para explicar esse "remanejamento" do conhecimento: "Não é, pois, *a novidade* que designa um ato criador, mas a sua relevância". (KNELLER, 1987, p. 19, grifos nossos). Para esse autor, a relevância constitui fator fundamental para o ato criador, tal como uma resposta a um problema, uma resolução que clareia uma dada situação, assim como é absolutamente esperado que a criação traga em si um tanto de imitação, havendo, pois, uma relação proporcional entre a criação e algum modelo proposto. Isso não implica cópia, mas recriação. O que move o pensamento criador é a inquietude, bem como a capacidade da imaginação.

Estes são os princípios operacionais que regem a abordagem sensível na prática pedagógica, tal como engendramos até o presente. É importante considerar que os passos da coreografia didática podem sempre mudar de direção — sua lógica não é linear.

Considerações finais

Trouxemos neste capítulo o que consideramos salutar ao ensino e à educação em uma abordagem sensível, desde os fundamentos filosóficos, à concepção pedagógica e aos procedimentos didáticos. Tentamos apresentar, pelas nossas crenças, o que julgamos estar na origem de muitas incompreensões não só cognitivas, mas também sociopolíticas de jovens educandos, seja na escola, seja na Universidade.

Sobretudo na Universidade, campo empírico de meu trabalho como docente e pesquisadora nas áreas da Pedagogia e da Didática.

As incompreensões cognitivas em muitas áreas de conhecimento têm tudo a ver com a anestesia social, quero dizer, essa postura de não-ver ou não-se-envolver com questões pequenas e gigantes que nos entornam. Falamos aqui da política local e global, das questões econômico-sociais do Brasil e alhures, das questões sanitárias, éticas, estéticas. Enfim, não estamos isolados. Então, o que queremos? Ensinar partículas do saber ou ensinar/educar para a vida cidadã, ética, equilibrada e saudável?

A mim, parece-me que o modelo conteudista-transmissional de ensino já deu mostras de esgotamento, e que o acento sobre a razão pura e acima de todas as coisas vem a reboque. Estamos a um clique do mundo que se descortina a partir de múltiplas janelas do conhecimento. A ubiquidade digital está presente no dia a dia das pessoas, em todos os lugares, em um *continuum* de tempo, e haveremos de dar atenção a estas transformações que estão para além das relações sociais fora da escola. Nossos "nativos digitais" já possuem um novo modo de pensar e de se relacionar com os saberes. Que façamos essa mediação da melhor forma possível: de modo crítico, criativo, abrangente... E feliz.

Referências

DAMÁSIO, A. *L'erreur de Descartes*: la raison des émotions. Paris: Odile Jacob, 2006.

DUARTE JR., J. F. *O sentido dos sentidos*: a educação do sensível. 3. ed. Curitiba: Criar Edições, 2004.

ESPERIDIÃO, A. et al. Neurobiologia das emoções. *Revista de Psiquiatria Clínica*, Rio de Janeiro, v. 35, n. 2, p. 55-65, 2008.

GARDNER, H. *Estruturas da mente*: a teoria das inteligências múltiplas. Porto Alegre: Artmed, 1994.

GOMES, E. S. Educação, religião, imaginário e arte. *Religare*, João Pessoa: Universidade Federal da Paraíba, v. 8, n. 2, p. 87-90, out. 2011.

KNELLER, G. *Arte e ciência da criatividade*. 9. ed. São Paulo: Ibrasa, 1987.

LOPES, C. Design de ludicidade. *Entreideias*, Salvador, v. 3, n. 2, p. 25-46, jul./dez. 2014.

MAFFESOLI, M. *Éloge de la raison sensible*. Paris: La Table Ronde, 2005.

MATURANA, H. R.; VARELA, F. J. *A árvore do conhecimento*. Campinas: Psy, 1997.

MORIN, E. *Introduction à la pensée complexe*. Paris: ESF Éditeur, 1990.

MORIN, E. (org.). *Le défi du XXIe siècle. Relier les connaissances*. Paris: Éditions du Seuil, 1999.

MORIN, E. *A cabeça bem-feita*: repensar a reforma, reformar o pensamento. Rio de Janeiro: Bertrand Brasil, 2006.

MORIN, E. *Sur l'esthétique*. Paris: Robert Laffont, 2016.

RUIZ, A. *Dois em um*. São Paulo: Iluminuras, 2008.

VYGOTSKY, L. S. *A formação social da mente*. São Paulo: Martins Fontes, 1984.

CAPÍTULO 8

Didática Complexa e Transdisciplinar

Marilza Vanessa Rosa Suanno

Introdução

A educação é um campo de disputas ideológicas e epistemológicas. Pensar complexo sobre a educação e a Didática é um desafio. Com esse intuito, buscarei articular, de modo multidimensional e multirreferencial, três aspectos imbrincados: a) contraposições ao ideário neoliberal e a tal enfoque no campo educacional, haja vista limitar a formação à preparação para o trabalho e por moldar o sujeito ao perfil do consumidor desejado pelo mercado; b) apontar consensos do enfoque crítico no campo didático, uma vez que os dissensos parecem ser mais evidentes; e c) apresentação de uma perspectiva Didática que contesta e se contrapõe à lógica neoliberal no campo educacional, propõe ruptura paradigmática e reforma do pensamento a partir da Epistemologia da Complexidade. De tal modo, a Didática Complexa e Transdisciplinar (SUANNO, 2015) trabalha com um estilo de pensamento que valoriza a religação de saberes, no ensejo de ampliar a compreensão e a consciência sobre conhecimentos pertinentes. Assim, almeja ensinar a viver e a promover metamorfoses individuais, sociais e antropológicas (MORIN, 2011a), como via para salvaguardar a humanidade, a Terra-Pátria e dar prosseguimento ao processo de hominização (MORIN, 2003).

> Pensar complexo é pensar em movimento, ou seja, em processo, dialogar com as diversas visões e, através da transdisciplinaridade, buscar um macroconceito. No entanto, o macroconceito é uma chegada abstrata e não é definitiva, é momentânea. A degradação, o religar outra vez, o contextualizar novamente são incessantes. Enquanto houver vida no homem, este processo é interminável. A sobrevivência do homem depende deste eterno movimento recursivo, reorganizativo. Pode-se, então, dizer que a humanidade é uma reinvenção contínua, constituída por homens com caráter inacabado e, se olhados na história, que viveram o seu tempo e deram a sua contribuição, que é retomada pelas gerações seguintes, não em termos lineares, mas recontextualizadas (SANTOS, 2003, p. 113).

O primeiro aspecto a ser tratado, neste capítulo, é a contraposição ao viés neoliberal no campo educacional brasileiro, que tem restringido as funções da escola, do trabalho docente e do ensino ao impor finalidades educativas escolares fortemente vinculadas ao reordenamento da política econômica no contexto de globalização do mercado (EVANGELISTA, 2014; LIBÂNEO, 2019; LIBÂNEO; SILVA, 2020).

As finalidades escolares, expressas em documentos de organismos e de agências internacionais, impõem-se aos sistemas de ensino, e são balizas na definição de políticas educacionais na construção de currículos escolares e no ordenamento da atuação de professores. Tal perspectiva limita a escola e a destina exclusivamente à formação para o trabalho, centrando-se no ensino utilitário e instrumental. Reduzir a educação à formação para o trabalho não condiz com o previsto no artigo 205 da Constituição da República Federativa do Brasil (1988), em que a educação visa ao "pleno desenvolvimento da pessoa, seu preparo para o exercício da cidadania e sua qualificação para o trabalho". Finalidades restritas e atreladas ao trabalho agravam desigualdades e geram injustiças sociais ao sonegarem aos filhos da classe trabalhadora o acesso ao conhecimento e ao desenvolvimento das capacidades intelectuais (LIBÂNEO, 2014).

As finalidades escolares são monitoradas por sistemas de avaliação em larga escala, assim controlam escolas, currículo, objetivos, conteúdos e atuação docente. Os resultados da avaliação implicam formas de controle e de compensação.

> [...] a educação na perspectiva dos organismos internacionais busca resultados pragmáticos e funcionalizados para o mercado, longe de uma concepção de desenvolvimento fundamentada numa perspectiva humana, democrática e de justiça social (LIBÂNEO, 2019, p. 45).

Parece-me importante enfatizar o motivo pelo qual tantos pesquisadores e professores de Didática têm preocupações com as finalidades educativas escolares expressas em documentos internacionais de organizações multilaterais e corporações (como Banco Mundial; Organização para a Cooperação e o Desenvolvimento Econômico — OCDE; Organização das Nações Unidas para a Educação, a Ciência e a Cultura — Unesco). As finalidades expressas nos documentos são utilizadas como base para modificar legislação, produzir ajustes que atendam aos interesses macroeconômicos e, desse modo, acabam por interferir no sistema e em políticas educacionais. Isso afeta o direcionamento do trabalho desenvolvido nas escolas brasileiras, ao mesmo tempo que torna a Educação Básica pública um nicho rentável e lucrativo para o mercado (SILVA, 2019).

Finalidades educativas escolares definem o sentido e o valor da educação bem como o da escola, determinando, assim, os parâmetros atribuídos ao processo educativo, sendo indicadores poderosos (LENOIR, 2016), que contêm orientações explícitas e implícitas aos sistemas escolares ao veicularem visões e recomendações. Libâneo (2019) analisa que influenciam nas funções e nas formas de gestão dos sistemas, no funcionamento da escola e da sala de aula, pois implicam a definição de objetivos e as ações dos profissionais da educação, e as práticas de ensino-aprendizagem. Concepções filosóficas expressas nas finalidades escolares fundamentam e definem o significado da educação na sociedade, e o significado de "indivíduo educado" em cada contexto histórico e político. A Figura 1 visa sistematizar o expresso nos últimos parágrafos.

Figura 1. Finalidades educacionais escolares

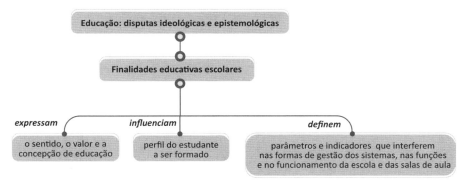

Fonte: Elaborado pela autora.

Ciente de que a educação é um campo em disputa, a Figura 2, apresentada na sequência, visa apontar alguns aspectos de dois projetos sociais, políticos e pedagógicos em confronto. No tensionamento da relação entre educação e sociedade, há diferentes ideologias, perspectivas e projetos. Assim, a razão de ser da Figura 2 não é produzir pensamento dual, mas destacar aspectos em disputa entre dois projetos predominantes na discussão educacional brasileira.

Figura 2. Relação entre educação e sociedade: embate entre perspectivas.

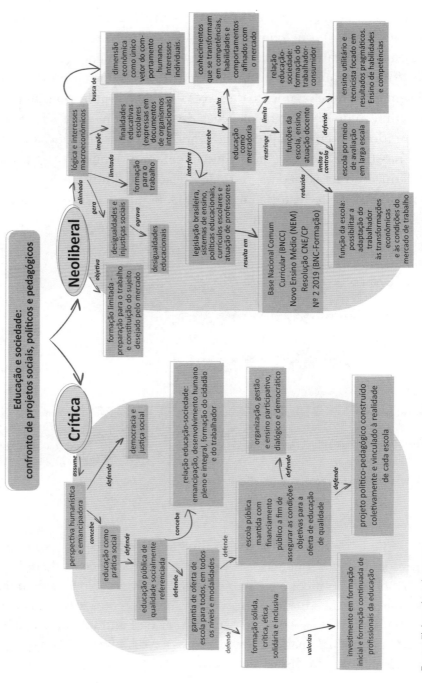

Fonte: Elaborado pela autora.

A educação brasileira tem sido impactada por um conjunto de lógicas, mecanismos e aspectos relacionados que se retroalimentam. Sob esse viés, pensar o ensino demanda situá-lo e contextualizá-lo de modo complexo, o que exige a construção de relações e de articulações multidimensionais e multirreferenciais. Importa considerar a interferência e o impacto nas escolas e no ensino de questões estruturais e sociais, uma vez que, no contexto atual, finalidades e estratégias neoliberais, neotecnicistas e neoconservadoras têm interferido na autonomia da escola, na formação de professores e no trabalho docente.

Aponto, na sequência, alguns aspectos a serem relacionados no estudo didático, ou seja, pontos que auxiliam na problematização, na reflexão crítica e na compreensão do papel social da escola, do papel do ensino e da aprendizagem na sociedade contemporânea. Ressalto que os aspectos elencados têm interferido nos rumos da educação e do ensino: a) mudanças, crises e reordenamentos do capitalismo; b) reformas neoliberais que reduzem o papel do Estado nas políticas sociais, promovendo desinvestimento nos serviços públicos, gerando agravamento das desigualdades sociais e geração de retrocessos na educação básica e na educação superior; c) redução do financiamento no serviço público; d) parceria público-privada na gestão, organização, formação e produção de material educacional; e) políticas indutoras que afetam a autonomia das universidades, das escolas e dos docentes; f) conglomerados financistas e empresários da educação inseridos nos aparelhos de Estado, principalmente em órgãos e conselhos nacionais e estaduais de educação que elaboram diretrizes educacionais; g) secretarias de educação alinhadas ao mercado e com contratos para consultorias, treinamentos, certificação, aquisição de apostilas e tecnologias; h) retrocessos na formação de professores (Resoluções CNE/CP 02/2019 e 01/202); i) precarização do trabalho docente com a desarticulação na relação entre formação inicial, formação continuada, desenvolvimento profissional, carreira e valorização de professores; j) mudanças nos direitos trabalhistas e estatuto profissional precarizado com contratos por tempo determinado, instabilidade, terceirização e vulnerabilidade; k) currículos reduzidos, padronizados e alinhados com as demandas do mercado (Base Nacional Comum Curricular — BNCC); l) relação entre avaliações externas, resultados obtidos pelos estudantes e abono docente; m) desqualificação dos trabalhadores e formação sucateada como nicho de oportunidades de negócio para os empresários da educação; n) gigantes tecnológicos do mundo corporativo foram oportunistas durante a pandemia do coronavírus (KLEIN, 2020; SUANNO, 2021) ao acelerarem o que já estava em curso, ou seja, ao afrouxarem a democracia e o papel do Estado na proteção e na justiça social; ao impulsionarem o desinvestimento nos serviços públicos; ao manipularem ideias; ao transferirem verba pública para o setor privado; ao ampliarem o mercado tecnológico no campo educacional; o) relação entre escola, conhecimento e desenvolvimento humano em um contexto no qual o advento da internet e das redes sociais ampliou não apenas o acesso à informação, mas também a disseminação de *fake news*; p) investidas do movimento ultraconservador de direita com discursos negacionistas e moralistas, além de tentativas de controle e de restrições à autonomia dos professores e das escolas por meio da apresentação de propostas e de projetos (exemplos: Escola sem partido; oferta de educação básica domiciliar/ *homeschooling*; escolas militares) que afrontam a educação, a escola pública e os preceitos de uma qualidade socialmente referenciada; q) dentre outros. Para ilustrar, sintetizo, na Figura 3, o conteúdo apresentado anteriormente.

A Didática é um campo que produz pesquisas, reflexões e práxis. Parece-me fundamental considerar, nos estudos didáticos, em cursos de licenciatura, os aspectos listados anteriormente em sua relação com o objeto de estudo da Didática. O desafio é pensar complexo e religar conhecimentos, considerando múltiplas dimensões e

Figura 3. Pontos para o estudo didático — rumos da educação e o papel social da escola: o que tem afetado a autonomia da escola e a atuação docente?

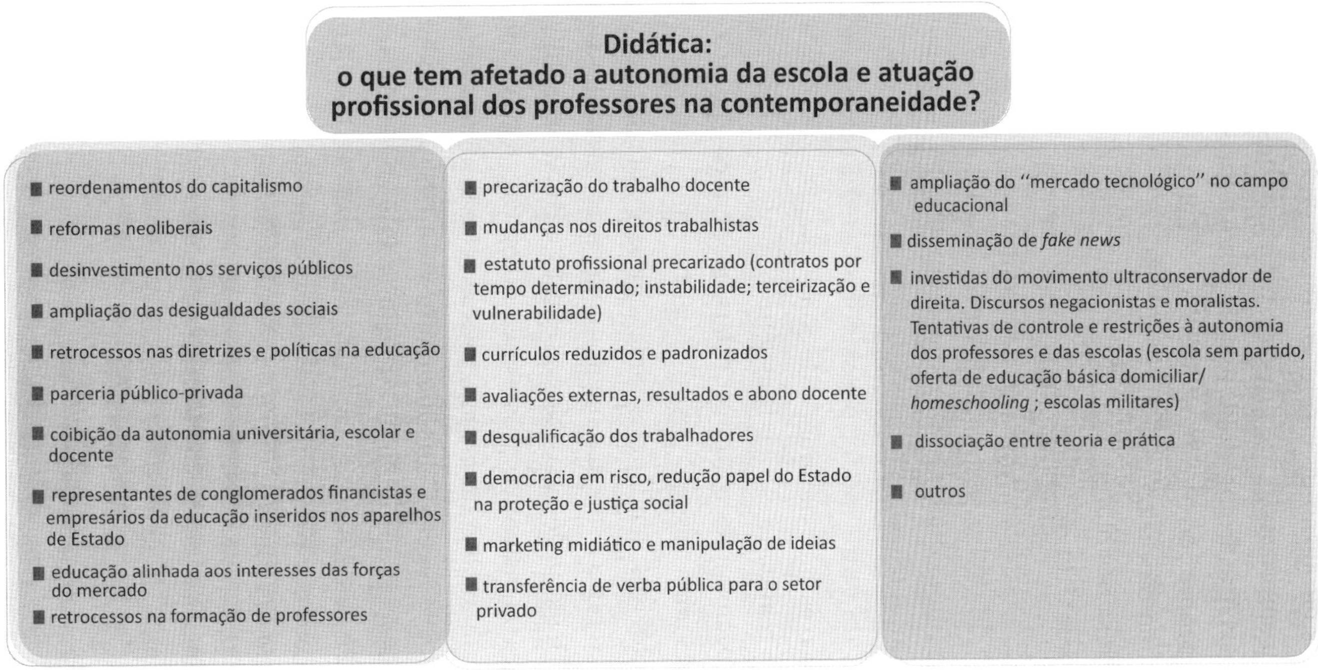

Didática:
o que tem afetado a autonomia da escola e atuação profissional dos professores na contemporaneidade?

- reordenamentos do capitalismo
- reformas neoliberais
- desinvestimento nos serviços públicos
- ampliação das desigualdades sociais
- retrocessos nas diretrizes e políticas na educação
- parceria público-privada
- coibição da autonomia universitária, escolar e docente
- representantes de conglomerados financistas e empresários da educação inseridos nos aparelhos de Estado
- educação alinhada aos interesses das forças do mercado
- retrocessos na formação de professores

- precarização do trabalho docente
- mudanças nos direitos trabalhistas
- estatuto profissional precarizado (contratos por tempo determinado; instabilidade; terceirização e vulnerabilidade)
- currículos reduzidos e padronizados
- avaliações externas, resultados e abono docente
- desqualificação dos trabalhadores
- democracia em risco, redução papel do Estado na proteção e justiça social
- marketing midiático e manipulação de ideias
- transferência de verba pública para o setor privado

- ampliação do "mercado tecnológico" no campo educacional
- disseminação de *fake news*
- investidas do movimento ultraconservador de direita. Discursos negacionistas e moralistas. Tentativas de controle e restrições à autonomia dos professores e das escolas (escola sem partido, oferta de educação básica domiciliar/*homeschooling*; escolas militares)
- dissociação entre teoria e prática
- outros

Fonte: Elaborado pela autora.

referências em torno do objeto de estudo da Didática. O ensejo é ir além da compreensão, da crítica e da contraposição aos elementos elencados. É preciso produzir relação entre teorias, práticas e sujeitos, a fim de propor novos caminhos para a educação e para os processos de ensino-aprendizagem, assim como identificar *iniciativas marginais* (por estarem nas margens do sistema e serem iniciativas emergentes e insurgentes). De igual forma, parece-me oportuno criar outras vias possíveis à escola, ao ensino e à aprendizagem. De tal modo, na formação de professores, o estudo das tendências e das abordagens didáticas (modernas, reafirmadas e emergentes)[1] poderia produzir relações entre teorias, práticas e relatos de escolas.

Dito de outro modo, pensar de maneira complexa a Didática demanda o esforço de situar e de contextualizar o ensino e a aprendizagem na realidade escolar brasileira considerando múltiplas dimensões e aspectos: a) estruturais, sociais, econômicos, políticos, culturais e institucionais, alguns destes listados anteriormente; b) aspectos epistemológicos, tendências pedagógicas e abordagens didáticas; e c) aspectos específicos dos sujeitos cognoscentes (motivos, interesses, emoções, história de vida). Nesse sentido, a Didática se nutre por bases ontológicas, epistemológicas e metodológicas. A problematização, a reflexão e a análise do ensino, na sua relação com a aprendizagem, em uma abordagem complexa, nutrem-se por um modo de pensar guiado por princípios (MORIN, 2000) e por níveis de percepção, de realidade e de consciência do sujeito cognoscente, bem como de suas possibilidades de produzir compreensões, enunciações e inéditos-viáveis (ARAÚJO FREIRE, 2005).

Os enfoques críticos, em seus diferentes matizes, parecem consensuar na intencionalidade da educação de promover a emancipação

---

1. Sobre abordagens didáticas (modernas, reafirmadas e emergentes), consultar Libâneo (2005), Pimenta (2019) e Suanno (2015; 2022b, 2022c).

e o desenvolvimento humano e, assim, de contribuir para a transformação da sociedade brasileira na superação de suas desigualdades e de suas injustiças. Nesse sentido, defendem a educação e a escola pública com qualidade socialmente referenciada e, assim, buscam assegurar: a) garantia de oferta de escola para todos, em todos os níveis e modalidades; b) formação sólida, crítica, ética, solidária e inclusiva; c) escola pública mantida com financiamento público, a fim de garantir as condições objetivas para a oferta de educação de qualidade; d) organização, gestão e ensino participativo, dialógico e democrático; e) projeto pedagógico vinculado à comunidade escolar e à realidade escolar brasileira; f) formação inicial e continuada de profissionais da educação; g) dentre outros.

O caráter crítico da Didática, tendo sido expresso por um conteúdo que se articula à prática social e problematiza temas extraídos da realidade sociocultural, relaciona teoria e prática pedagógica ao tratar o ensino em suas múltiplas dimensões (OLIVEIRA, 1988). A meu ver, essas características expressam a base do caráter crítico e seguem sendo consensuadas e reafirmadas por pesquisadores(as) de diferentes nuances. Na figura que segue, sistematizo aspectos que podem ser utilizados para aprofundar o debate sobre a temática.

O campo didático brasileiro teve e tem importantes contribuições de base dialética marxiana, no entanto, pesquisas e reflexões didáticas de enfoque crítico igualmente se diversificaram e dialogaram com outras teorias e epistemologias. "A teoria didática e seu campo disciplinar seguem, portanto, em movimento e em perspectivas plurais" (LIBÂNEO; SUANNO; ALMEIDA, 2022, p. 5). Pimenta (2019) apresenta um mapa provisório com as tendências críticas que emergiram (ou foram reconfiguradas) na área da Didática nas duas décadas e destaca: Didática Crítica Intercultural; Didática Crítica Dialética Reafirmada; Didática Desenvolvimental; Didática Sensível; Didática Multidimensional. Incluiria a Didática Complexa e Transdisciplinar (SUANNO,

2015), que tem por base a Epistemologia da Complexidade proposta por Edgar Morin. O referido autor, em certa medida, também foi fonte de inspiração para aspectos trabalhados por outras abordagens citadas por Pimenta (2019).

Figura 4. Caráter crítico da Didática

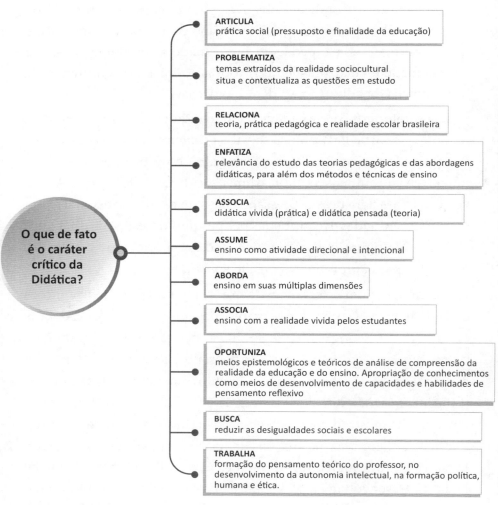

Fonte: Elaborado pela autora.

Epistemologia da complexidade, reforma do pensamento e humanismo regenerado no campo educacional e didático

No presente capítulo, a educação é compreendida como prática social, um processo mediador da formação das pessoas, de construção do humano, fenômeno complexo que demanda e mobiliza múltiplas condições, dimensões e referências na busca pela compreensão da "[...] complexidade do existir histórico da espécie humana" (SEVERINO, 2010, p. 51). A educação, inspirada na Epistemologia da Complexidade, é nutrida pela reforma do pensamento, pelo humanismo regenerado e pela Didática Complexa e Transdisciplinar.

A reforma do pensamento, para Morin (2003), é uma necessidade histórica e pode impulsionar a reforma no campo educacional, e contribuir para o enfrentamento das policrises e dos problemas sociais e existenciais contemporâneos. De tal modo:

> Para mudar de via, seria necessário mudar nossa maneira de conhecer e pensar — redutora, disjuntiva, compartimentada — para um modo de pensamento complexo que religa, capaz de apreender os fenômenos em sua diversidade e, ao mesmo tempo, em sua unidade e também em sua contextualidade (MORIN, 2019, p. 48).

A Ciência Moderna e o modo de conhecer geraram conhecimentos fragmentados, que produzem ignorâncias globais e ações mutilantes (MORIN, 2015). Em contraposição, o autor nos convida a superar os limites da metafísica e da ciência moderna, rompendo, assim, com o modo de conhecer por simplificação, fragmentação e hiperespecialização. Na busca por superar "[...] a separação entre seres humanos e natureza; entre saberes locais e globais; entre unidade e diversidade" (CARVALHO, 2015, p. 26).

Morin (2015) propõe que substituamos a construção do conhecimento por disjunção e redução por um modo de conhecer por distinção e conjunção. Para tanto, seria preciso promover a reforma do pensamento e uma forma de pensar "[...] capaz de enfrentar o desafio da complexidade do real, isto é, de compreender as ligações, interações, implicações mútuas, os fenômenos multidimensionais, as realidades simultaneamente solidárias e conflitosas (como a própria democracia, sistema que se alimenta de antagonismos, ao mesmo tempo que os regula)" (MORIN, 2015, p. 185).

O intuito é contextualizar, religar e integrar para construir conhecimento, sentido e produzir metamorfoses individuais, sociais e culturais, desencadeando, assim, reforma no estilo de vida contemporâneo.

> [...] a especial contribuição de Edgar Morin com sua proposta de uma epistemologia da complexidade, que se propõe a superar as limitações ilusórias das epistemologias clássicas da metafísica e da própria ciência. Nesse sentido, a epistemologia moriniana questiona as pretensões da epistemologia moderna, a começar pela ilusão cartesiana de acreditar que o conhecimento verdadeiro marcar-se-ia pelo máximo de clareza e distinção, características típicas da simplicidade. Foi dessa ilusão que decorreu a coerente proposta metodológica de Descartes de decompor o objeto em suas partes para melhor apreendê-lo e analisá-lo. Decompor para recuperar a simplicidade que se esconde sob a multiplicidade sob a qual se manifesta, em sua aparência. [...] Se o real é complexo, carece então de uma forma epistêmica de abordagem igualmente complexa. Uma epistemologia complexa, na qual razão e desrazão convivem em tenso e frágil equilíbrio (SEVERINO, 2010, p. 55-56).

A realidade, na perspectiva da Epistemologia da Complexidade, é compreendida como dinâmica, mutável, incerta e multidimensional, constituindo-se por níveis de materialidade da realidade que, por sua vez, são interativos, recursivos, retroativos e autoeco-organizadores. O sujeito é compreendido como multidimensional, sendo considerado, simultaneamente, *homo sapiens*, *faber*, *demens*, *ludens* e *mythologicus* (MORIN, 2008). Desse modo, o autor ampliou a "[...] concepção de ser humano e o compreende como um ser histórico, social, cultural, mas também ser biológico, cognitivo, pleno de subjetividade, psicoafetivo e enigmático, ser de razão, emoção e corporeidade" (SUANNO, 2015, p. 81), ou seja, ser de razão e desrazão. De tal modo, se considera o conhecimento como uma reconstrução do sujeito cognoscente por meio de seus níveis de percepção da multidimensionalidade da realidade. "Toda realidade se manifesta a partir do que o sujeito é capaz de ver, de reconhecer, de interpretar, de construir, desconstruir e reconstruir em relação ao conhecimento" (MORAES, 2008, p. 106).

Ao propor a atualização e a regeneração da noção de humanismo, Morin (2020) propõe que nossa razão deva estar sempre sensível a tudo que afeta os seres humanos, e a definição de humano não se pode limitar à ideia do indivíduo.

O humano se delineia por três termos inseparáveis um do outro como os da trindade: o humano se mostra, ao mesmo tempo, um *indivíduo* numa parte; um momento da *espécie humana* noutra; e, de igual modo, um momento de uma *sociedade*. É, ao mesmo tempo, individual, biológico, social. Doravante, o humanismo não pode ignorar nosso vínculo umbilical com a vida e nosso vínculo umbilical com o universo. Ele não pode esquecer que a natureza está tanto em nós quanto nós mesmos na natureza. A base intelectual do humanismo regenerado é uma razão sensível e complexa capaz de uma percepção apurada.

Uma razão sensível e complexa capaz de uma percepção apurada a tudo que afeta os seres humanos, bem como que considere a interdependência concreta entre os seres humanos e de seu caminho enquanto comunidade de destino. Ética, solidariedade e responsabilidade são a base para o humanismo regenerado, um humanismo planetário. "O humanismo, na minha opinião, não é apenas a consciência da solidariedade humana, mas também a sensação de estar em uma aventura desconhecida e surpreendente" (MORIN, 2020, p. 5). A aventura de rever, de reescrever e de reconstruir a história e as relações humanas.

O humanismo regenerado não se limita ao reconhecimento da igualdade de direitos e da qualidade plena da humanidade de toda pessoa. Implica, semelhantemente, a consciência da inseparabilidade entre unidade e da diversidade humana; a consciência da responsabilidade humana em relação à natureza; o reconhecimento dos outros e de seus direitos; a consciência da comunidade de destino de todos os humanos.

Por considerar a complexidade do ser e do conhecer no processo educativo, Severino (2010) destaca a necessidade de acessar múltiplas dimensões da existência, bem como múltiplas e integradas abordagens do conhecimento e do valorar. O referido autor destaca que a educação exige um tratamento interdisciplinar, e um conhecimento que considere o desenvolvimento de todas as capacidades subjetivas e operativas do ser humano num processo que se caracterize pela competência, pela criatividade e pela criticidade, ou melhor, um projeto educacional que articule "[...] os projetos existenciais das pessoas e projeto político da sociedade" (SEVERINO, 2010, p. 51-52).

A educação tem potencial não apenas para reproduzir a sociedade e a cultura, mas também para projetá-las rumo a outros processos civilizatórios e humanizadores. Edgar Morin aposta na segunda opção, isto é, na construção de outras vias ao futuro da humanidade. Sob esse prisma, propõe que a reforma da educação possa contribuir para formar pessoas com a cabeça bem-feita (MORIN, 2003), em vez de pessoas com a cabeça bem-cheia. À vista disso, seria necessário promover a "[...] reforma do pensamento, portanto uma reforma do ensino" (MORIN, 2003, p. 9). De modo interdependente e recursivo, a reforma do pensamento poderia contribuir para desencadear reforma da educação, da ciência, da sociedade e do estilo de vida. Logo, propõe que a reforma da educação conjugue sete saberes (MORIN, 2010), a fim de ensinar a viver (MORIN, 2015) por meio de um modo de educar na era planetária, e que considere o pensamento complexo como método de aprendizagem pelo erro e incerteza humana (MORIN; CIURANA; MOTTA, 2009).

Ciente das incertezas do conhecimento e das incertezas históricas, Morin (2010) propõe que a reforma do pensamento, da educação e do ensino considere a relevância da construção de conhecimentos pertinentes por meio de um estilo de pensamento complexo, capaz de ser multidimensional, multirreferencial e autorreferencial, assim como que se desafie a ser crítico, autocrítico e enunciativo. Ademais, que considere o reconhecimento da condição humana, do *homo complexus* e da relação trinitária entre indivíduo-sociedade-espécie, ao produzir reflexões que conjuguem identidade terrena, consciência da Terra-Pátria e da cidadania planetária. Igualmente, que ensine a compreensão humana e intelectual, a ética do gênero humano e as relações entre solidariedade, responsabilidade e democracia, pois "[...] qualquer desenvolvimento verdadeiramente humano deve comportar também o desenvolvimento conjunto das autonomias individuais, das solidariedades comunitárias e da consciência de pertencimento à espécie humana" (MORIN, 2015, p. 157).

Na perspectiva educacional complexa e transdisciplinar, não se negam as disciplinas e o ensino de seus conteúdos, mas se busca nutrir as disciplinas, situar e contextualizar com problematizações, reflexões fundantes, metatemas e saberes religados a fim de produzir conhecimentos pertinentes. Para tanto é preciso desenvolver um método e aprender a trabalhar a partir de alguns princípios complexos.[2]

A Didática, em perspectiva complexa e transdisciplinar, coloca-se no desafio de promover o que foi proposto por Edgar Morin. A Didática é um ramo da Pedagogia que tem por objeto de estudo o ensino em sua globalidade, tratando-o de modo situado e contextualizado na relação com a aprendizagem discente. A Pedagogia é uma ciência da educação, ciência da arte educativa (FRANCO, 2003), cujo

---

[2]. Princípios-operadores do pensar complexo: a) princípio sistêmico-organizacional; b) princípio hologramático; c) princípio retroativo; d) princípio recursivo; e) princípio dialógico; f) princípio autoeco-organizador ou autoprodução; g) princípio da reintrodução do sujeito cognoscente no processo de construção do conhecimento; h) princípio ecológico da ação; i) princípio da enação; e j) princípio ético.

objeto de estudo volta-se às práticas educativas e suas especificidades epistemológicas, que se encontram ancoradas na intencionalidade de formar sujeitos na e pela práxis, no intento de produzir transformações no humano e na realidade.

> A didática, assim, realiza objetivos e modos de intervenção pedagógicos em situações específicas de ensino e aprendizagem. Tem como objeto de estudo o processo de ensino-aprendizagem em sua globalidade, isto é, suas finalidades sociais e pedagógicas, os princípios, as condições e os meios da direção e organização do ensino e da aprendizagem, pelos quais se assegura a mediação docente de objetivos, conteúdos, métodos, formas de gestão do ensino, tendo em vista a apropriação das experiências humanas social e historicamente desenvolvidas (LIBÂNEO, 2012, p. 39).

A Didática é um componente curricular importante na formação de professores, na orientação da atuação profissional e na organização de atividade de ensino, em função da aprendizagem e do desenvolvimento integral do estudante. De tal modo, a Didática é compreendida como disciplina pedagógica, campo de investigação e exercício profissional. "Constata-se no campo teórico e investigativo da didática, em âmbito nacional, uma crescente produção acadêmica que aborda, de modo consistente, desde as questões teóricas e epistemológicas até as questões do ensino-aprendizagem e do processo de formação profissional" (LIBÂNEO; FREITAS, 2017, p. 40). Tal constatação tem relevância, uma vez que a docência se fundamenta na Pedagogia, na Didática e nas didáticas específicas.

Os saberes didáticos contribuem na formação do pensamento teórico do professor, no desenvolvimento da autonomia intelectual, na formação política e humana. Isso se mostra fundamental para qualificar o trabalho docente, e contribuir para o desenvolvimento cognitivo, afetivo, moral, ético, político e estético dos estudantes por meio de atividades pedagógico-didáticas intencionais e organizadas, que mobilizem o desenvolvimento das funções psíquicas superiores e contribuam para ampliar os níveis de percepção, de compreensão e de consciência dos sujeitos cognoscentes em formação.

Em visto disso, a Didática Complexa e Transdisciplinar (SANTOS, 2003; SUANNO, 2015; 2022a) apresenta o desafio de desenvolver, em contextos educativos, um estilo de pensamento complexo, multidimensional, multirreferencial e transdisciplinar. Assim, aposta na religação de conhecimentos para ampliar a percepção, a compreensão, a consciência e o comprometimento com as possibilidades de gerar metamorfoses individuais, sociais e culturais.

Uma perspectiva educacional que se desafia a "[...] contribuir na formação de seres em permanente questionamento e em permanente integração" (NICOLESCU, 2005, p. 206-207) e, para tal, Nicolescu (2005) argumenta em favor da transdisciplinaridade que coexiste e transcende a disciplinaridade, incorpora a interdisciplinaridade e a interculturalidade, indo além de qualquer disciplina contemplando a unidade e a diversidade humana.

Para Santos e Sommerman (2014), a coexistência entre o ensino disciplinar e o ensino transdisciplinar se sustenta na complementaridade e no modo de conhecer complexo. Assim, valoriza-se a capacidade de transitar entre dois sistemas de pensamento distintos e complementares, gerando um processo dinâmico e relacional entre partes e todo. Para Edgar Morin (2003), o conhecimento das partes depende do conhecimento do todo, como o conhecimento do todo depende do conhecimento das partes.

Ao religar os saberes compartimentados, a transdisciplinaridade tenciona articular dialogicamente diferentes aspectos e enfoques sobre um determinado fenômeno. Um modo de pensar que busca ser relacional, sistêmico e organizacional. O desafio é ir além do ensino disciplinar e do conhecimento fragmentado, superando o modo de pensar simplificador e linear. Nesse aspecto, a coexistência entre ensino disciplinar e transdisciplinar pode possibilitar a reorganização da relação com o conhecimento e da relação entre seres humanos, natureza e sociedade.

O intento é impulsionar uma razão sensível que religue pensamento e vida, que valorize a religação entre cultura científica e cultura das humanidades, por meio do diálogo e da tessitura entre filosofia, ciência, culturas, tradições, arte e literatura e, assim, potencialize a capacidade humana de perceber, compreender e transformar a realidade e a si mesma.

A transdisciplinaridade visa transcender as fronteiras do conhecimento disciplinar, havendo por objetivo a compreensão do mundo presente, do ser humano e dos problemas complexos da contemporaneidade. Busca construir uma compreensão ampliada da realidade, da vida e da condição humana, em perspectiva sistêmica e organizacional. "A transdisciplinaridade se interessa pela dinâmica gerada pela ação de vários níveis de realidade ao mesmo tempo" (NICOLESCU, 1999, p. 54). Assim, para ampliar a compreensão, valoriza a ciência e o conhecimento científico, tal qual as tradições e os saberes não científicos, o autoconhecimento nutrido de autocrítica e de ética.

A transdisciplinaridade é um desafio (JAPIASSU, 2016) e um princípio-estratégia de reorganização do conhecimento (SUANNO, 2022a) que valoriza a articulação entre conhecimentos científicos, saberes das tradições, filosofia e arte em torno de metatemas ou de fenômenos em estudo. Com esse fim, é preciso adotar como princípios a abertura, o rigor e o respeito, ou seja, abertura frente ao desconhecido, rigor na argumentação e o respeito à pluralidade de ideias. Ao transcender as fronteiras do conhecimento disciplinar, importa produzir relações entre as partes e o todo, assim como problematizar contradições, crises e dimensões interligadas e interdependentes.

Suanno *et al.* (2021), ao analisarem publicações sobre educação escolar indígena bilíngue e intercultural, identificaram que a transdisciplinaridade se revelou como uma via democrática de partilha de poder e de partilha de autoridade por reconhecer distintos conhecimentos, cosmovisões, práticas e estilos de vida e, desse modo, promover participação qualificada dos povos indígenas nas discussões escolares.

Para Morin (2020), os professores têm papel social importante por guiarem e acompanharem os estudantes na aventura pelo conhecimento, na busca pela realização de suas aspirações e por oportunizar o:

> [...] florescer como sujeito. Contudo, esse *eu* só pode florescer inserido em um nós, em uma comunidade de amor, de amizade, de compreensão [...] o florescimento do eu em um nós requer certas condições familiares, sociais, econômicas e históricas [...] O ensino deve desenvolver a consciência forte e permanente do caráter antropológico dessa aspiração (MORIN, 2020, p. 55).

O autor argumenta que ensinar é algo que se realiza em diálogo permanente, considerando as armadilhas do erro, da ilusão e do conhecimento redutor. Realiza-se por meio de trocas compreensivas, que ensinam sobre a condição humana, a razão sensível e encorajam os estudantes no tocante à relação com o conhecimento para além do interesse pelo sobreviver. Com o *eros* regenerado, os sujeitos cognoscentes podem se mobilizar para o viver, para o saber-viver, construindo uma relação prosaica e poética com a vida. Movimento que pode ser nutrido pelo reconhecimento de seu pertencimento, identidade e destino partilhado na Terra-Pátria.

Para Edgar Morin, a vida é um tecido mesclado de prosa e de poesia, de estado prosaico e poético. Por conseguinte, para civilizar as relações humanas, seria preciso construir caminhos à compreensão humana, à autoética, à autocrítica, enfim, seria preciso aprender a viver para além de sobreviver. Nesse tocante, o autor propõe que se construam novos caminhos à vida, à humanização, à civilização e à formação humana.

Na sequência, sistematizo alguns aspectos trabalhados neste capítulo, os quais contribuem para compreender a Didática a partir da ótica de Edgar Morin.

Figura 5. Didática Complexa e Transdisciplinar.

Didática Complexa e Transdisciplinar

REALIDADE
dinâmica, mutável, incerta, emergente e multidimensional. Constituída por diferentes níveis de materialidade inseparáveis e interdependentes, que interagem e se autoeco-organizam, sendo composta por matéria, energia e informação. Coconstruída psíquica, social e historicamente.

SUJEITO COMPLEXO MULTIDIMENSIONAL
homo sapiens, faber, demens, ludens e *mythologicus*. Ser histórico, social, cultural, mas também ser biológico, cognitivo, pleno de subjevidade, psicoafetivo e enigmático. Ser de razão, emoção, corporeidade e desrazão.

CONHECIMENTO
reconstrução, coconstrução e tradução daquele que conhece. Processo e produto sujeitos ao risco permanente do erro e da ilusão do conteúdo e modo de conhecer. Conhecimento complexo como combinação (dialógica, complementar, concorrente e antagônica) entre conhecimento reflexivo (dimensão filosófica), conhecimento empírico (dimensão científica), conhecimento do conhecimento (dimensão epistemológica) e conhecimento da humanidade (dimensão humana).

MÉTODO
método antimétodo ou metamétodo. Princípios e operadores cognitivos para pensar complexo (princípio sistêmico-organizacional; princípio hologramático; princípio retroativo; princípio recursivo; princípio dialógico; princípio autoeco-organizador ou autoprodução; princípio da reintrodução do sujeito cognoscente no processo de construção do conhecimento; princípio ecológico da ação; princípio da enação e princípio ético). Método como estratégia.

REGENERAÇÃO DO HUMANISMO
razão sensível e complexa atenta a tudo que afeta os seres humanos. Reconhecimento da igualdade de direitos e da qualidade plena da humanidade de toda pessoa. Consciência da inseparabilidade entre unidade e diversidade humana. Defesa da relação entre ética, solidariedade e responsabilidade humana para com a natureza, com os outros humanos e seus direitos. Consciência da Terra-Pátria e do vínculo entre vida e universo. Interdependência concreta entre sujeitos e a consciência da comunidade de destino de todos os humanos.

FORMAÇÃO
auto-hetero-ecoformação de seres humanos em permanente questionamento e em permanente integração. Formar cabeça bem-feita em vez de cabeça bem-cheia.

EDUCAÇÃO
prática social, processo mediador da formação das pessoas, construção do humano (fenômeno complexo que mobiliza múltiplas condições, dimensões e referências)

PROJETO EDUCACIONAL
perspectiva emancipatória e complexa. Articulação entre projetos existenciais das pessoas e projeto político da sociedade. Projeta outros rumos para os processos civilizatórios e humanizadores. Conjuga reforma do pensamento, reforma da educação, política de civilização e política de humanidade. Apresenta novos desafios e incertezas.

Fonte: Elaborado pela autora.

Complexidade (ontologia, epistemologia, método): reforma do pensamento e da vida

SABERES DIDÁTICOS
contribuem na formação do pensamento teórico dos docentes, no desenvolvimento da autonomia intelectual, na formação política e humana. Fundamentais para o aprimoramento profissional e atuação docente.

ENSINO/ATUAÇÃO DOCENTE
ensinar a pensar complexo valorizando a cultura das humanidades e a cultura científica. Valorizar a complementaridade e coexistência entre ensino disciplinar e ensino transdisciplinar. Ensinar por meio de metatemas a construir metapontos de vista, conhecimentos pertinentes e emancipação humana. Desenvolver o conjunto das autonomias individuais, as solidariedades comunitárias e a consciência de pertencimento à espécie humana e à Terra-Pátria. Ensinar a viver. Articular construção de conhecimento, análise crítica, enunciação e experimentação.

APRENDIZAGEM
construção interna de cada sujeito em interação com a vida, em diálogo com o conhecimento e em processo de autoeco-organização. Mudança de estruturas cognitivas, existenciais e éticas. Reestruturação da percepção, compreensão, emoção, consciência e desenvolvimento da capacidade de pensar complexo e agir com autonomia, criatividade e criticidade. Elaboração autorreferencial e multirreferencial.

PENSAR COMPLEXO
ação de conhecer a dinâmica entre as partes e o todo. Pensar de modo complexo demanda vias multidimensionais e multirreferenciais ao religar conhecimentos por meio de princípios complexos e com *eros* regenerado. Conhecer o que é conhecer. Reconhecer erros e ilusões gerados por cegueiras paradigmáticas. Articular pensamento crítico, autocrítico e enunciativo.

TRANSDISCIPLINARIDADE
princípio-estratégia de reorganização do conhecimento. Abertura frente ao desconhecido, rigor acadêmico e respeito à pluralidade de ideias, saberes e cosmovisões. Processo dinâmico, relacional, sistêmico e organizacional entre partes e todo. Construção de tessituras articuladas entre filosofia, ciência, cultura e arte. Resgata o sujeito em sua multidimensionalidade via a construção da autorreferencialidade por meio da multirreferencialidade. Contextualiza as disciplinas escolares na busca por superar os limites da disciplinaridade. Promove a coexistência e a complementaridade entre ensino disciplinar e ensino transdisciplinar. Transdisciplinaridade incorpora a interdisciplinaridade e visa ir além. Reconhece a interculturalidade e a relação entre unidade e diversidade humana. Busca compreender do mundo presente, do ser humano e os problemas complexos da contemporaneidade.

RELAÇÃO PROFESSORES(AS)-ESTUDANTES
professores (as) têm papel social importante por guiarem e acompanharem os estudantes na aventura pelo conhecimento, na realização de suas aspirações e na compreensão do mundo presente; por oportunizarem a construção de conhecimento e de autoconhecimento; por auxiliarem na ampliação da compreensão, da sensibilidade, da consciência e do comprometimento com a transformação do ser, do conhecer e da realidade. Relação que visa promover partilhas e pensar complexo sobre conhecimentos pertinentes, por meio de diálogos permanentes e problematizadores, com trocas compreensivas e reflexivas. Relação prosaica e poética com a vida nutrida por curiosidade epistemológica e antropológica.

Considerações finais

Pensar o ensino e a aprendizagem a partir da Epistemologia da Complexidade demanda compreensão da ruptura paradigmática, do estilo de pensamento complexo, do princípio-estratégia transdisciplinar e abertura para a criação de outras vias educativas.

Em síntese, a Didática Complexa e Transdisciplinar intencionalmente busca: a) pensar complexo; b) religar conhecimentos; c) construir conhecimento pertinente; d) enfrentar incertezas cognitivas e históricas; e) conhecer o que é conhecer, reconhecendo erros, ilusões gerados por cegueiras paradigmáticas; f) ampliar percepção, sensibilidade, conhecimento e consciência humana; g) ensinar a condição humana, a concepção de sujeito complexo e a relação entre unidade e a diversidade; h) ensinar a identidade terrena, a cidadania planetária e o destino planetário; i) ensinar a compreensão humana e a cultura planetária; j) ensinar democracia, solidariedade, ética; k) construir conhecimentos e elaborar ensaios reflexivos; l) florescer no sujeito na relação com a estética e poética da vida; m) gerar outros estilos de vida mais ecológicos e sustentáveis; n) ensinar a agir comprometido com o bem comum e com um futuro mais democrático, justo e igualitário; o) ensinar cultura das humanidades e a cultura científica; p) articular análise crítica com enunciação; q) trabalhar com metatemas e construir metapontos de vista; r) transcender os limites da disciplinaridade, construindo estudos interdisciplinares e transdisciplinares.

Referências

ARAÚJO FREIRE, A. M. Inédito viável. *In*: STRECK, D. R.; REDIN, E.; ZITKOSKI, J. J. (eds.). *Dicionário Paulo Freire*. Belo Horizonte: Autêntica, 2008. p. 231-234.

CANDAU, V. Educação e didática crítica intercultural. *YouTube UFG Oficial*. Live Série Didática e Questões Contemporâneas (PPGE/FE/UFG), 19 abr. 2021.

CARVALHO, E. de A. A Negação é a Essência da Transdisciplinaridade. Entrevista concedida a Margarida Maria Knobbe. *Revista Inter-Legere*. [S. l.], v. 1, n. 16, p. 25–30, 2015. Disponível em: https://periodicos.ufrn.br/interlegere/article/view/8965. Acesso em: 18 set. 2023.

D'ÁVILA, C. Didática sensível. *YouTube UFG Oficial*. Live Série Didática e Questões Contemporâneas (PPGE/FE/UFG), 26 abr. 2021.

EVANGELISTA, O. (org.). *O que revelam os "slogans" na política educacional*. Araraquara: Junqueira & Marin Editores, 2014.

FRANCO, M. A. S. *Pedagogia como ciência da educação*. Campinas: Papirus, 2003. 144 p.

HILL, D. O neoliberalismo global, a resistência e a deformação da educação. *Currículo sem Fronteiras*, v. 3, n. 2, p. 24-59, jul./dez. 2003.

JAPIASSU, H. O Sonho Transdisciplinar. *DESAFIOS*: Revista Interdisciplinar da Universidade Federal do Tocantins, v. 3, n. 1, p. 3-9, 2016.

KLEIN, N. Post-coronavírus: los poderosos ya planeam el futuro. *Mendonzaopina*, 2020.

LENOIR, Y. Du libéralisme au néolibéralisme: quels impacts pour les finalités éducatives scolaires et pour les savoirs disciplinaires. In: LENOIR, Y. *et al.* (org.). *Les finalités éducatives scolaires*: pour une étude critique des approches théoriques, philosophiques et idéologiques. Saint-Lambert (Quebec, Canadá): Groupéditions Editeurs, 2016

LIBÂNEO, J. C. As teorias pedagógicas modernas revisitadas pelo debate contemporâneo na Educação. *In*: LIBÂNEO, J. C.; SANTOS, A. (org.). *Educação na era do conhecimento em rede e transdisciplinaridade*. 1. ed. Campinas: Alínea, 2005, v. 1, p. 19-62.

LIBÂNEO, J. C. Ensinar e aprender, aprender e ensinar: o lugar da teoria e da prática em didática. *In*: LIBÂNEO, J. C.; ALVES, N. (org.). *Temas de pedagogia*: diálogos entre didática e currículo. São Paulo: Cortez, 2012. p. 61-76.

LIBÂNEO, J. C. Internacionalização das políticas educacionais: elementos para uma análise pedagógica de orientações curriculares para o ensino fundamental e de propostas para a escola pública. *In*: SILVA, M. A.; CUNHA, C. (org.). *Educação básica*: políticas, avanços, pendências. Campinas: Autores Associados, 2014.

LIBÂNEO, J. C. Finalidades educativas escolares em disputa, currículo e didática. *In*: LIBÂNEO, J. C. *et al*. (org.). *Em defesa do direito à educação escolar*: didática, currículo e políticas educacionais em debate. Goiânia: Editora UFG, 2019. p. 33-57.

LIBÂNEO, J. C.; FREITAS, R. A. M. da M. Pesquisa e produção acadêmica em didática em programas de pós-graduação da região Nordeste. *In*: LONGAREZI, A.; PUENTES, R. V. (org.). *A didática no âmbito da pós-graduação*. Uberlândia: Edufu, 2017. (Coleção Biblioteca Psicopedagogia e Didática. Série Profissionalização Docente e Didática, v. 7). p. 19-54.

LIBÂNEO, J. C.; SILVA, E. Finalidades educativas escolares e escola socialmente justa: a abordagem pedagógica da diversidade social e cultural. *Revista on-line de Política e Gestão Educacional*, Araraquara, v. 24, n. esp. 1, p. 816-840, 2020.

LIBÂNEO, J. C.; SUANNO, M. V. R.; ALMEIDA, R. B. de. Didática no ensino remoto emergencial na visão de estudantes de licenciaturas do Centro-Oeste brasileiro. *Roteiro*, Joaçaba, v. 47, p. 1-20, 2022.

MORAES, M. C. *Ecologia dos saberes*: complexidade, transdisciplinaridade e educação — novos fundamentos para iluminar novas práticas educacionais. São Paulo: Antakarana/WHH — Willis Harman House, 2008.

MORAES, M. C. Didática complexa e transdisciplinar. *YouTube UFG Oficial*. Live Série Didática e Questões Contemporâneas (PPGE/FE/UFG), 24 maio 2021.

MORIN, E. *Os sete saberes necessários à educação do futuro*. Tradução: Catarina Eleonora F. da Silva e Jeanne Sawaya. Revisão técnica: Edgard de Assis Carvalho. 2. ed. São Paulo: Cortez; Brasília: Unesco, 2000.

MORIN, E. *A cabeça bem-feita*: repensar a reforma, reformar o pensamento. 8. ed. Rio de Janeiro: Bertrand Brasil, 2003.

MORIN, E. *O método 3*: O conhecimento do conhecimento. Porto Alegre: Sulina, 2008.

MORIN, E. *Os sete saberes necessários à educação do futuro*. Tradução de Catarina Eleonora F. da Silva e Jeanne Sawaya. Revisão técnica de Edgard de Assis Carvalho. 2. ed. São Paulo: Cortez; Brasília, DF: Unesco, 2010.

MORIN, E. *La vía:* para el futuro de la humanidad. Tradução: Núria Petit Fontseré. Barcelona: Paidós, 2011a.

MORIN, E. Para um pensamento do Sul. *In*: ENCONTRO INTERNACIONAL PARA UM PENSAMENTO DO SUL, 2011, Rio de Janeiro. *Anais* [...]. Rio de Janeiro: Sesc — Departamento Nacional, 2011b.

MORIN, E. *Ensinar a viver:* manifesto para mudar a educação. Tradução: Edgard de Assis Carvalho e Mariza Perassi Bosco. Porto Alegre: Sulina, 2015.

MORIN, E. *Fraternidade para resistir à crueldade do mundo*. Tradução: Edgard Assis de Carvalho. São Paulo: Palas Athenas, 2019.

Morin, E. Ressentir plus que jamais la communauté de destins de toute l'humanité. Entretien avec Edgar Morin par Simon Blin, *Journal Libération*, 27 mar. 2020. Disponível em: https://www.liberation.fr/debats/2020/03/27/edgar-morin-ressentir-plus-que-jamais-la-communaute-de-destins-de-toute-l-humanite_1783400/ Acesso em: 3 ago. 2020.

MORIN, E.; CIURANA, E.-R.; MOTTA, R. D. *Educar na era planetária:* o pensamento complexo como método de aprendizagem pelo erro e incerteza humana. São Paulo: Cortez; Brasília: Unesco, 2009.

NICOLESCU, B. *O Manifesto da transdisciplinaridade*. São Paulo: Triom, 1999.

NICOLESCU, B. *Nós, a partícula e o universo*. Lisboa: Esquilo Edições, 2005.

OLIVEIRA, M. R. N. S. A didática e seu objeto de estudo. *Educação em Revista*, v. 4, n. 8, 1988.

PIMENTA, S. G. As ondas críticas da didática em movimento: resistência ao tecnicismo/neotecnicismo neoliberal. *In*: SILVA, M.; ORLANDO, C.; ZEN, G. (org.). *Didática*: abordagens teóricas contemporâneas. Salvador: EDUFBA, 2019. E-book XIX ENDIPE/2018, v. 1.

PIMENTA, S. G. Didática crítica: movimento de resistência ao neotecnicismo neoliberal. *YouTube UFG Oficial*. Live Série Didática e Questões Contemporâneas (PPGE/FE/UFG), 10 maio 2021.

SANTOS, A. *Didática sob ótica do pensamento complexo*. Porto Alegre: Sulina, 2003.

SANTOS, A.; SOMMERMAN, A. *Ensino disciplinar e transdisciplinar*: uma coexistência necessária. Rio de Janeiro: WAK, 2014.

SEVERINO, A. J. Interdisciplinaridade transdisciplinar e complexidade: implicações epistemológicas para a teoria e a prática da educação. *In*: ALMEIDA, C.; PETRAGLIA, I. (org.). *Estudos de complexidade 4*. São Paulo: Xamã, 2010. p. 51-62.

SILVA, M. A. da. Banco Mundial, corporações internacionais e investidores: políticas e formas de atuação na educação básica. *In*: LIBÂNEO, J. C. *et al*. *Em defesa do direito à educação escolar*: didática, currículo e políticas educacionais em debate. Goiânia: Gráfica UFG, 2019. E-book, p. 20-32.

SUANNO, M. V. R. *Didática e trabalho docente sob a ótica do pensamento complexo e da transdisciplinaridade*. 2015. 493 f. Tese (Doutorado em Educação) — Programa de Pós-Graduação *Stricto Sensu* em Educação, Universidade Católica de Brasília, Brasília, 2015.

SUANNO, M. V. R. Mudar o atual caminho do capitalismo é cada vez mais improvável, porém não é impossível. *In*: LIBÂNEO, J. C. *et al*. (org.). *Didática e currículo*: impactos dos organismos internacionais na escola e no trabalho docente. Goiânia: Espaço Acadêmico/Ceped Publicações, 2016. v. 1, p. 95-130.

SUANNO, M. V. R. Complexidade, conhecimentos pertinentes e operadores de religação. *In*: GONZÁLEZ VELASCO, J. M. (coord.). *100 años EdgarMorin, humanista planetario*. La Paz: [*s. n.*], 2021.

SUANNO, M. V. R. Para além dos territórios disciplinares: transdisciplinaridade como princípio-estratégia de reorganização do conhecimento. *Debates em Educação*, v. 14, n. 36, p. 270-280, 2022a.

SUANNO, M. V. R. Entre brechas e bifurcações, a didática segue em movimento e em contraposição ao neoliberalismo/neotecnicismo. *Cadernos de Pesquisa*, v. 29, n. 3, 2022b.

SUANNO, M. V. R. Educação e formação de um pensamento de comprometimento com o bem comum: abordagens didáticas emergentes. *Ensino & Pesquisa*, v. 20, n. 3, 2022c.

SUANNO, M. V. R. Pós-coronavírus: os poderosos planejam o futuro. *Programa Matutando*: Diálogos Formativos. Série Educação em tempos de pandemia. Mediador Júlio Vann. Episódio 38. Exibido em: 30 abr. 2021. 32min40.

SUANNO, M. V. R. *et al*. Transdisciplinaridade na educação escolar indígena bilíngue e intercultural: escola como espaço de ciência com consciência e saberes ancestrais. *Revista Humanidades e Inovação*, edição especial, v. 8, n. 43, 2021.

CAPÍTULO 9

Didática Multidimensional Crítico-Emancipatória:
princípios epistemológicos a uma *práxis* docente transformadora*

Selma Garrido Pimenta

> *Para guiar o* (seu) *trabalho didático concreto, o educador precisa de uma doutrina ou teoria educacional colada à práxis, como também de uma determinação de sentido da educação ou de uma teoria da formação cultural, para poder tomar autonomamente decisões pedagogicamente embasadas para ambos os problemas da pedagogia.*
>
> (SCHMIED-KOWARZIK, 1983, p. 127)

---

*Na escrita do texto, alterno o uso da primeira pessoa do singular e da primeira pessoa do plural.

Introdução[1]

O tema da multidimensionalidade didática tem sua origem em publicações anteriores escritas em parceria com José Cerchi Fusari, Maria Amélia Franco e Maria Isabel de Almeida em (2010, 2014, 2016), e com Geovana Melo, em 2018. Partindo de pesquisas realizadas no âmbito do GEPEFE-FEUSP,[2] desenvolvemos os fundamentos e os princípios para uma Didática Multidimensional, considerando as inquietações evidenciadas pelas pesquisas. Com base no pressuposto de que os conhecimentos e os saberes ensinados são reconstruídos por educadores e educandos e de que, a partir dessa reconstrução, os sujeitos têm possibilidade de se tornarem autônomos, emancipados, questionadores, nos perguntávamos se a Didática tem oferecido fundamentos a essa necessária perspectiva do ensinar. Indagados sobre o que esperam da didática, os professores em geral dizem: técnicas de ensino, seguindo a perspectiva normativa e técnica identificada desde suas origens no Brasil, e que ainda permanece bastante arraigada no imaginário dos professores. O que evoluiu no campo de seu ensino para alterar essa expectativa? O que a Didática pode oferecer, em seus fundamentos teóricos e metodológicos, aos professores em formação? Como articular uma Didática que tenha no sujeito aprendente seu olhar e seu foco? Identificamos nas investigações da área que, apesar das contribuições de Vera Candau nos anos 1980 para uma didática fundamental que considera as dimensões política, técnica e social do ensino, as didáticas específicas, muitas vezes, minimizam a configuração complexa das práticas de ensino. No texto que apresentamos no GT 4 da ANPEd/2010, aprofundamos as discussões e os fundamentos de articulações possíveis entre os princípios pedagógicos[3] da

---

1. Nesta Introdução, trago alguns trechos (em parte reescritos) dos textos escritos conjuntamente com José Cerchi Fusari, Maria Amélia Franco e Geovana Melo.

2. Grupo de Estudos e Pesquisas sobre Formação de Educadores/FE/USP. DGP — CNPq.

3. Serão apresentados, no item "Ancoragens ao conceito de multidimensionalidade do ensino do texto", mais à frente.

epistemologia da Didática Fundamental com as didáticas específicas, considerando o ensino como fenômeno complexo e multirreferencial. Com o objetivo de fundamentar práticas de ensino que garantam o direito à aprendizagem humanizadora aos excluídos e marginalizados na sociedade em que vivemos, propusemos os princípios de uma Didática Multidimensional, os quais tenham a possibilidade de adentrar as práticas educativas de ensinar situadas em seus contextos histórico-sociais que as determinam; e possibilitar que os professores criem novas práticas transformadoras na *práxis* que exercem.

Apresentados em eventos, publicados em capítulos e artigos em periódicos, inseridos em programas de Didática de disciplinas ofertadas por colegas em cursos de graduação e pós-graduação de universidades do país, os textos foram assumindo reconfigurações, revisões e ampliações a partir das análises críticas e de discussões e sugestões. Em todas as versões foram mantidas as motivações iniciais, as bases teóricas e epistemológicas, as finalidades e os fundamentos essenciais na formulação de uma didática multidimensional.

O texto que apresento com o título de "Didática Multidimensional Crítico-Emancipatória" foi significativamente ampliado, teórica e epistemologicamente, em relação aos anteriores. Na epígrafe, estão contidas as teorias e as ideias que o sustentam nas inter-relações entre Didática, Educação e Pedagogia. E que valorizam os docentes em seu trabalho e em sua formação, dotando-os de uma **teoria educacional colada à práxis**, com instrumentos de análise e de crítica teoricamente sustentada para compreenderem os contextos histórico, sociais, culturais, institucionais nos quais ocorre sua complexa atividade de ensinar, assumindo uma **determinação de sentido da educação, tomar decisões que embasem práticas transformadoras na própria práxis** (as palavras grifadas remetem a Schmied-Korwarzik, 1983, p. 183, conforme a epígrafe).

Assim, visando ao *trabalho concreto do educador*, atribuo à Didática Multidimensional Crítico-Emancipatória (DMCE) o estatuto de uma teoria científica que estuda as práticas educativas de ensinar em contextos complexos e multideterminados, com base nos pressupostos epistemológicos da *Pedagogia Crítico-Dialética* que fundamentam uma determinação de sentido da *educação emancipatória* que propicia o direito de todos os humanos à condição de humanos.

No item I, com base em Schmied-Kowarzik (1983) e Freire (1997a), Nobre (2004), abordarei os fundamentos teóricos da Educação enquanto emancipação humana, pressuposto da Pedagogia como ciência crítico-dialética, que estuda a *práxis* educativa, dentre as quais a de ensinar, campo próprio da Didática. Com base em autores que tratam da Teoria Crítica e de categorias no Materialismo Histórico-Dialético (MHD), serão trazidos os conceitos de teoria, ciência, prática e *práxis* (FRIGOTTO, 1983; SÁNCHEZ-GAMBOA, 1983; KONDER, 1992). E dialeticidade educação, pedagogia, didática com Pimenta (1996a); Libâneo (1996); Saviani (2012); Pimenta, Pinto e Severo (2022). No item II, tratarei dos compromissos da DMCE com a escola pública, origens no Brasil (CHAUI, 2021; ALMEIDA; FUSARI; PIMENTA, 2022). Retomo breve histórico sobre as ondas críticas da Didática no Brasil e no atual contexto do neoliberalismo (PIMENTA, 2019). Para situar a DMCE, apresento no item III seus conceitos estruturantes (finalidades do ensino e dos conhecimentos, diferença entre estes e os conteúdos), suas ancoragens teóricas e seus princípios — o ensino com pesquisa, o diálogo crítico na sala de aula, a construção de processos de *práxis* e de mediação reflexiva e a utilização dos processos de redes de saberes — enquanto contribuições aos professores no exercício de suas *práxis*. No desenvolvimento desse item, trarei inicialmente alguns trechos reescritos dos textos produzidos em parcerias (ALMEIDA *et al.*, 2013; MELO; PIMENTA, 2018), e de texto próprios (PIMENTA, 2019), bem como de provocações e sugestões que me foram colocadas em diversas apresentações ou aulas *live* no período da pandemia pela covid-19 de 2020 a 2022.[4] Nas Conside-

---

4. Dentre as quais destaco a que apresentei no I Curso de Extensão promovido pela Andipe — Associação Nacional de Didática e Práticas do Ensino — e pelo Ceped/Goiás — Centro de

rações finais, trago considerações sobre os compromissos da DMCE na contramão do neoliberalismo (PIMENTA, 2019).

I. Educação, Pedagogia e Didática — Uma trama conceitual teórico-epistemológica

As pesquisas que realizamos, após a formulação da didática multidimensional (FRANCO; FUSARI; PIMENTA, 2014), e em diálogo recente com autores das teorias críticas da educação e da pedagogia, enquanto ciência crítico-dialética que estuda a *práxis* educativa nos contextos sociais, possibilitou os avanços teóricos e epistemológicos para ressignificar a multidimensionalidade da didática à qual acrescento crítico-emancipatória, considerando a *práxis* educativa de ensinar como seu objeto (PIMENTA, 2022). Seus fundamentos decorrem da ciência pedagógica crítico-dialética que se debruça sobre a educação partindo *das* práticas e a elas se volta apontando as possibilidades *para* a *práxis* transformadora.

Qual concepção de **educação** fundamenta a Didática Multidimensional Crítico-Emancipatória?

Com aporte em Freire (1997b, p. 1), trago no registro que transcrevo nossa concepção: "Como uma atividade específica desenvolvida entre os seres humanos, a **educação** possui finalidades que se desdobram na socialização do sujeito no contexto cultural que lhe é preexistente e na sua constituição subjetiva como um sujeito, que só pode se construir como tal na relação com os outros" (PIMENTA; PINTO; SEVERO, 2022, p. 3). Nesse sentido, aos processos educativos compete desenvolver capacidades nos sujeitos para, a partir dessa

---

Estudos e Pesquisas em Didática —, realizada em 20 de setembro de 2022, tendo por título Didática Multidimensional Crítico-Emancipatória. A transcrição da fita foi realizada pela Profa. Dra. Rosana Ferreira Pontes, a quem expresso meus imensos agradecimentos. O texto revisto constituiu a base para a produção do presente capítulo.

relação dialógica com os outros, transformarem as condições de existência individual e coletiva, refletindo acerca dos determinantes sociais que produzem situações de desumanização. A educação, como prática social de humanização, necessita ser concebida em suas relações com tais determinantes, com vista a superá-los. Nesse sentido e concordando com Freire, "não se pode encarar a educação a não ser como um quê fazer humano [...] que ocorre no tempo e no espaço, entre os homens e uns com os outros" (FREIRE, 1997b, p. 1).

Entretanto, lembrando que a educação que se pratica na sociedade em geral nem sempre caminha nessa direção, o mesmo autor nos lembra de que:

> [...] uma educação só é verdadeiramente humanista se, ao invés de reforçar os mitos com os quais se pretende manter o homem desumanizado, esforça-se no sentido da desocultação da realidade. Desocultação na qual o homem existencialize sua real vocação: a de transformar a realidade. Se, ao contrário, a educação enfatiza os mitos e desemboca no caminho da adaptação do homem à realidade, não pode esconder seu caráter desumanizador (FREIRE, 1997b, p. 11).

Inserida na superestrutura da sociedade como *práxis* humano-social determinada por fatores econômicos, políticos e sociais e situada em contextos históricos, a educação pode operar na reprodução da ideologia dominante de conservar, manter ou aprofundar as desigualdades sociais, mas pode também instituir possibilidades de transformar a sociedade (na *práxis* coletiva), com base na crítica (teórica coletiva) às estruturas e às dinâmicas preexistentes. Enquanto uma ciência pautada na dialética crítica, "a Pedagogia assume o princípio fundador de estudar a prática educativa em seus contextos e múltiplas determinações para equipar os sujeitos, profissionais da educação, incluindo professores/as e pedagogos/as, na perspectiva de promoção de uma educação humanizadora" (PIMENTA; PINTO; SEVERO, 2022, p. 4).

Assumindo-se como ciência crítico-dialética,[5] a pedagogia, ao investigar práticas educativas que geram as desigualdades sociais que impedem a humanização, empodera os educadores para serem criadores de novas práticas transformadoras em suas *práxis*. Para isso, precisam ser educados, conforme os termos anunciados na epígrafe deste texto e que aqui retomo: o educador (e professores) em seu "trabalho didático concreto, precisa de uma doutrina ou teoria educacional colada à práxis, como também de uma determinação de sentido da educação ou de uma teoria da formação cultural" (SCHMIED-KOWARZIK, 1983, p. 127). Lembrando que não é a teoria que muda a realidade; são os sujeitos humanos engajados criticamente no mundo que podem transformá-la em suas *práxis*, em suas ações teoricamente refletidas.

A Educação entre os humanos é estudada por diversas ciências. A **Pedagogia** enquanto **teoria científica** assume o princípio fundador de estudar a **prática educativa** em seus contextos e múltiplas determinações para equipar os sujeitos, profissionais da educação, incluindo professores/as e pedagogos/as, na perspectiva de promoção de uma educação humanizadora. Para compreender e intervir na *práxis* da educação, seu objeto, a Pedagogia dialoga com as ciências que também se debruçam sobre a complexidade do humano. Diferentemente destas, no entanto, ao estudar teoricamente a educação em suas práticas concretas se reconstrói teoricamente, com a finalidade de a elas retornar apontando as possibilidades de serem transformadas, na *práxis* dos educadores; no caso da didática, para apontar aos professores caminhos, princípios que lhes permitam serem criadores de novas práticas pedagógicas.

Nobre (2004, p. 10, grifo meu), expondo os fundamentos da Teoria Crítica, nos diz:

> A Teoria Crítica não apenas explica ou compreende os fenômenos educativos como são ou deveriam ser idealmente, mas ao penetrá-los

---

5. Conforme as diferentes epistemologias científicas classificadas por Sánchez-Gamboa (1989).

em sua concretude em seus contextos histórico-sociais, [...] apontando e analisando os obstáculos a serem superados para que as potencialidades melhores presentes no existente possam se realizar, (enquanto) oportunidades de **emancipação** relativamente à dominação vigente.

As contribuições desse mesmo autor me permite estabelecer um paralelo com a ciência pedagogia crítico-dialética, que tem em seu compromisso de partir da prática e a ela se voltar. Nesse sentido, assim anuncia um dos postulados da Teoria Crítica: de que "[...] enquanto **teoria** crítica não pode se confirmar senão na **prática** (educativa) transformadora das relações sociais vigentes" (NOBRE, 2004, p. 11, grifos do autor).

E encontro em sua formulação, a seguir, o fundamento que me permite atribuir à Pedagogia (e à Didática) o estatuto de ciência crítico-dialética emancipatória:

[...] não apenas explica ou compreende os fenômenos educativos como são ou deveriam ser idealmente, mas ao penetrá-los em sua concretude em seus contextos histórico-sociais, [...] apontando e analisando os obstáculos a serem superados para que as potencialidades melhores presentes no existente possam se realizar, (enquanto) oportunidades de **emancipação** relativamente à dominação vigente (NOBRE, 2004, p. 10).

Desse modo, o objeto da Pedagogia é a educação como processo de formação da condição humana. Sua abordagem teórica busca compreendê-lo em sua concretude e historicidade para evidenciar suas contradições. Enquanto *práxis* constitui-se como campo de produção teórica socialmente engajada, pois o conhecimento pedagógico manifesta uma dimensão explicativa, mas também propositiva, articulando-se ao trabalho dos/as educadores/as, ressignificando-se a partir da dialética entre teoria e prática. Em sua produção histórica, oferece aos/às educadores/as perspectivas analíticas em torno da complexidade da educação como prática contextualizada social, cultural e institucionalmente. Esse movimento possibilita aos educadores se compreenderem como profissionais em espaços escolares e não escolares, cuja ação demanda o exercício permanente da crítica das condições materiais que se impõem ao seu exercício profissional, e compreenderem as condições que produzem e reproduzem a negação da educação emancipatória dos humanos.

Afirmar a Pedagogia como uma ciência com estatuto próprio, objeto e método próprios, requer explicitar a concepção de ciência crítico-dialética que a sustenta.

Entendemos com Sánchez-Gamboa (1989, p. 101) que a ciência, "como produto da ação humana, é uma categoria histórica, uma construção em contínua evolução inserida no movimento das relações sociais". Portanto, "[...] uma construção sempre provisória que opera a mediação entre o homem e a natureza, uma forma desenvolvida na relação ativa entre o sujeito e o objeto na qual o ser humano, como sujeito, veicula a teoria e a prática". Nesse sentido, podemos dizer que a Pedagogia é uma ciência teórica constituída a partir *da* prática educativa, para a ela se voltar (ou: uma teoria científica que estuda a prática e se reelabora a partir das práticas, *para* a elas se voltar; uma ciência dialética que considera a unidade entre prática — teoria — prática, com a finalidade de apontar possibilidades às *práxis* transformadoras). É imprescindível lembrar que são os homens em suas ações que modificam a realidade, e não a teoria, como afirma Frigotto (1983, p. 82): "[...] a preocupação fundamental da filosofia da práxis é refletir, pensar, analisar a realidade [teoricamente] com o objetivo de transformá-la" [em suas práticas].

A Pedagogia enquanto ciência teórico-prática, que estuda cientificamente as práticas concretas em seus contextos, não transforma a realidade; mas aos criar novas teorias a partir do real, oferece aos educadores fundamentos e perspectivas para em suas *práxis* transformarem as práticas desumanizadoras. Schmied-Kowarzik (1983, p. 128) nos ajuda nessa compreensão quando afirma:

> Do mesmo modo que a educação não pode ser compreendida como um objeto em si, a pedagogia não pode ser entendida como método para si,

pois, como prática humana, a educação necessita da pedagogia como teoria que a determina para que possa se realizar como práxis humana, e a pedagogia como teoria da práxis educativa jamais pode bastar-se a si mesma, por precisar esclarecer e conduzir a educação como práxis humana, colocando-se desta forma no primado da prática.

A Pedagogia apoia-se em uma lógica crítico-dialética para analisar as práticas educativas (dentre elas, a de ensinar, objeto da Didática), o que lhe permite evidenciar as condições que contrariam o direito humano a aprender, a (trans)formar-se, individual e coletivamente. Seu estatuto epistemológico científico decorre, portanto, de seu compromisso com a transformação das práticas educativas como ação intencional dos educadores.

Aos cursos de Pedagogia, ao tomarem por base as teorias pedagógicas dialético-críticas, compete proporcionar aos/às estudantes a problematização do processo educativo e seus determinantes, contradições e possibilidades. Por isso, a investigação científica se constitui um componente formativo nos currículos ao entrelaçar os conhecimentos produzidos pelas/nas pesquisas e a *práxis* transformadora. Ao analisar para intervir nas práticas educativas, a Pedagogia dialoga, mobiliza e articula diferentes conhecimentos, além de produzir conhecimentos pedagógicos necessários à estruturação de novos processos de intervenção na *práxis* transformadora, exercida nos âmbitos escolar e não escolar.[6]

Em síntese, do entrelaçar os conceitos de **Pedagogia** e **Didática** como ciências crítico-dialéticas e a **Educação** emancipatória, deduzo uma **Didática Multidimensional Crítico-Emancipatória,** que tem no ensino seu objeto de investigação. Considerá-lo como uma prática educacional em situações historicamente situadas significa analisar suas múltiplas determinações nos contextos sociais nos quais se efetiva,

---

6. No entanto, nota-se uma ausência não apenas dessa perspectiva nos cursos de pedagogia, como também do estudo da própria pedagogia em seus cursos (PIMENTA, 1996a; LIBÂNEO, 1996; SAVIANI, 2012; SILVA JR., 2021; FRANCO, 2003; PIMENTA *et al.*, 2021), o que tem fragilizado a formação de pedagogos no estudo científico dialético da educação em nosso país.

evidenciando as contradições que impedem a formação humana e apontando aos educadores possibilidades de *práxis* transformadora, reafirmando os termos da epígrafe para este texto.

II. Didática Muldimensional Crítico-Emancipatória – Compromisso com a escola pública

> [...] a *educação como direito precisa retomar seu sentido profundo que possuía em sua origem: formação da e para a cidadania, portanto como direito universal de acesso ao saber e à criação de conhecimento.*
>
> (CHAUI, 2021, p. 21).

A DMCE considera que a finalidade do ensino, seu objeto, é formar o pensamento crítico dos estudantes, desenvolver suas capacidades humanas de pensar criticamente, para que consigam se situar no mundo, ler o mundo, analisar e compreender o mundo e seus problemas, com vista a propor formas de superação e emancipação humana e social. Nos processos complexos e multideterminados de ensinar, os sujeitos — professores e alunos —, na *práxis,* são capazes realizar transformações nos processos conservadores, conforme as finalidades emancipatórias do ensino. Oferecer aos sujeitos professores e alunos princípios e fundamentos que lhes permitam analisar, compreender e transformar os processos de ensino são os objetivos da DMCE enquanto ciência crítico-dialética, que investiga os processos de ensino realizados nas escolas públicas como ponto de partida para a eles retornar, transformada em suas bases teóricas. Por que nas escolas públicas? Porque são o único espaço institucional na sociedade brasileira atual nos quais os direitos de cidadania de crianças e jovens das camadas oprimidas podem ser efetivados.

Essas compreensões das finalidades do ensino e da didática como ciência crítico-dialética que tem seu foco nas escolas públicas são relativamente recentes em nosso país.

Os estudiosos brasileiros do campo da didática crítica têm contribuído para superar as concepções conservadoras, instituídas desde Comenius (1592-1670). O *ensinar tudo a todos* contribuiu, como sabemos, aos movimentos que acabaram por configurar a educação e o ensino como um direito de todos, no contexto das transformações sociais, políticas e econômicas na passagem do sistema de produção feudal de exploração dos camponeses ao regime de trocas que lhes permitia lucrar com seu trabalho, possibilitando as bases da democracia moderna de direitos ao voto e à educação, porque para escolher seus governantes o povo precisava ser educado. No entanto, o povo não necessariamente escolhia os membros da burguesia para governá-los. Assim, o *ensinar tudo a todos* foi sendo transformado *em tudo, apenas aos membros da burguesia*. Aí, a didática conservadora jesuítica caracterizada pela transmissão das verdades por meio dos conteúdos a serem assimilados se tornou dominante e ainda se faz presente em nossas escolas.

Inaugurada como conquista na democracia no modo de produção capitalista, a escola foi sendo universalizada e se consolidou como instituição pública, gratuita e laica nos movimentos revolucionários na França, em finais do século XVIII, e nas lutas das classes trabalhadoras nos séculos seguintes, que reivindicavam o acesso de seus filhos aos conhecimentos, como direito de serem cidadãos nos espaços na democracia política e social. Por meio dos conhecimentos aprendemos a pensar. Por isso, as classes dominantes ao longo da história sempre tomaram providências para impedir que os pobres desenvolvessem a capacidade de pensar, do contrário teriam sua hegemonia ameaçada. A didática jesuítica de transmissão e assimilação/reprodução de conhecimentos, instalada na ampla rede de escolas católicas, cumpriu adequadamente essa finalidade.

No Brasil, em trecho que reescrevo a partir de Almeida, Fusari e Pimenta (2023), a educação escolar pública passará a ser considerada uma questão nacional somente a partir de 1930, e seguiu com poucos avanços nas décadas subsequentes. Com a ditadura político-militar dos anos 1960, que submeteu o país ao capital internacional, passou a ser encarada como meio para apaziguar os movimentos sociais, sendo tecnocraticamente vinculada aos interesses do mercado. Somente no período de redemocratização iniciado nos anos 1980, as escolas foram ampliadas, permitindo seu acesso às camadas excluídas socialmente. Apesar dos avanços teóricos e epistemológicos das pesquisas acadêmicas e dos avanços nas políticas educacionais propiciados nos governos de Luiz Inácio Lula da Silva (2003-2010), nos períodos que se seguiram, a educação foi sendo invadida pelos interesses privatistas, expressados em suas Leis e Diretrizes,[7] levando à desvalorização dos espaços públicos de formação de professores e à precarização de seu trabalho, especialmente nas escolas públicas, gratuitas e laicas, até então mantidas integralmente com verbas públicas.

Nesse período, o questionamento à didática tecnicista iniciado em 1983 (Candau) foi sendo ampliado com várias vertentes, que denominei como "As ondas críticas da Didática em movimento: resistências ao tecnicismo/neotecnicismo neoliberal" (ver PIMENTA, 2019).

As pesquisas apresentadas nos ENDIPEs, realizados no período de 1979 a 2022, impregnadas dos questionamentos às políticas educacionais e às práticas pedagógicas excludentes de educação escolar, foram constituindo as bases da crítica na reconstrução da didática, tendo por compromisso considerar as relações entre educação e necessidades concretas das camadas populares. Às críticas ao tecnicismo instrumental nos 1970-80 configuraram a então denominada por Didática Fundamental.

No entanto, o questionamento aos estatutos epistemológico e político que contribuíram à configuração da Didática Fundamental

---

7. Em texto de 14 de novembro de 2019, Evangelista, Fiera e Titton apresentam os vínculos institucionais da Comissão Bicameral formuladora do Parecer sobre as Diretrizes Curriculares Nacionais e Base Nacional Comum da Formação Docente, Brasil 2019 (EVANGELISTA, FIERA; TITTON, 2019).

acabou por provocar o entendimento de que seus conteúdos tratados nas disciplinas Didáticas poderiam (e deveriam, para alguns) ser tratados em outras disciplinas, como História da Educação, Política Educacional, Sociologia da Educação, Psicopedagogia, Currículo e Avaliação. O esvaziamento e o desprestígio da disciplina Didática na formação de professores, ainda presentes em algumas instituições, decorrem das críticas de acadêmicos que ainda hoje mantêm suas concepções da didática que foram superadas nesse movimento. E, de certa forma, justificam o retrocesso dos privatistas ao conceberem os professores como técnicos práticos e assim formá-los, concepção essa por eles sacramentada nas DCN/2019.

Contribuiu também ao esvaziamento da didática a não consideração no âmbito da Didática Fundamental da Pedagogia, enquanto ciência crítico-dialética que estuda a educação em suas contradições, que se manifestam na *práxis* social. A essa concepção da Pedagogia (afirmada pelos estudiosos PIMENTA, 1996a; LIBÂNEO, 1996; e SAVIANI, 2012) se contrapôs o movimento de educadores,[8] que a reduziu em uma licenciatura para formar os professores dos anos iniciais de escolaridade, por meio das Diretrizes Curriculares Nacionais para o Curso de Pedagogia (DCNCP) de 2006. Dentre seus princípios, a pedagogia em suas construções teórico-históricas não comparece.

III. Didática Multidimensional Crítico-Emancipatória (DMCE): Conceitos estruturantes; ancoragens teóricas, princípios

Nesse cenário de interrogações e desconfianças quanto à natureza do objeto da didática (e da pedagogia), encontram-se respostas no movimento de (auto)crítica da Didática e suas contribuições às

---

8. Anfope — Associação Nacional pela Formação dos Profissionais da Educação —, que prevaleceu na definição das Diretrizes Curriculares Nacionais para os Cursos de Pedagogia (CNE/2006).

práticas pedagógicas de ensinar emancipatórias, no cenário atual de profundas transformações na realidade das escolas públicas provocadas pela privatização, e com as complexas demandas colocadas aos processos de ensinar decorrentes das conquistas no âmbito das diversidades interculturais.

A Didática enquanto ciência que se pauta epistemologicamente na crítica-dialética, entranhada na Pedagogia crítico-emancipatória, se torna cada vez mais necessária, como percebemos na citação de Camilloni, pesquisadora argentina no âmbito dos movimentos da didática em seu país:

> Se a Didática foi somente uma herdeira das crises de outras disciplinas e uma mera usuária de suas teorias, haverá de depender de nossa capacidade de reflexão, investigação e produção teórica original e integradora de um discurso *sobre* e *para a ação pedagógica*, que permita identificar a Didática com pleno direito, como domínio de conhecimento sério e rigoroso (CAMILLONI, 1996, p. 39, grifos da autora, tradução nossa do espanhol).

E, acrescento, no nosso caso, tendo a *práxis* social em suas possibilidades emancipatórias como ponto de partida e de chegada nos processos de ensino, o que constitui o princípio fundante da DMCE.

Com base nos princípios do materialismo histórico-dialético e nas teorias críticas frankfurtianas, as *ondas críticas* reconfiguraram a didática, expressando os compromissos de seus pesquisadores (e suas propostas) articulados às novas demandas que se seguiram à conquista de direitos de cidadania no movimento de lutas dos excluídos por classes, gênero, etnias, cor, raça, e de acesso aos bens culturais, às novas tecnologias... E elaboraram novas vertentes, consolidando o movimento da Didática Crítica no Brasil.[9]

---

9. Em simpósio no XIX Endipe (2018), apresentei resultados de pesquisa teórica realizada em 2018, em Salvador, nos quais considerei como vertentes críticas a Didática Desenvolvimental (LONGAREZI; PUENTES, 2011); a Didática Intercultural (CANDAU, 2000; 2010); a reafirmação

III.I. Conceitos Estruturantes da DMCE: ensino/aprendizagem — unidade dialética; conhecimentos — no lugar de conteúdos

A partir de Freire (2015), entendemos que o ensino/aprendizagem constitui uma unidade dialética na relação aluno-conhecimentos, mediada pelo professor. As atividades contínuas de ensino realizadas pelos sujeitos envolvidos nesse processo visam provocar as aprendizagens em ambos. Em sua mediação, o professor planeja, define, propõe e dirige as atividades e as ações necessárias, para colocar os alunos frente a frente aos conhecimentos, realizando processos de mobilização, de construção e elaboração de novas sínteses dos conhecimentos. A finalidade desses processos é permitir que os estudantes (re)construam, (re)signifiquem, (re)elaborem os conhecimentos produzidos historicamente, mediatizados pelo mundo. A perspectiva freiriana de que "ensinar não é transferir conhecimento, mas criar as possibilidades para a sua produção ou a sua construção" transforma o papel do professor e da Didática, uma vez que "quem forma se forma e reforma ao formar, e quem é formado forma-se e forma ao ser formado" (FREIRE, 2015, p. 24-25). Nos processos de ensino, os professores recriam e criam as condições necessárias para provocar os alunos a questionarem sua realidade, problematizá-la e tornar visível o que antes estava oculto, desenvolvendo novos conhecimentos sobre ela.

Assim, podemos afirmar que a finalidade do processo dialético de ensino/aprendizagem, objeto do trabalho pedagógico docente, é a formação do pensamento crítico dos estudantes. A finalidade do ensino é, pois, formar os estudantes para que consigam se situar (enquanto sujeitos) no mundo, ler o mundo, analisar e compreender o mundo e seus problemas, com vista a propor formas de superação e emancipação humana e social. Se se sonega os conhecimentos,

---

da Didática Crítica Dialética [reafirmando o Marxismo Histórico-Dialético] (PIMENTA, 2015; OLIVEIRA, 2009); a Didática Sensível (D´ÁVILA, 2011; 2018); e a Didática Multidimensional (FRANCO; PIMENTA, 2014; 2016). Em texto posteriormente publicado, contemplo análises e interpretações dos resultados da pesquisa: Pimenta (2019).

impede-se que os estudantes tenham consciência de si e do mundo (de seus problemas); portanto, impede-se que consigam transformar as condições de opressão (FREIRE, 1969, p. 126).

Lembrando que a educação escolar enquanto uma conquista democrática tem por finalidade assegurar o direito aos oprimidos de acessar os conhecimentos, caberia indagar: a quem interessa impedir que os pobres aprendam a pensar?

Freire (2015) ainda considera que quanto mais se exerce criticamente a capacidade de aprender, mais se constrói e se desenvolve o que denomina *curiosidade epistemológica*, conceito aproximado do que estamos aqui denominando atividade intelectual do aluno, articulado aos conceitos de sentido e prazer em Charlot (2000).

Mobilizar os conhecimentos que possibilitam a formação do pensamento crítico nos processos de ensinar-aprender constitui o pressuposto fundamental sobre o qual se estrutura a Didática Multidimensional Crítico-Emancipatória, o que permite que se supere a tão arraigada transmissividade de conteúdos nos procedimentos didáticos escolares.

Conteúdos *versus* Conhecimentos

O termo conteúdo refere-se a conjuntos de objetos, ideias, temas, contidos no interior de algo, como um recipiente, ou um plano, um projeto, ou um conjunto de ideias, temas, argumentos assuntos que formam um texto, por exemplo, em determinados espaços e tempos finitos, a serem mostrados, apresentados, transmitidos, entendidos, retidos e reproduzidos. Adjetivado com a expressão *educativo*, foi amplamente configurado como um tipo de conteúdo cujo objetivo é o de transmitir conhecimento para um público determinado. Essa compreensão se tornou o fundamento da didática desde as suas origens, de Comenius (1592-1670) a Herbart (1776-1841), com os passos formais do ensino/aprendizagem, passando pela didática jesuítica conservadora da *Ratio Studiorum* (1599), para as quais "o máximo que a humanidade pode fazer em sua continuidade é oferecer de modo concentrado tudo o que acumulou à sua descendência" (SCHMIED-KOWARZIK, 1983, p. 30), até o tecnicismo pragmático do neoliberalismo atual.

A DMCE traz o conceito de conhecimentos, superando o conceito estreito de conteúdos como historicamente foi associado ao ensinar.

A palavra *conhecimento* vem do latim, da palavra *cognoscere*, que significa "ato de conhecer". E conhecer é a capacidade humana de entender, apreender e compreender algo. A partir do que for apreendido, pode-se criar, como o fazem as ciências e as artes.

> Enquanto fenômeno complexo, efetivo e racional [o conhecimento] somente é apreendido pelos seres humanos, desenvolvido, elaborado, organizado, codificado e decodificado [por meio da] linguagem e por nossos mecanismos racionais. [Nos humanos] Linguagem e raciocínio são necessariamente interligados, sendo impossível determinar qual surgiu primeiro. [...] Desde que a linguagem foi desenvolvida, o ser humano busca mecanismos para conhecer e estabelecer relações entre o mundo e as suas experiências nele e com ele. Tentando desmistificar e entender a complexidade da existência, desenvolveu ao longo de milênios variadas formas de entender o mundo, gerando diversos tipos de conhecimentos (senso comum, teológico, filosófico, científico...).[10]

Sem adentrar em maiores considerações sobre as características, teorias e epistemologias dos tipos de conhecimentos, importa neste texto destacar que os conhecimentos são construídos coletivamente pelos humanos situados em seus contextos históricos, são, portanto, sempre verdades provisórias, em transformação. Por meio de suas pesquisas, podem interligar dialeticamente os vários tipos de conhecimentos, o que lhes possibilita *diagnosticar no tempo presente* os problemas que geram as desigualdades a serem superadas. Nesse sentido, Marcos Nobre, estudioso da Teoria Crítica, amplia e aprofunda

---

10. Disponível em: https://mundoeducacacao.uol.com.br/filosofia/conhecimento. Acesso em: 20 jun. 2023.

nosso entendimento dos conhecimentos em suas finalidades enquanto produção histórica:

> Para a Teoria Crítica, é central a ideia de que a verdade tem um núcleo temporal, que verdades estão sempre atadas a um tempo histórico determinado [...] [sem] que deixem em nenhum momento de se apoiar, entretanto, em tendências históricas que projetam a análise para além do momento presente [...] é característica distintiva da Teoria Crítica que a teoria não se limite ao presente, mas igualmente às potencialidades melhores desse presente, incorporando essas possibilidades à própria compreensão do presente (NOBRE, 2018, n. p.).

Ou dizendo de outra forma, os humanos em suas pesquisas e estudos situados no tempo presente criam os conhecimentos que permitem, nas palavras do autor:

> [...] apontar e analisar os obstáculos a serem superados para que as potencialidades melhores presentes no existente possam se realizar. [...] [e apresentar] o existente do ponto de vista das oportunidades de *emancipação* relativamente à dominação vigente (NOBRE, 2018, n. p.).

É esse o sentido que a DMCE atribui ao conceito de conhecimento ao colocar a centralidade dos processos de ensino na formação do pensamento crítico dos estudantes. Enquanto obra social e coletiva produzida historicamente por e entre os humanos, os conhecimentos devem ser compartilhados com todos os sujeitos. Reconstruídos pelos sujeitos educadores e educandos por meio de reflexão sistemática, radical, rigorosa e de conjunto (SAVIANI, 1985), lhes possibilita se tornarem autônomos, emancipados, questionadores dos determinantes que geram as desigualdades. Por isso, o ensino/aprendizagem "precisa retomar seu sentido [educativo] profundo que possuía em sua origem: formação da e para a cidadania, portanto como direito universal **de acesso ao saber e à criação de conhecimento**" (CHAUI,

2021, p. 13, grifos meus). As escolas públicas foram se configurando nas sociedades democráticas como o principal espaço institucional para assegurar esse direito. No entanto, nas dominadas pela ideologia neoliberal, o direito de acesso ao saber e à criação de conhecimentos vem sendo cada vez mais sonegado, ao se transformarem as *instituições sociais* responsáveis pela educação de todos, do ensino fundamental à universidade, em *organizações empresariais, administradas* segundo as regras do mercado (CHAUI, 2021, p. 13). A escola pública é desqualificada e desmoralizada, e se incentiva sua privatização para que sejam produtivas como as empresas. Nesse contexto, o acesso aos conhecimentos e às escolas públicas deixa de ser um "direito de cidadania, sendo transformado em privilégio; em um instrumento de exclusão sócio-política e cultural" (CHAUI, 2021, p. 13-14). A educação, assim,

> [...] perde a ideia da formação, isto é, o exercício do pensamento, da crítica, da reflexão e da criação de conhecimentos, substituída pela transmissão rápida de informações não fundamentadas, inculcação de preconceitos e difusão da estupidez contra o saber, um adestramento voltado à qualificação para o mercado de trabalho (CHAUI, 2021, p. 13-14).
> [...].
> É nela (escola) [e na pública] que as novas gerações podem encontrar o que em nenhuma outra instância social lhes é disponibilizado — o "conhecimento poderoso", decorrente dos campos disciplinares e capaz de fornecer explicações confiáveis ou novas formas de se pensar a respeito do mundo, contribuindo assim para a produção de novos conhecimentos (YOUNG, 2007, p. 129).

A DMCE, ao valorizar os conhecimentos em seu potencial emancipatório nas escolas públicas enquanto direitos de cidadania, tem como foco principal de suas investigações os processos de ensino/aprendizagem que nela são realizados, nos contextos no quais estão situadas.

III.II Ancoragens Teórico-epistemológicas da Didática Multidimensional Crítico-emancipatória

Pensar a Didática em seus princípios epistemológicos como teoria científica inserida na Pedagogia contribui para promover reflexões providas de criticidade em relação ao seu objeto complexo — o ensino —, assim como abrange a análise de condicionantes sociais, políticos, econômicos e culturais que o envolvem. Nesse sentido, o ensino passa a exigir um olhar que capte sua **multidimensionalidade**, que compreenda as contradições e os dilemas nos contextos que envolvem as *práxis* de ensino. E, portanto, uma didática que se faça presente nos cursos de formação de professores, para que exerçam suas *práxis* futuras de ensinar impregnadas de possibilidades transformadoras.

No item a seguir, apresento as ancoragens ao conceito de multidimensionalidade, conforme os textos que produzimos em parcerias anteriores (FRANCO; FUSARI; PIMENTA, 2014; 2014). No item posterior, serão apresentadas as ancoragens ao *conceito crítico-emancipatório* da multidimensionalidade, construídos a partir de pesquisas teóricas que realizo desde 2018, expressas no título do presente texto.

Ancoragens ao conceito de multidimensionalidade do ensino[11]

Franco, Fusari e Pimenta (2014; 2014) apresentaram o conceito de multidimensionalidade do ensino, considerando em seus fundamentos os conceitos de *curiosidade epistemológica* (FREIRE, 2015) e de *multirreferencialidade* (ARDOINO, 1992), e os pressupostos da *relação com o saber*, formulados por Charlot (2000). Essas contribuições serão brevemente retomadas a seguir.

---

11. Esse subitem: **Ancoragens ao conceito de multidimensionalidade do ensino** foi, em parte, escrito conjuntamente com FRANCO, Maria Amélia; FUSARI, José C.; PIMENTA, Selma G. (2014).

Sobre *multirreferencialidade* (ARDOINO, 1992)

Em breve síntese, trago trechos sobre o conceito de multiferrencialidade do texto que intitulamos "Didática multidimensional: da prática coletiva à construção de princípios articuladores" (FRANCO; FUSARI; PIMENTA, 2014).

> O termo cunhado por Ardoino (1992) veio ao encontro de nossas pesquisas e estudos sobre a Pedagogia como ciência da educação, afirmando-a como a matriz articuladora dos diferentes aportes disciplinares que se debruçam sobre a educação. [...] Aceitamos que a diversidade de aportes permite uma leitura plural e complexa dos fenômenos da educação. No entanto, aportes distintos não significam subordinação ou sobreposição. No contexto das demais ciências, somente a Pedagogia assume o compromisso de tomar a *práxis* como ponto de partida (iluminada pelas escolhas teóricas) e ponto de chegada (revendo, confirmando, negando, propondo teorias e apontando as transformações necessárias à emancipação humana), superando a "marca 'positivista' de algumas ciências antropossociais quando se propõem a oferecer explicações científicas e as ações a serem praticadas pelos educadores" (ARDOÍNO, 1998, p. 8). Esses estudos reforçaram nossa concepção de que a Didática e as Didáticas Específicas necessitam articular-se à ciência pedagógica, numa relação de íntima aderência, uma vez que ausente dos fundamentos pedagógicos que lhe dão suporte, torna-se mera tecnologia [...] pois o foco excessivo nos conteúdos disciplinares, apartados da pedagogia, retira da tarefa do ensino sua necessária multidimensionalidade. Empregamos esse termo, em complemento à abordagem multirreferencial [...] uma vez que a prática educativa de ensinar organiza-se como fenômeno complexo imbricado nas condições históricas e mediado por múltiplas determinações (FRANCO; FUSARI; PIMENTA, 2014, p. 5).

Há, pois,

> [...] uma relação dialética entre multirreferencialidade e multidimensionalidade, na qual o multirreferencial ajuda a compreender a educação

em sua complexidade e totalidade; já a multidimensionalidade foca o ensino na perspectiva da totalidade. A Didática Multidimensional explicita assim seu campo próprio em diálogo com as Didáticas Específicas (FRANCO; FUSARI; PIMENTA, 2014, p. 10).

Diálogo que:

[...] aponta para a possibilidade de se superar o tratamento fragmentado dos conteúdos de ensino; por meio do um trabalho coletivo interdisciplinar, novos arranjos curriculares e atividades que mobilizem a relação dos sujeitos ensinantes e aprendentes críticos, reflexivos e criadores de conhecimentos novos, serão propiciadas (FUSARI; FRANCO; PIMENTA, 2014, p. 10).

Sobre *curiosidade epistemológica* (FREIRE, 2015)

A compreensão dos processos de ensino com base na dialética crítica pedagógica da educação, se fortalece com o conceito freiriano de *curiosidade epistemológica*. Isto é, a curiosidade de descobrir o fundamento científico das coisas, o que o autor traduz como o *prazer de aprender*.

Nenhuma formação docente verdadeira pode fazer-se alheada, de um lado, do exercício da criticidade que implica a promoção da curiosidade ingênua à curiosidade epistemológica, e de outro, sem o reconhecimento do valor das emoções, da sensibilidade, da afetividade, da intuição ou adivinhação (FREIRE, 2015, p. 45).

A apropriação crítica dos conhecimentos na mediação entre os sujeitos dos processos de ensino exige a compreensão rigorosa dos fenômenos na complexidade das práticas sociais. Por isso, trazemos de Freire (2015, p. 45, *apud* PONTES, 2020, p. 53-54) sua afirmação de que: "no exercício da criticidade é preciso reconhecer o valor das emoções, da sensibilidade, da afetividade, da intuição ou adivinhação", sem o que a curiosidade epistemológica não será mobilizada. Concordando com Freire, Pontes (2020, p. 198) assim se manifesta:

> [...] no ato didático emancipatório os sujeitos se envolvem tanto cognitiva quanto emocionalmente. São sujeitos inteiros, reais, que participam desse evento formativo ativamente, desenvolvendo-se em sua totalidade. Cabe, portanto, ao professor promover vínculos afetivos com os estudantes e entre os estudantes e os objetos/conteúdos de estudo.

E discorrendo em sua tese[12] sobre a afetividade nas práticas pedagógicas, reconhece "que o docente, ao tomar decisões didáticas, expressa suas crenças, princípios, concepções, valores e, principalmente, a afetividade" (PONTES, 2020, p. 220). O que lhe permite incorporar a subjetividade dos estudantes nos processos de mediação que realiza.

Sobre *relação com o saber* (CHARLOT, 2000)

Ao tratar das questões do conhecimento e das relações que os sujeitos com eles estabelecem (nos quais se incluem os processos de ensino e aprender), Charlot constrói o que denomina uma antropologia do aprender; ou podemos dizer do saber aprender, para saber ensinar. O autor destaca que os seres humanos aprendem a razão das coisas por meio da atividade intelectual, desde que impregnadas de sentido e significados para os sujeitos aprendentes compreenderem o mundo e a si próprios nele, o que ocorrerá se mobilizados em suas emoções na relação uns com os outros, mediados pelos conhecimentos, com prazer e esforço. Assim, em Charlot, as finalidades da educação se configuram no que denomina "triplo processo de humanização, de socialização e de subjetivação/singularização" (CHARLOT, 2000, p. 72).

Esses três conceitos configuram os fundamentos epistemológicos pautados na hermenêutica — crítica que atribuímos à multidimensionalidade do ensino; uma opção epistemológica à humanização

---

12. Ver Pontes (2020).

emancipatória dos humanos, considerando a complexidade das situações educativas, os diversos, múltiplos e opostos interesses que as atravessam.

Ancoragens ao conceito crítico-emancipatório na multidimensionalidade do ensino

Aos aportes anteriores que nos permitiram configurar o conceito de multidimensionalidade, trago os aportes teóricos que me permitiram aprofundá-lo e (re)conceituá-lo abordando o ensino em suas possibilidades crítico- emancipatórias, ancorados nas categorias do materialismo histórico-dialético e da Teoria Crítica.

As inter-relações dialéticas entre educação e pedagogia trazidas neste texto nos permitiram afirmar, com aporte em Freire (2015), que os processos de ensinar têm por finalidade a formação do pensamento crítico dos estudantes, por meio dos conhecimentos, enquanto chaves que lhes permitam se situar (em sua subjetividade) no mundo, ler o mundo, analisar e compreender o mundo e seus problemas, com vista a propor formas de superação e emancipação humana e social. E que os conhecimentos são produzidos pelos humanos frente aos problemas que lhes são colocados no movimento histórico. São, portanto, respostas provisórias, necessitam ser permanentemente revistos, ressignificados, reconstruídos em face dos novos problemas. Por isso, o trabalho educativo dos professores será o de mediar a relação entre os conhecimentos e os estudantes, considerados em sua historicidade no confronto com as realidades atuais, provocando assim a criação de novos conhecimentos.

Chegamos a essas compreensões no campo da didática, ancoradas nas categorias de *historicidade*, *totalidade*, *contradição*, *mediação* e *práxis* do materialismo histórico- dialético e nas compreensões da Teoria Crítica de que "[...] enquanto **teoria** crítica não pode se confirmar senão na **prática** (educativa) transformadora das relações sociais vigentes" (NOBRE, 2004, p. 10).

O modo de produção do capitalismo separa o trabalhador do produto por ele produzido e o que produziu não lhe pertence (mas sim ao proprietário dos meios de produção). Com isso, instaurou-se a exploração do trabalhador, alienando-o de seus direitos, aprofundando as desigualdades sociais. Sonegar o acesso aos conhecimentos que possibilitam análise crítica e compreensão dos processos de alienação, acesso possibilitado nos processos educativos de ensinar, tornou-se uma das armas principais para a manutenção e o aprofundamento das desigualdades, impedindo a emancipação. Para isso, é preciso transformar as condições objetivas que geram a desigualdade, evidenciar as *contradições* do sistema, com vista à *práxis* transformadora. Assim, faz-se necessário pesquisar metódica e cientificamente os problemas, os fenômenos concretos, conhecê-los por meio da teoria, suas origens (sua *historicidade*); seus determinantes em seus contextos (*totalidade*); e propor caminhos (téorico-práticos) enquanto *mediação* à *práxis transformadora* (conforme FRIGOTTO, 1983; KONDER, 1992; SCHMIED-KOWARZIK, 1983; NOBRE, 2004, cujas contribuições exploramos ao longo deste texto).

A Didática Multidimensional Crítico-Emancipatória, pautada nos conceitos e nas categorias apresentados, formula princípios e fundamentos que apontam aos sujeitos, professores e estudantes, caminhos para que se apropriem dos conhecimentos, confrontando-os, criticando-os, adquirindo condições para serem produtores de conhecimentos emancipatórios, superando o ensino técnico/transmissivo próprio à manutenção das desigualdades. E valoriza os professores considerando-os profissionais intelectuais crítico-reflexivos, pesquisadores de sua *práxis* e da *práxis* educativa que se realiza na escola e nos demais contextos nos quais se insere (conforme PIMENTA, 2002). Um profissional que, por ter sólida formação teórica, consegue criar respostas aos desafios que encontra em sua *práxis* docente: considera o ato docente situado nos contextos escolares; com amplo e sólido conhecimento dos contextos social e político que envolvem o ensino; sobre as realidades onde vive com seus alunos; com conhecimentos da teoria da educação e da pedagogia em conexão com a *práxis* pedagógica docente, para analisar, compreender e criar procedimentos de ensino que assegurem as aprendizagens; para que seja participante ativo na reinvenção das práticas e das escolas; com sólida formação teórica que lhe permita compreender as realidades em que atua/atuará, e propor coletivamente caminhos para assegurar as aprendizagens e o desenvolvimento de todos os alunos que passaram a ter acesso à escolaridade; com sensibilidade social e humana e compromisso com a superação das desigualdades educacionais. Para isso, necessita de formação, valorização profissional e condições de trabalho, com estatuto profissional que lhe assegure a permanência no exercício da profissão em escolas públicas.

III.III Princípios da Didática Multidimensional Crítico-emancipatória à práxis docente

Em decorrência do arcabouço teórico, epistemológico e político da DMCE, formulamos os seguintes princípios que, articulados entre si, orientam a relação dialética entre teoria e prática a serem considerados nos processos de ensinar: (1) Ensinar com pesquisa; (2) O Diálogo freiriano nos processos de Ensino; (3) A Mediação Didática entre os sujeitos e os conhecimentos; (4) Conhecimentos em Rede de Saberes; (5) **Práxis e *práxis* na docência.**

Em diálogo,[13] a professora Marilza Rosa Suanno[14] me colocou a seguinte questão: "O que a Didática Multidimensional Crítico-Emancipatória oferece aos professores?". Indagação que eu ainda não me tinha colocado, mas que me provocou a respondê-la em breves palavras, iniciando o diálogo: "a DMCE oferece em seus princípios uma compreensão ontológica e epistemológica do objeto de trabalho

---

13. No âmbito do I Curso de Extensão — Andipe — Associação Nacional de Didática e Práticas de Ensino — e Ceped/Goiás — Centro de Estudos e Pesquisas em Didática, em 20 de setembro de2022.

14. Marilza Rosa Suanno, docente da Universidade Federal de Goiás (UFG) e coordenadora do GP DIDAKTIKÉ — Grupo de Estudos e Pesquisas em Didática e Questões Contemporâneas.

pedagógico dos professores — o ensino/aprendizagem. À ela compete considerar os processos de redes de saberes, dispondo os saberes da ciência pedagógica aos ensinantes e aprendentes na criação de suas atividades de mediação no ensinar e aprender". A provocação de Marilza me levou a aprofundar em seus fundamentos e princípios as contribuições da DMCE aos professores. Lembrando, no entanto, que assim o faz,

> [...] não porque contenha diretrizes concretas válidas para "hoje e amanhã", mas porque permite realizar uma autêntica análise crítica da cultura pedagógica, o que facilita ao professor (e à escola, acrescentamos) debruçar-se sobre as dificuldades concretas que encontra em seu trabalho, bem como superá-las de maneira criadora (SUCHODOLSKI, 1979, p. 477).

Na sequência, serão apresentados os cinco princípios que então formulamos à DMCE.

(1) Ensinar com Pesquisa

Partindo do pressuposto de que os conhecimentos/saberes a serem ensinados são reconstruídos pelos sujeitos educadores e educandos, a pesquisa no ensino se configura como um princípio epistemológico-formativo, porque potencializa atos didáticos emancipatórios, que libertam e autonomizam os sujeitos — ensinantes e aprendentes — em suas relações com os conhecimentos (PIMENTA, 1996b; 2006; 2010; 2019).

Ensino e pesquisa constituem uma unidade dialética. A **pesquisa** assentada nas abordagens epistemológicas crítico-dialética e fenomenológico-hermenêutica (conforme SÁNCHEZ-GAMBOA, 1983, p. 92-115), e entendida como "atividade básica da ciência na sua indagação e construção da realidade" (MINAYO *et al.*, 2002, p. 17), torna-se um **método para o ensino** que favorece a problematização do conhecimento. Afirmam e concluem (p. 17) que "a pesquisa alimenta a atividade de ensino e o atualiza frente à realidade do mundo" (MINAYO *et al.*, 2002, p. 17). Com Freire (2015, p. 29), a pesquisa se configura como uma das exigências primordiais do ato de ensinar, quando afirma: "Não há ensino sem pesquisa e pesquisa sem ensino", pois o ensino com pesquisa alimenta a "curiosidade epistemológica", tanto de quem aprende quanto de quem ensina. E Severino (2009) considera que ensinar com pesquisa significa adotar uma concepção de aprendizagem como processo de construção de conhecimento. Os autores aqui trazidos nos permitem concluir que "a prática da pesquisa se torna caminho do processo de ensino e aprendizagem" (SEVERINO, 2009, p. 131).

As atividades de ensino são realizadas em espaços-tempos múltiplos, nos quais os sujeitos estabelecem interlocuções para além de si, com a ciência, os saberes do cotidiano, a prática social, a realidade sociocultural. Atividades investigativas de problematização dos conhecimentos mobilizadas pelos professores alargam as compreensões dos estudantes desde seus saberes, desenvolvem suas capacidades de questionar, de debater, rever seus posicionamentos a partir de múltiplas visões (inter) disciplinares, superando autônoma e coletivamente o senso comum. A pesquisa enquanto princípio formativo que articula as relações professor-estudante-conhecimento se configura como uma postura metodológica emancipatória.

Assumir essa compreensão requer mudanças dos professores em suas concepções, comumente construídas em práticas transmissivas de conteúdos prontos e inquestionáveis. Ensinar com pesquisa exige que os estudantes e seus professores produzam situações para que os conceitos a serem trabalhados sejam pesquisados e contextualizados em suas origens históricas, de modo que articulados aos problemas atuais permitam a construção de novos conhecimentos.

> A ação de ensinar como prática social é permeada por múltiplas articulações entre professores, alunos, instituição e comunidade, impregnadas

pelos contextos socioculturais a que pertencem, formando um jogo de múltiplas confluências que se multideterminam [...]. Desta forma, só a pesquisa contínua e criteriosa pode colocar o professor em processo de contextualização do ensinar/aprender (FRANCO; FUSARI; PIMENTA, 2014 p. 12).

O princípio de ensinar com pesquisa oferece aos professores possibilidades para em sua mediação, *"criarem novos modos de organizar a aula de forma mais dinâmica, criativa e instigante para todos os envolvidos, o que requer pensar o ato pedagógico em uma perspectiva dialógica"* (MELO; PIMENTA, 2018, p. 64).

(2) Diálogos Críticos

A educação problematizadora, que tem a pesquisa como um de seus princípios metodológicos, fundamenta-se em práticas e processos dialogais críticos, pautados na possibilidade de construir sentidos por meio das interações, das trocas, das descobertas entre os sujeitos. Responde, assim, à necessidade formativa de sujeitos emancipados e conscientes. Essa concepção permite transgredir práticas pedagógicas ainda pautadas na verticalização das relações, identificada por Freire (1997b) como "educação bancária", em que os professores detentores da palavra[15] depositam conteúdos a serem assimilados e memorizados pelos estudantes; nela a palavra perde sua força transformadora e se torna palavra oca, alienada e alienante. No texto de 2015, expressamos como segue a concepção freiriana:

> O diálogo crítico em Freire vai além das superficialidades das simples conversas nas salas de aulas e outros ambientes. Diálogo crítico é aquele que problematiza a realidade criticando-a em suas bases, analisando

---

15. No atual contexto neoliberal no qual os conteúdos a serem 'ensinados' são transmitidos por meios virtuais, os professores estão sendo substituídos e perdendo a (sua) palavra.

as ações des(humanizadoras) que são praticadas. Um diálogo crítico no qual se promova a superação dialética do empírico pelo concreto pensado; que ao pensar teoricamente as práticas, mobiliza para a ação práxica transformadora (FRANCO; FUSARI; PIMENTA, 2014, p. 13).

Konder (1992) amplia nossa compreensão de diálogo crítico, ao tratá-lo no âmbito do materialismo dialético-histórico, quando nos lembra de que:

A palavra *dialética* é irmã gêmea da palavra *diálogo*: elas nasceram do prefixo *dia* (que indica reciprocidade) e do verbo *lêgein* ou do substantivo *logos*, que se refere ao discurso da razão (KONDER, 1992, p. 139).

E de que:

O diálogo não elimina as contradições (ao contrário, as pressupõe), mas lhe dá um tratamento especial, cuidadoso, reflexivo, porque nele o exercício da crítica se completa com a autocrítica. [...] O outro me põe em contato com uma realidade que o isolamento pode me impedir de enxergar (KONDER, 1992, p. 139).

Os atos pedagógicos pautados em diálogos críticos possibilitam aprofundar as interlocuções entre professores, estudantes e conhecimento, entre os diversos saberes científicos e os saberes de experiência dos sujeitos, alargando-os e contribuindo à formação do pensamento crítico sobre os contextos socioculturais e políticos nos quais estão situados. Nesse sentido, a formação inicial e contínua pode se configurar como espaços que possibilitem o exercício do diálogo, da crítica, da reflexão coletiva e das trocas de experiências na mediação entre os docentes.

A construção do conhecimento passa a ter sentido para professores e estudantes, por meio da mediação didática que considera a complexidade do trabalho pedagógico em seus constantes movimentos.

(3) Mediação Didática

A construção do conhecimento passa a ter sentido para professores e estudantes por meio da mediação crítico-reflexiva entre os valores e a cultura que a sociedade dissemina; o que demanda considerar a complexidade do trabalho pedagógico, em constante movimento de negociação e revisão dos conhecimentos e das formas de serem trabalhados.

A Didática, como campo específico de conhecimento, tem uma responsabilidade social em acompanhar e refletir as mudanças que ocorrem no mundo e dar respostas para a ressignificação dos processos de ensino na perspectiva da aprendizagem do aluno. A mediação didática aí penetra ao dispor dos docentes, perspectivas de análise que os ajudem a compreender os contextos históricos, sociais, organizacionais, culturais, nos quais os sujeitos estão em relação com o saber a ser "reaprendido".

Assim, compreendemos que mediação didática,

[...] consiste em estabelecer as condições ideais à ativação do processo de aprendizagem. Depende, pois, de uma relação de caráter psicopedagógico, estabelecida entre o professor e seus alunos; e de uma relação didática, estabelecida de modo disciplinar ou interdisciplinar entre o professor e os objetos de conhecimento (D'ÁVILA, 2011, p. 63).

Processos de mediação didática envolventes e desafiantes que proporcionam múltiplas relações com o saber e o aprender são essenciais à formação crítica e emancipatória dos estudantes. Trazem e ampliam os saberes necessários para que o mundo e seus problemas sejam mobilizados.

(4) Processos de Rede de Saberes

Os saberes são produzidos pelos sujeitos na relação com outros sujeitos, em suas experiências produzidas historicamente de conhecer o mundo, apropriar-se e se situar no mundo e nele intervir. Por isso, entendemos que os resultados dessa experiência humana, traduzidos em conhecimentos, são sempre questionados, questionados, aprofundados e ampliados, por meio da reflexão crítica entre os sujeitos; no caso, nas situações de ensinar e aprender. A realidade a ser conhecida, interpretada e questionada é profusa, complexa, em constante movimento. Por isso, nos processos de mediação didática se faz necessário mobilizar os resultados da experiência humana (sob a forma de conhecimentos) na relação com as experiências dos sujeitos para serem autores de novas experiências. Nesse contexto, "os saberes são considerados, portanto, como o resultado de uma produção histórica e social, fruto de uma interação entre os sujeitos e seus processos educativos" (MELO; PEIXOTO, 2010, p. 369). Barth (*apud* FIORENTINI; SOUZA JR.; MELO, 2001, p. 322) contribui com nossa compreensão, ao afirmar que:

> O saber não é linear. Não se constrói como um prédio onde se deve necessariamente começar pela base e acabar pelo teto [...]. O nosso saber é o sentido que damos à realidade observada e sentida num dado momento. Existe no tempo como uma paragem, uma etapa. Está em constante transformação, em perpétuo movimento, tal como uma sinfonia inacabada.

Essa afirmação se aproxima do conceito de relação com o saber de Charlot (2022).

A DMCE valoriza o docente como quem produz saberes e os mobiliza, intencionalmente, para alcançar os objetivos de ensino. Assim, se opõe ao preconceito que considera os professores simples consumidores apáticos de conhecimentos produzidos por cientistas e pesquisadores acadêmicos. Ao contrário, os professores os erigem, atribuem sentido e reelaboram seus conhecimentos em função dos desafios postos cotidianamente nos processos de mediação pedagógica que criam. Essa perspectiva ressalta a importância de formação inicial e/ou continuada, espaços nos quais ampliam, (re)constroem e criam outros saberes e conhecimentos, necessários para lidarem com as novas e complexas questões de desigualdades e diversidades sociais, de gêneros, raças, etnias, culturas... Nesse sentido, a DMCE considera os professores intelectuais pesquisadores de suas *práxis* e das *práxis* educativas realizadas nas escolas, capazes de criarem novas possibilidades de mediação didática. E os conhecimentos da Pedagogia e da Didática alicerçam as novas mediações do ato pedagógico transformador.

(5) *Práxis e práxis* na docência

O que significa *práxis*? *Práxis* é sinônimo de prática? Ou de teoria? Ou de ambas? Como? É possível mobilizar processos de *práxis* na mediação didática? Qual o significado de unidade dialética entre teoria e prática? Essas indagações se fazem presentes entre pesquisadores e professores do campo da didática.

Na tentativa de elucidá-las em breves palavras, trago contribuições de alguns autores alinhados ao pensamento crítico-emancipatório.

Iniciamos com o texto de Frigotto (1983), no qual, explicitando o método de pesquisa no materialismo histórico-dialético, afirma:

> No processo dialético de conhecimento da realidade, o que importa fundamentalmente não é a crítica pela crítica, o conhecimento pelo conhecimento, mas a crítica e o conhecimento crítico **para uma prática que altere e transforme** a realidade anterior no plano do conhecimento e no plano histórico-social (FRIGOTTO, 1983, p. 81, grifos meus).

As palavras destacadas nos encaminham à compreensão do conceito de *práxis* como *prática transformadora*, quando no parágrafo seguinte o autor complementa:

> A teoria materialista histórica sustenta que o conhecimento efetivamente se *dá na* e *pela práxis*. A *práxis* expressa, justamente, a unidade indissolúvel de duas dimensões distintas e diversas no processo de conhecimento: a teoria e a ação [**ou prática**]. A **reflexão teórica** sobre a realidade não é

uma reflexão diletante, mas **uma reflexão em função da ação** [ou seja, da prática] **para transformar** (FRIGOTTO, 1983, p. 81, destaques meus).

Portanto, para se **conhecer as práticas** (as ações) **de ensino** e os problemas que impedem/dificultam as aprendizagens, necessito das **teorias** anteriormente formuladas (no campo da didática e da pedagogia, com aportes das demais ciências que as têm por objeto de estudo), **para propor** (teoricamente) caminhos e possibilidades às ações transformadoras; transformações que efetivadas na *práxis* dos sujeitos, após confrontarem as novas teorias com a realidade concreta dos contextos nos quais estão inseridos. Nesse movimento, os sujeitos do processo de ensinar e aprender produzirão novos conhecimentos (novas teorias, novas possibilidades) sobre seu objeto e seu trabalho docente. Assim, não se pode reduzir o conceito de *práxis* a um simples fazer prático. A compreensão do significado e do sentido do conceito de *práxis* supõe que se compreenda que:

> A teoria em si [...] não transforma o mundo. Pode contribuir para sua transformação, mas para isso tem que sair de si mesma, e, em primeiro lugar, tem que ser assimilada pelos que vão ocasionar, com seus atos reais [suas ações], efetivos, tal transformação. [...] Nesse sentido, **uma teoria é prática na medida em que materializa, através de uma série de mediações o que antes só existia idealmente, como conhecimento da realidade ou antecipação ideal de sua transformação** (VÁZQUEZ, 1977, p. 206-207, grifos meus).

Em outras palavras, completando o conceito de *práxis* que empregamos, com contribuições de Konder (1992, p. 128):

> A *práxis*, na concepção de Marx, não se limitou a unir a *theoria* e a *poiésis* [a prática, o fazer], pois envolvia também — necessariamente — a atividade política do cidadão, sua participação nos debates e nas deliberações da comunidade, suas atitudes nas relações com outros cidadãos, a ação moral, intersubjetiva. Envolvia, em suma, aquilo que os antigos gregos chamavam de *práxis*.

Freire traz essa concepção ao afirmar que a libertação dos oprimidos se dá por meio de processos educativos de conscientização das condições opressoras; processos pautados na reflexão (crítica teórico-prática) sobre suas experiências, seus contextos de opressão. Processos educativos que lhes permita compreender que, em suas *práxis,* essas condições poderão ser transformadas.

As compreensões crítico-dialéticas da *práxis* trazidas no âmbito da DMCE permitem aos professores ampliarem em suas mediações didáticas as possibilidades de formar novas gerações de estudantes, comprometidos com *práxis* transformadora das práticas sociais opressoras.

Compreender os significados e os sentidos da *práxis* na educação crítico-dialética, com o aporte dos autores trazidos, nos permite situar a *práxis* como o princípio que articula os demais explicitando as bases teórico-epistemológicas e políticas que sustentam a perspectiva da DMCE.

Colocados na centralidade das mediações pedagógico-didática, valorizados como sujeitos profissionais pesquisadores, os professores podem sim construir e mobilizar *práxis* transformadoras em suas atividades coletivas de ensinar. Os autores Carr e Kemmis (1988) fortalecem os professores pesquisadores da *práxis* que realizam e das que são realizadas nas escolas, em geral, ao afirmarem:

> O saber do professor proporciona um ponto de partida para uma reflexão crítica. Simplesmente, não pode dar-se por pronto ou sistematizado na teoria, nem tornar-se definitivo na prática. E isto não ocorre porque o saber do professor é menos exigente do que os de outros, senão porque os atos educativos são atos sociais e, portanto, reflexivos, historicamente localizados e abstraídos de contextos intelectuais e sociais concretos. De tal maneira que a educação deve estar de acordo com as circunstâncias históricas, os contextos sociais e os diversos entendimentos dos protagonistas durante o encontro educativo (CARR; KEMMIS, 1988, p. 61, tradução nossa).

Trazer a pesquisa no ensino, propiciar diálogos críticos, mobilizar a curiosidade epistemológica, encantar os estudantes ao se apropriarem (e criarem) sentidos e significados dos conhecimentos em si e para si, discutindo suas incertezas, revendo suas certezas, emoções e sentimentos, desejos, esperanças, compromissos que assumem (ou desejam assumir), uns com os outros, mediados pelo mundo, são alguns aspectos a serem considerados nos processos de mediação didática dialética operados pelos docentes. E lembrar que os saberes contextualizados trazidos nesses processos favorecem aos estudantes compreenderem social e politicamente a educação e o trabalho docente.

A concretização desses princípios exige mudanças nas concepções dos professores sobre práticas e finalidades do ensino; exige, sobretudo, formação e condições pessoais e profissionais de trabalho dignas, para que não desistam da profissão e permaneçam nas escolas públicas, felizes e realizados no exercício da docência enquanto *práxis* emancipatória e transformadora. Nesse sentido, faz-se necessário consolidar políticas públicas de melhoria das condições de trabalho dos professores, de valorização profissional, de carreira do magistério e o fortalecimento dos processos de profissionalização do trabalho docente. Ou seja, *práxis* políticas transgressoras da lógica privatista excludente que dominam as políticas educacionais e atravessando os processos educativos de ensinar.

Considerações finais

> *Seja como as ondas do mar que, mesmo quebrando contra os obstáculos, encontram força... para recomeçar.*
>
> (BAMBARÈN, 1996, n. p.)

A Didática Multidimensional Crítico-Emancipatória, construída na trama conceitual teórico-epistemológica entre a Educação emancipatória, a Pedagogia ciência crítico-dialética da educação e a Didática ciência crítico-dialética do ensinar, reafirma seus compromissos com a qualidade do ensino para uma educação inclusiva e emancipatória que supere as desigualdades sociais, políticas e culturais, e com a valorização da escola pública, laica, gratuita, financiada exclusivamente com recursos estatais. Assim, configura-se como um campo disciplinar de produção de conhecimentos essenciais à formação e à *práxis* dos professores.

Parafraseando o escritor peruano, concluo que a Didática Multidimensional Crítico-Emancipatória se configura como uma *onda* que, irmanada às demais vertentes do movimento crítico, *encontra forças* e segue *quebrando os obstáculos* impostos pelo neoliberalismo.

Às questões que expressamos no item "A quem interessa? (Anotações para um (quase) manifesto em defesa da didática)" (PIMENTA, 2019, p. 56/57), ora respondemos que aos asseclas privatistas da ideologia neoliberal **interessa**:

— sonegar a autoria intelectual dos professores, entregando-lhes pelo celular planos de ensino prontos para serem usados onde quer que estejam;
— vender aos sistemas públicos de ensino planos das disciplinas para os professores acessarem por meios eletrônicos e aplicarem em todas as escolas do país;
— reduzir os salários e precarizar os modos de empregabilidade dos professores, sem direitos trabalhistas;
— transformar os cursos de licenciatura em formação de práticos, sem teoria, instrumentais;
— negar as desigualdades econômica, cultural e social, a diversidade e nas escolas;
— culpabilizar os professores e os estudantes das escolas públicas pelo fracasso;
— desvalorizar a educação (e as escolas) públicas;
— impedir o direito de cidadania por meio da escolarização.

E tantos outros...

Portanto, a eles **não interessa:**

— que os avanços no movimento das teorias críticas e no campo disciplinar da didática alterem o quadro de desigualdade e baixa qualidade nos resultados do ensino escolar; o resgate de uma formação de professore/as para que sejam autônomos, autores/as de suas práticas pedagógicas, intelectuais crítico-reflexivos pesquisadores da *práxis*;

— e que a didática supere os problemas evidenciados em pesquisa realizada por Longarezi e Puentes (2011, p. 3):

> [...] pequena carga horária em relação às demais disciplinas; empobrecimento do campo da didática no currículo dos cursos [...]; desarticulação da didática tanto em relação a outras disciplinas, quanto em relação à unidade teoria-prática inerente ao seu próprio campo; relativo abandono do objeto de estudo 'clássico' da didática [em suas teorias]; ausência de identidade própria nos cursos; falta de vínculo dos processos desencadeados pela didática com o cotidiano das escolas (estágio); entre outros.

Finalizo afirmando que a Didática Multidimensional Crítico--Emancipatória, ao considerar **o inédito viável** freiriano,

> não apenas explica ou compreende os fenômenos educativos [de ensinar] como são ou deveriam ser idealmente, mas ao penetrá-los em sua concretude em seus contextos histórico-sociais, [...] apontando e analisando os obstáculos a serem superados para que as potencialidades melhores presentes no existente possam se realizar, [enquanto] oportunidades de **emancipação** relativamente à dominação vigente (NOBRE, 2004, p. 10, (grifo meu).

E nesse quadro de intencionalidades, reafirma seus compromissos num diálogo necessário e fertilizador com as demais ciências que se debruçam sobre a educação e o ensino.

Essa didática não interessa às políticas neoliberais, como expressam seus asseclas na redação das atuais Diretrizes Curriculares Nacionais para Formação Inicial de Professores para a Educação Básica e na BNC — Formação Docente (Resolução CNE/CP n. 2/2019).

Referências

ALMEIDA, M. I. de et al. A construção da didática no GT Didática — análise de seus referenciais. *Revista Brasileira de Educação*, v. 18, n. 52, jan./mar. 2013.

ALMEIDA, M. I.; FUSARI, J. C.; PIMENTA, S. G. A escola pública brasileira em tempos neoliberais. *In*: MARTINS, E. S. et al. (org.). *Retratos da escola pública brasileira em tempos neoliberais*. Fortaleza: Eduece, 2022. p. 20-44.

ARAÚJO FREIRE, A. M. Inédito viável. *In*: STRECK, D. R.; REDIN, E.; ZITKOSKI, J. J. (eds.). *Dicionário Paulo Freire*. Belo Horizonte: Autêntica, 2008. p. 231-234.

ARDOINO, J. L'approche multireferentielle (plurielle) des situationes educatives et formatives. *In*: DEBARBIEUX, E. et al. *25 ans des Sciences de l'éducation. Bourdeaux 1967-1992*. Paris : INRP — Institut National de la Recherche Pédagogique, 1992. p. 103-130.

CANDAU, V. M. (org.). *A didática em questão*. Petrópolis: Vozes, 1983.

CANDAU, V. M. Mesa 20 anos de Endipe. A didática hoje: uma agenda de trabalho. *In:* CANDAU, V. M. (org.). *Didática, currículo e saberes escolares*. Rio de Janeiro: DP&A, 2000. p. 149-160.

CANDAU, V. M. (org.). *Educação Intercultural na América Latina*: entre tensões e propostas. Rio de Janeiro: 7 Letras, 2010.

CAMILLONI, A. W. De herencias, deudas y legados. Una introducción a las corrientes actuales de la didáctica. *In*: CAMILLONI, A. W. (org.). *Corrientes didácticas contemporaneas*. 9. ed. Buenos Aires: Paidós, 1996. p. 17-40.

CARR, W.; KEMMIS, S. *Teoría crítica de la ensenãnza*: la investigación-acción en la formación del profesorado. Barcelona: Martínez Roca, 1988.

CHARLOT, B. *Da relação com o saber, elementos para uma teoria.* Porto Alegre: Artmed, 2000.

CHARLOT, B. *Educação ou barbárie?* São Paulo: Cortez, 2022.

CHAUI, M. de S. Democracia e a educação como direito: introdução. *In*: LIMA, I. R. S.; OLIVEIRA, R. C. (org.). *A demolição da construção democrática da educação no Brasil sombrio.* Porto Alegre: Zouk, 2021. p. 1-13. Disponível em: https://aterraeredonda.com.br/democracia-e-a-educacao-como-direito/?doing_wp_cron=1631571461.527842 0448303222656250. Acesso em: 14 set. 2021.

D'ÁVILA, C. Interdisciplinaridade e mediação: desafios no planejamento e na prática pedagógica da educação superior. *Conhecimento & Diversidade*, Niterói, n. 6, p. 58-70, jul./dez. 2011. Disponível em: www.revistas.unilasalle.edu.br/index.php/conhecimento_diversidade/article/.../398 Acesso em: 22 jul. 2023.

D' ÁVILA, C. *Didática do sensível*: uma inspiração raciovitalista. 2018. Concurso (Título de Professora Titular de Didática) — Universidade Federal da Bahia, Salvador, 2018.

EVANGELISTA, O.; FIERA, L.; TITTON, M. *Diretrizes para formação docente é aprovada na calada do dia*: mais mercado. 2019. Disponível em: http://universidadeaesquerda.com.br/debate-diretrizes-para-formacao-docente-e-aprovada-na-calada-do-dia-mais-mercado/. Acesso: 14 nov. 2019.

FIORENTINI, D.; SOUZA JR., A. J. de; MELO, G. F. A. de. Saberes docentes: um desafio para acadêmicos e práticos. *In*: GERALDI, C. M. G.; FIORENTINI, D.; PEREIRA, E. M. de A. (org.). *Cartografias do trabalho docente*: professor(a)-pesquisador(a). Campinas: Mercado das Letras, 2001. p. 307-335.

FRANCO, M. A. S. *Pedagogia como ciência da educação*. São Paulo: Cortez, 2003.

FRANCO, M. A. S.; FUSARI, J. C.; PIMENTA, S. G. Didática multidimensional: da prática coletiva à construção de princípios articuladores. *In*: CAVALCANTI, M. M. D. *et al.* (org.). *Didática e a prática de ensino*: diálogos sobre a escola, a formação de professores e a sociedade. Fortaleza: Eduece, 2014. E-book, livro 4, p. 1-17. Disponível em:: www.uece.br. Acesso em: 11 set. 2023.

FRANCO, M. A. S.; PIMENTA, S. G. Didactique multidimensionnelle: de la pratique collective à la construction des principes articulateurs. Actas: epistemologias y metodologias de la investigatión em educación. *Afirse*, Ciudad de México, 2014.

FRANCO, M. A. S.; PIMENTA, S. G. Didática multidimensional: por uma sistematização conceitual. *Educação & Sociedade*, Campinas, v. 37, n. 135, p. 539-553, abr./jun. 2016.

FREIRE, P. Papel da educação na humanização. *Revista Paz e Terra*. São Paulo, n. 9, p. 123-132, out. 1969

FREIRE, P. *Pedagogia do oprimido*. 24. ed. São Paulo: Paz e Terra, 1997a.

FREIRE, P. *A educação como prática da liberdade*. São Paulo: Paz e Terra, 1997b.

FREIRE, P. *Pedagogia da autonomia*: saberes necessários à prática educativa. 51. ed. Rio de Janeiro: Paz e Terra, 2015.

FRIGOTTO, G. O enfoque da dialética materialista histórica na pesquisa educacional. *In*: FAZENDA, I. (org.). *Metodologia da pesquisa educacional*. São Paulo: Cortez, 1983.

KONDER, L. *O futuro da Filosofia da Práxis*: o pensamento de Marx no século XXI. São Paulo: Paz e Terra, 1992.

LIBÂNEO, J. C. Que destino os educadores darão à Pedagogia? *In:* PIMENTA, S. G. (org.). *Pedagogia, ciência da Educação?* São Paulo: Cortez, 1996. 158 p.

LIBÂNEO, J. C. O campo teórico e profissional da didática hoje: entre Ítaca e o canto das sereias. *In:* FRANCO, M. A. S.; PIMENTA, S. G. (org.). *Didática*: embates contemporâneos. 3. ed. São Paulo: Loyola. 2014. p. 43-74.

LONGAREZI, A.; PUENTES, R. V. O lugar da didática nas pesquisas e produções dos programas de pós-graduação em Educação do estado de Minas Gerais/BR. *In*: ENCONTRO NACIONAL DE DIDÁTICA E PRÁTICA DE ENSINO, 15., 2011, Belo Horizonte. *Anais* [...]. Belo Horizonte: Autêntica, 2011. v. 1, p. 2-14.

MELO, G. F.; PEIXOTO, P. Docência universitária: percepções a partir do quadro teórico dos saberes docentes. *Ensino Em-Revista*, Uberlândia, v. 17, n. 2, p. 355-376, jul./dez. 2010.

MELO, G. F.; PIMENTA, S. G. Princípios de uma didática multidimensional: um estudo a partir de percepções de pós-graduandos em educação. *Cadernos de Pesquisa*, São Luís, v. 25, n. 2, p. 53-70, abr./jun. 2018.

MINAYO, M. C. de S. *et al.* (org.). *Pesquisa Social*: teoria, método e criatividade. 21. ed. Petrópolis: Vozes, 2002.

NOBRE, M. *A teoria crítica*. Rio de Janeiro: Zahar, 2004. 78 p.

NOBRE, M. Diagnóstico do tempo presente. *Quatro Cinco Um*, São Paulo, 1º set. 2018.

OLIVEIRA, M. R. N. S. *A reconstrução da didática*: elementos teórico-metodológicos. Campinas: Papirus, 2009.

PIMENTA, S. G. (org.). *Pedagogia, ciência da Educação?* São Paulo: Cortez,1996a. 158 p.

PIMENTA, S. G. Para uma resignificação da Didática — ciências da Educação, Pedagogia e Didática (uma revisão conceitual e uma síntese provisória). *Revista Portuguesa de Educação*, Coimbra, v. 32, p. 225-255, 1996b.

PIMENTA, S. G. Professor reflexivo: construindo uma crítica. *In*: PIMENTA, S. G.; GHEDIN, E. *Professor reflexivo no Brasil*: gênese e crítica de um conceito. São Paulo: Cortez, 2002. p. 17-52.

PIMENTA, S. G. Pesquisa-ação crítico-colaborativa: construindo seu significado a partir de experiências na formação e na atuação docente. *In*: PIMENTA, S. G.; FRANCO, M. A. R. S. (org.). *Pesquisa em Educação*: alternativas investigativas com objetos complexos. São Paulo: Loyola, 2006.

PIMENTA, S. G. Epistemologia da prática: ressignificando a Didática. *In*: FRANCO, M. A. S.; PIMENTA, S. G. (org.). *Didática*: embates contemporâneos. São Paulo: Loyola, 2010.

PIMENTA, S. G. Formação de professores: identidade e saberes da docência. *In*: PIMENTA, S. G. (org.). Saberes pedagógicos e atividade docente. 8. ed. São Paulo: Cortez, 2012. p. 15.

PIMENTA, S. G. O protagonismo da Didática nos cursos de Licenciaturas: a didática como campo disciplinar. *In*: MARIN, A. J.; PIMENTA, S. G. (org.). *Didática: teoria e pesquisa*. Araraquara: Junqueira e Marin, 2015. p. 81-98.

PIMENTA, S. G. As ondas críticas da didática em movimento: resistência ao tecnicismo/neotecnicismo neoliberal. *In*: SILVA, M. *et al*. *Didática*: abordagens teóricas contemporâneas. Salvador: EDUFBA, 2019. p. 19-64.

PIMENTA, S. G. Entrevista concedida a Jefferson F. Moreira. Pedagogia e pedagogos entre insistências e resistências. *Revista Eletrônica Pesquiseduca*, Santos, v. 13, n. 3, p. 925-948, nov. 2021. Disponível em: https://periodicos.unisantos.br/pesquiseduca/article/view/1180. Acesso em: 9 mar. 2023.

PIMENTA, S. G.; PINTO, U. de A.; SEVERO, J. L. R. de L. A pedagogia como *lócus* de formação profissional de educadores(as): desafios epistemológicos e curriculares. *Práxis Educativa*, Ponta Grossa, v. 15, p. 1-20, 2020. Disponível em: https://www.revistas2.uepg.br/index.php/praxiseducativa. Acesso em: 2 jul. 2022.

PIMENTA, S. G.; PINTO, U. de A.; SEVERO, J. L. R. de L. Panorama da Pedagogia no Brasil: ciência, curso e profissão. *EDUR*: Educação em Revista, Belo Horizonte, 2022. Disponível em: https://preprints.scielo.org/index.php/scielo/preprint/view/3830. Acesso em: 11 set. 2023.

PIMENTA, S. G. *et al*. A Pedagogia como lócus de Formação Profissional de Educadores(as): desafios epistemológicos e curriculares. *In*: PIMENTA, S. G.; SEVERO, J. L. R. L. (org.). *Pedagogia*: teoria, formação, profissão. São Paulo: Cortez, 2021. p, 39-72.

PONTES, R. A. F. *Didática no ensino superior*: o ato de ensinar com pesquisa na perspectiva do inédito viável. 2020. 629 f. Tese (Doutorado) — Universidade Católica de Santos, Santos, 2020.

SÁNCHEZ-GAMBOA, S. A. A dialética na pesquisa em educação: elementos de contexto. *In*: FAZENDA, I. (org.). *Metodologia da pesquisa educacional*. São Paulo: Cortez, 1989.

SAVIANI, D. O ensino básico e o processo de democratização da sociedade brasileira. *Revista da Associação Nacional de Educação (ANDE)*, n. 7. p. 9-13, 1985.

SAVIANI, D. *A Pedagogia no Brasil:* história e teoria. 2. ed. Campinas: Autores Associados, 2012.

SCHMIED-KOWARZIK, W. *Pedagogia dialética*: de Aristóteles a Paulo Freire. São Paulo: Brasiliense, 1983. 142 p.

SEVERINO, A. J. Ensino e pesquisa na docência universitária: caminhos para a integração. *In*: PIMENTA, S. G.; ALMEIDA, M. I. (org.). *Pedagogia universitária*. São Paulo: Edusp, 2009. p. 129-146.

SILVA JR., C. A. Profissão de pedagogo/a e a escola Pública. *In:* PIMENTA, S. G.; SEVERO, J. L. R. L. (org.). *Pedagogia*: teoria, formação, profissão. São Paulo: Cortez, 2021, p. 16-38.

SUCHODOLSKI, B. *Tratado de Pedagogía*. 4. ed. Barcelona: Ediciones 62, 1979.

VÁZQUEZ, A. S. *Filosofia da práxis*. 4. ed. Rio de Janeiro: Paz e Terra, 1977.

YOUNG, M. Para que servem as escolas? *Educação e Sociedade*, Campinas, v. 28, n. 101, p. 1287-1302, 2007. Disponível em: http://www.cedes.unicamp.br. Acesso em: 28 jul. 2022.

Sobre os(as) autores(as)

ALDA JUNQUEIRA MARIN | Professora aposentada da Universidade Estadual Paulista, campus de Araraquara (FCLAr-UNESP). Atualmente é professora livre-docente no Programa de Pós-Graduação em Educação: História, Política, Sociedade da Pontifícia Universidade Católica de São Paulo (PUC-SP) e professora do Programa de Pós-Graduação em Processos de Ensino, Gestão e Inovação em Educação da Universidade de Araraquara (UNIARA).
    E-mail: profaldajunqueiramarin@gmail.com.
    Orcid: https://orcid.org/0000-0002-2120-338X.
    Lattes: http://lattes.cnpq.br/8878122935856466.

ANDRÉA MATURANO LONGAREZI | Pós-doutora, doutora e mestre em Educação. Graduada em Ciências Sociais. Professora associada da Universidade Federal de Uberlândia (UFU) e atua no Programa de Pós-graduação em Educação da mesma universidade. Coordenadora do Grupo de Estudos e Pesquisas em Didática Desenvolvimental e Profissionalização Docente (Gepedi). Diretora-geral da *Obutchénie: Revista de Didática e Psicologia Pedagógica*. Membro da diretoria da Associação Nacional de Didática e Práticas de Ensino (Andipe) e da Academia Internacional de Estudios Histórico-Culturais/México.
    E-mail: andrea.longarezi@gmail.com.
    Orcid: https://orcid.org/0000-0002-5651-9333.
    Lattes: http://lattes.cnpq.br/7536546387037721.

CRISTINA D'ÁVILA | Pedagoga, mestra e doutora em Educação pela Universidade Federal da Bahia (UFBA). Pós-doutorado em Didática pela

Universidade de Montréal e Pós-doutorado em Docência universitária pela Universidade Sorbonne Paris 5. Professora Visitante Sênior na Universidade de Montréal (2022-2023). Professora Titular de Didática e professora permanente do Programa de Pós-graduação em Educação da Faculdade de Educação/UFBA. Diretora científica da Associação Nacional de Didática e Práticas de Ensino (Andipe).
E-mail: cmdt@ufba.br
Orcid: https://orcid.org/0000-0001-5946-9178.
Lattes: http://lattes.cnpq.br/2584950986779890.

DERMEVAL SAVIANI | Professor Emérito da Unicamp, Pesquisador Emérito do CNPq e Doutor *Honoris Causa* pela Universidade Tiradentes, de Sergipe, UFPB, UFSM e UFSCar. Atualmente, é Coordenador-Geral do HISTEDBR e Professor Titular Colaborador Permanente do Programa de Pós-graduação em Educação da Unicamp.
Orcid: https://orcid.org/0000-0002-3148-3055.
Lattes: http://lattes.cnpq.br/2205251281123354.

JOSÉ CARLOS LIBÂNEO | Graduado em Filosofia, mestre em Filosofia da Educação e doutor em Filosofia e História da Educação pela Pontifícia Universidade Católica de São Paulo (PUC-SP). Pós-doutor pela Universidade de Valladolid, Espanha. Professor Titular aposentado da Universidade Federal de Goiás (UFG). Atualmente, Professor Titular da Pontifícia Universidade Católica de Goiás (PUC-GO), atuando no Programa de Pós-graduação em Educação. Coordena o Grupo de Pesquisa do CNPq: Teorias e Processos educacionais. Possui Bolsa de Produtividade do CNPq, Nível 2. Membro do GT Didática da Associação Nacional de Pesquisa e Pós-graduação em Educação (ANPEd). Fundador e membro do Centro de Estudos sobre Didática e Práticas de Ensino (Ceped). Fundador e Secretário da Associação Nacional de Didática e Práticas de Ensino (Andipe). Membro da Comissão Organizadora dos Encontros Estaduais de Didática e Práticas de Ensino (Endipe).
E-mail: libaneojc@uol.com.br.
Orcid: https://orcid.org/0000-0001-6821-5946.
Lattes: http://lattes.cnpq.br/7261628151334430.

LENILDA RÊGO ALBUQUERQUE DE FARIA | Pedagoga. Doutora em Educação pela FEUSP. Professora Permanente do Programa de Pós-graduação em Educação da UFAC. Pesquisa temáticas relativas à Pedagogia, à Didática

e Formação de Professores. É membro do GEPEFE/FE-USP, do HISTEDBR/ FEUNICAMP, do GT-04 Didática-ANPEd. É associada da Andipe e da RePPed.
E-mail: lenilda.faria@ufac.br.
Orcid: https://orcid.org/0000-0002-8971-600X.
Lattes: http://lattes.cnpq.br/1440104715603783.

MARIA ISABEL DE ALMEIDA | Professora Associada Sênior da Faculdade de Educação/USP. Professora do PPGE da Unisantos. Coordena, em parceria, o grupo de pesquisa GEPEFE-USP. Participa da Andipe.
Orcid: https://orcid.org/0000-0003-2506-2972.
Lattes: http://lattes.cnpq.br/7808681323083326.

MARIA ISABEL DA CUNHA | Doutora em Educação pela Universidade Estadual de Campinas (Unicamp). Mestra em Educação pela Pontifícia Universidade Católica do Rio Grande do Sul (PUC-RS). Graduada em Ciências Sociais e em Pedagogia pela Universidade Católica de Pelotas (UCPel). Atualmente, é docente colaboradora no PPGE da Universidade Federal de Pelotas (UFPel). Atuou como professora titular na Universidade do Vale do Rio dos Sinos (Unisinos). É docente convidada na Fundação Universidade Federal de Ciências da Saúde de Porto Alegre.
E-mail: cunhami@uol.com.br.
Orcid: https://orcid.org/0000-0003-4129-7755.
Lattes: http://lattes.cnpq.br/0157149133885713.

MARIA RITA NETO SALES OLIVEIRA | Graduada em Pedagogia e Comunicação Social pela Universidade Federal de Minas Gerais (UFMG) e Faculdade de Filosofia de Belo Horizonte (FaFi-BH). Mestra pela UFMG e Ph.D em Educação pela Florida State University, com pós-doc na Pontifícia Universidade Católica de São Paulo (PUC-SP) e Universidade do Minho, em Portugal. Membro de: Anpae, Anped, Andipe. Grupos de pesquisa no Diretório do CNPq: Petmet; Trabalho e Tecnologia; e Prodoc. Titular da UFMG e do CEFET-MG.
E-mail: mariarita2@cefetmg.br.
Orcid: https://orcid.org/0000-0002-3089-5939.
Lattes: http://lattes.cnpq.br/4937618716742935.

MARILZA VANESSA ROSA SUANNO | Pós-doutora (UFNT). Doutora em Educação (UCB). Doutorado sanduíche (Universidade de Barcelona). Mestre

em Educação (PUC-GO). Graduada em Pedagogia (UFG). Professora efetiva da Faculdade de Educação (UFG). Vice-coordenadora do Programa de Pós-graduação em Educação (PPGE/FE/UFG). Vice-presidente da Andipe.
E-mail: marilzasuanno@uol.com.br.
Orcid: https://orcid.org/0000-0001-5892-1484.
Lattes: http://lattes.cnpq.br/7736117519324293.

ROBERTO VALDÉS PUENTES (BRASIL/CUBA) | Graduado em Educação. Doutor em Educação pela Universidade Metodista de Piracicaba (2003) e Pós-doutor na Universidade de Granada, Espanha (2013). É Professor Associado da Faculdade de Educação da Universidade Federal de Uberlândia e Pesquisador Produtividade Mineiro (PPM). É coordenador do Grupo de Estudos e Pesquisa em Didática Desenvolvimental e Profissionalização Docente (Gepedi). Dirige a Coleção Biblioteca Psicopedagógica e Didática/Editora Edufu e coordena a Série Ensino Desenvolvimental.
E-mail: robertopuentes@faced.ufu.br.
Orcid: https://orcid.org/0000-0001-8936-9362.
Lattes: http://lattes.cnpq.br/7209641521030831.

SELMA GARRIDO PIMENTA | Titular Sênior Livre-Docente em Didática da USP. Realizou estágios pós-doutorais na Universidade do Minho, Portugal; Universidad Autónoma do México; Universidad Autónoma de Barcelona, Espanha. Atualmente, é Professora Titular Colaboradora Permanente do Programa de Pós-graduação em Educação da USP e Pesquisadora Sênior do CNPq. Lidera o GEPEFE/FEUSP – DGP – CNPq. Membro-fundador da Associação Nacional de Didática e Práticas de Ensino (Andipe), da Rede Nacional de Pesquisadores em Pedagogia (RedPPed) e da Associação Nacional de Pós-graduação e Pesquisa em Educação (ANPEd).
E-mail: sgpiment@usp.br.
Orcid: https://orcid.org/0000-0003-0785-890X.
Lattes: http://lattes.cnpq.br/4782583303619681.

UMBERTO DE ANDRADE PINTO | Graduado em Pedagogia (1982) e especialista em Filosofia da Educação (1989) pela Pontifícia Universidade Católica de São Paulo (PUC-SP). Possui Mestrado em Educação Superior na PUC-Campinas (2000), Doutorado em Educação pela Universidade de São Paulo (FEUSP), (2006) e Pós-Doutoramento em Ciências da Educação na Universidade Católica Portuguesa (UCP-Porto), (2019). Atualmente é

professor associado da Universidade Federal de São Paulo (UNIFESP) junto ao Departamento de Educação, onde é responsável pela área de Didática. Leciona e desenvolve pesquisas no curso de Pedagogia e no Programa de Pós-graduação em Educação.
E-mail: uapinto@unifesp.br.
Orcid: https://orcid.org/0000-0003-2691-8015.
Lattes: http://lattes.cnpq.br/2255702986791645.

VERA MARIA CANDAU | Doutorado e Pós-doutorado pela Universidad Complutense de Madrid (Espanha). Professora titular emérita da PUC-Rio. Coordenadora do Grupo de Pesquisas sobre Cotidiano, Educação e Culturas (Gecec). Temas de interesse: educação intercultural, decolonialidade, didática, educação em direitos humanos e formação de educadores.
E-mail: vmfc@puc-rio.br.
Orcid: https://orcid.org/0000-0001-6987-6885.
Lattes: http://lattes.cnpq.br/6133365056620299.